Wuppertaler Studienbibel

W0189371

Handbibliothek
zur
Wuppertaler Studienbibel

R. Brockhaus Verlag Wuppertal und Zürich

Einleitung und Bibelkunde zum Neuen Testament

von

Gerhard Hörster

R. Brockhaus Verlag Wuppertal und Zürich

Der
Trinity Evangelical Divinity School
in
Deerfield/Illinois/USA
als Dank für den Ehrengrad eines
Doctor of Divinity,
der mir im Juni 1991 verliehen wurde

© 1993 R. Brockhaus Verlag Wuppertal und Zürich
Druck: Breklumer Druckerei Manfred Siegel KG
ISBN 3-417-25031-5

VORWORT

Nachdem diese Bibelkunde und Einleitung zum Neuen Testament fertiggetellt ist und den Lesern übergeben wird, möchte ich zuerst meinen Dank aussprechen. Er gilt vor allem Gott, dem Schöpfer, der mir Gesundheit und Kraft geschenkt hat, um neben meinem Lehrdienst und meinen Leitungsaufgaben dieses Buch zu schreiben. Er gilt meinem Herrn Jesus Christus, der mich zum Diener des Wortes Gottes berufen und seiner Gemeinde im Neuen Testament das Evangelium anvertraut hat. Er gilt dem Heiligen Geist, der mir die Gaben für diese Arbeit verliehen und mir immer wieder neue Einsichten vermittelt hat.

Ich danke aber auch meiner Frau Godiva, die mich in Liebe und Geduld zum Schreiben ermutigt und unter viel persönlichem Verzicht für diese Arbeit freigegeben hat.

Mein Dank gilt den Fachkollegen im NT Hans Bayer, Ludovit Fazekas, Wilfrid Haubeck, Walter Klaiber, Wolfgang Klippert und Adolf Pohl, die das Manuskript ganz oder teilweise gelesen und mir viele wertvolle Hinweise gegeben haben.

Die vorliegende Einleitung ist wesentlich bestimmt durch meine theologischen Lehrer an der damaligen Predigerschule des Bundes Freier evangelischer Gemeinden in Ewersbach Fritz Laubach, Walter Quiring, Herrmann Ruloff, Heinrich Wiesemann. Ihnen verdanke ich die Grundeinstellung zur Bibel. Ich habe bei ihnen gelernt, die Bibel als das Wort Gottes anzusehen und ihr darum mit Ehrfurcht zu begegnen. In der Einleitungswissenschaft verdanke ich aber auch den Neutestamentlern Professor Joachim Jeremias und Professor Werner Georg Kümmel viel. Sie haben mich gelehrt, den sogenannten Ergebnissen der historischen Kritik nicht gläubig, sondern kritisch zu begegnen. Die beharrliche Rückfrage nach dem, was die Texte sagen, war das entscheidende Kriterium. Wenn die vorliegende Einleitung in manchen Ergebnissen von der Einleitung WGKümmels abweicht, so ist das eine Folge des kritischen Umgangs mit der historischen Kritik.

Wesentliche Hilfe habe ich bei dieser Arbeit durch Frau Friedhilde Horn erhalten, die mir das für die Anmerkungen wichtige Material aufbereitet hat, ebenso durch Herrn Martin Plücker, der mir beim Korrekturlesen geholfen hat. Dafür danke ich ihnen.

Die Einleitung widme ich der TRINITY EVANGELICAL DIVINITY SCHOOL in Deerfield/Illinois/USA, die mir im Juni 1991 den Ehrengrad eines Doctor of Divinity verliehen hat. Ich möchte damit meinen Dank für diese Ehrung zum Ausdruck bringen. Mit großer Freude habe ich die Einleitung gelesen, die von den Neutestamentlern dieser Ausbildungsstätte für Pastoren und Missionare in aller Welt, Don A.Carson, Douglas J.Moo und Leon Morris, im Jahr 1992 herausgegeben wurde.[1] Sie stimmt in vielen wesentlichen Aussagen mit meinen Ergebnissen überein, obwohl wir uns über unsere Vorhaben gegenseitig nicht informiert hatten. Es mag ein Zeichen dafür sein, wie nah in den theologischen Grundüberzeugungen die Trinity Evangelical Divinity School und das Theologische Seminar Ewersbach einander sind.

Die vorliegende Einleitung ist als Lehrbuch konzipiert und darum bewußt knapp gehalten. Sie will Theologiestudenten und Bibelschülern, Pfarrern und Pastoren, Religionslehrern und Gemeindemitarbeitern einen Zugang zur Einleitungswissenschaft auf der Grundlage des Vertrauens zur Bibel verschaffen. Ich wünsche dem Buch eine aufmerksame und kritische Leser-

---

1 DACarson/DJ Moo/L Morris, An Introduction to the New Testament, 1992

schaft, die nicht vergißt, vor allem dem Autor selbst die für ihn wichtigen Rückmeldungen zu geben. Ich bete darum, daß durch diese Einleitung manche suchende und fragende Menschen Antworten bekommen, die ihnen zum Glauben an Jesus Christus helfen, daß aber auch manche verunsicherte Christen neues Vertrauen zu den Schriften gewinnen, die uns im Neuen Testament vorliegen. Für all dies soll gelten:

SOLI DEO GLORIA

INHALT

Einführung in die Bibelkunde und Einleitung zum Neuen Testament

Das vorliegende Buch will beides sein: eine Bibelkunde und eine Einleitung. Was ist mit beiden Begriffen gemeint?

Die Bibelkunde stellt den Inhalt der biblischen Bücher, in diesem Fall des NT, dar. Sie entwickelt Gliederungen, durch die sich der Bibelleser den Gedankengang in einer Schrift des NT besser einprägen kann. Sie will den Gedankengang nicht deuten, sondern nur darstellen. So weit die Kapiteleinteilung diesem Ziel dient, bietet sie Hilfen, um sich die Inhalte der einzelnen Schriften aufgrund der Kapitel anzueignen. Die Bibelkunde benennt solche Merkverse, die zum biblischen Grundwissen gehören. Sie sollen in der eigenen Bibel markiert, auswendig gelernt und mit Stellenangabe behalten werden. Darüber hinaus werden in dieser Bibelkunde zu jeder neutestamentlichen Schrift einige wenige Verse als Kernaussagen ausgedruckt. Sie sollen dazu helfen, sich den Inhalt der jeweiligen Schrift einzuprägen.

Die Einleitung befaßt sich mit den biblischen Schriften als antiken Dokumenten. Sie fragt nach deren Verfasser, Abfassungszeit und -ort. Sie versucht, so weit wie möglich, den historischen Hintergrund zu erhellen. Sie untersucht die literarischen Eigenarten der biblischen Schriften: Was ist ein Evangelium? Gibt es in der Antike Vergleichbares wie die Apostelgeschichte? Zu welcher Briefgattung gehören neutestamentliche Briefe? Was hat die Offenbarung des Johannes gemeinsam mit ähnlichen Offenbarungen aus dem jüdischen Umfeld? Soweit in den biblischen Schriften mündliche oder schriftliche Quellen verarbeitet worden sind, fragt die Einleitung nach deren Verhältnis zur Endgestalt der Schrift. Soweit dazu Hinweise zu geben sind, werden sie in dieser Einleitung unter dem Stichwort „Einheitlichkeit" behandelt. Schließlich kommt es darauf an, das theologische Ziel oder die Botschaft der einzelnen Schriften zu beschreiben.

Bibelkunde und Einleitung zu jeder Schrift des NT werden – soweit es sinnvoll ist – nach dem gleichen Raster dargestellt:

1. Inhalt
2. Gliederung, Merkverse, Kernaussagen
3. Literarische Eigenart
4. Historischer Zusammenhang
5. Theologische Schwerpunkte
6. Einheitlichkeit
7. Verfasser
8. Empfänger
9. Abfassungsort und -zeit
10. Kommentare

Die Kommentare werden ohne theologische Wertung angegeben. Ob der Verfasser dieser Bibelkunde und Einleitung mit den in ihnen vertretenen Positionen übereinstimmt, muß der Leser durch einen Vergleich feststellen. Insofern sind die Angaben zu den Kommentaren kritisch zu prüfen.

Was in der theologischen Ausbildung in der Regel getrennt behandelt wird, soll in diesem Buch miteinander verbunden werden. Denn niemand gewinnt einen persönlichen Zugang zum NT durch die Einleitungsfragen allein, so anregend sie auch sein mögen. Es kommt darauf an, dem Inhalt des NT und vor allem dem, von dem es handelt, selbst zu begegnen. Dazu will die Bibelkunde helfen. In den Krisen des Lebens tragen nicht die Theorien der Einleitungswissenschaft, sondern die Worte Jesu Christi, wie sie uns von seinen Aposteln überliefert und gedeutet sind.

Andererseits reicht Bibelwissen allein nicht aus, um die Bibel zu verstehen. Was der 2. Brief des Petrus über die Prophetien des AT geschrieben hat (2Petr 1,21), gilt im Prinzip auch für die Schriften des NT: Sie sind Gottes Wort in menschlichen Worten wiedergegeben. Die Einleitungswissenschaft müht sich um diese menschliche Seite des NT. Sie kann viel Erhellendes dazu beitragen, daß die Schriften des NT in ihrem geschichtlichen Werdegang und in ihrem geschichtlichen Zusammenhang verstanden werden. Ohne intensives Bemühen um die Einleitungsfragen ist eine an der Geschichte orientierte Auslegung des NT nicht möglich.

Daß dabei auch manche fragwürdige Hypothese entstanden ist, liegt in der Natur der Sache. Harmlos ist das aber nicht. Denn solche Erkenntnisse der Einleitungswissenschaft sind durch den Religionsunterricht in den Schulen wie auch durch populäre Darstellungen in Massenmedien so sehr zum Allgemeingut geworden, daß sich vielen der Zugang zur Bibel nur öffnet, wenn sie auf die entstandenen kritischen Fragen ernsthafte Antworten bekommen. Dazu will diese Einleitung beitragen.

Sie möchte den Leser zu beidem anregen: sich die Inhalte des NT anzueignen, nicht zuletzt durch das Lernen von Merkversen, und gleichzeitig den Einleitungsfragen mit wachem, kritischem Sinn zu begegnen. Das erfordert die Bereitschaft, sich der Mühe der eigenen Urteilsbildung zu unterziehen.

Adolf Schlatter hat geschrieben: „Eine Bibel zu besitzen, ist kein müheloser Besitz". Das wird auch in dieser Bibelkunde und Einleitung deutlich werden. Aber die Mühe lohnt sich. Denn wir begegnen in den Schriften des NT der Offenbarung Gottes durch Jesus Christus. Die Evangelien beschreiben sein öffentliches Wirken, sein Leiden, Sterben und Auferstehen. Sie überliefern uns seine Worte, von denen die ersten Zuhörer erschüttert wurden, weil sie voller Kraft waren und darin ganz anders als die Reden der zeitgenössischen Theologen. Die Apostelgeschichte schildert die Entwicklung der frühen Christenheit von einer in Jerusalem beheimateten Ortsgemeinde zu einer Missionsbewegung, die das ganze Römische Reich erfaßte. Die Briefe gewähren Einblick in das Leben der vielen verschiedenen Ortsgemeinden, die aus der Missionsbewegung entstanden waren, und in das Leben von Schlüsselpersonen in diesen Gemeinden. Die Offenbarung des Johannes ist ein Dokument prophetischer Botschaft am Ende des 1. Jahrhunderts nach Christus; sie entfaltet aber gleichzeitig die Entwicklung der Menschheitsgeschichte bis zur Wiederkunft Jesu Christi und zur Vollendung der Herrschaft Gottes.

In allen diesen Schriften geht es um ein Thema: Gott wendet sich seinen Menschen zu durch Jesus Christus. Das ist außerordentlich aktuell in einer Zeit, in der die Probleme den Menschen über den Kopf wachsen und in der mit gesundem Menschenverstand alleine die Welt nicht mehr zu retten ist. Nichts ist so nötig wie die Begegnung mit Gott, der uns durch Jesus Christus nahe gekommen ist. Die Schriften des NT wollen ihre Leser zu dieser Begegnung führen.

Einführung in die vier Evangelien

1. Grundsätzliches

Die Hauptinformationsquelle über Leben, Wirken und Leiden Jesu Christi sind die vier Evangelien des Neuen Testamentes. Es ist allerdings nicht selbstverständlich, daß Schriftstücke Evangelien genannt werden. Wie ist es dazu gekommen? Was fällt auf, wenn man die vier Evangelien miteinander vergleicht? Was zeichnet die ersten drei Evangelien aus, die wir Synoptiker nennen?

Auf diese grundsätzlichen Fragen sollen in diesem Kapitel Antworten gegeben werden.

1.1 Was ist ein Evangelium?

Wie oben bereits angedeutet, haben die Evangelien für unsere Kenntnis der Geburt sowie des Wirkens, Leidens, Sterbens und Auferstehens Jesu Christi einen hohen Stellenwert. Der katholische Neutestamentler Alfred Wikenhauser schreibt in seiner Einleitung in das NT: ,,Die Evangelien sind die wichtigsten Bücher des NT. Ihnen verdanken wir fast ausschließlich, was wir über Jesus Christus, sein Leben und Wirken, Leiden und Sterben wissen."[1]

In der Tat erfahren wir in den anderen Schriften des NT nur wenig über das Leben und Wirken Jesu: Paulus deutet in seinen Briefen das Sterben und die Auferstehung Jesu Christi. Er besingt die Menschwerdung, den Lebensweg, den Kreuzestod und die Erhöhung in dem Christuslied, das wir in Phil 2,6-11 finden. Er zitiert die Worte, die Jesus bei der Einsetzung des Herrnmahls gesprochen hat (1Kor 11,23-25). Er zählt die Zeugen auf, die den auferstandenen Herrn gesehen haben (1Kor 15,3-8). An drei Stellen beruft er sich auf Worte Jesu: 1Kor 7,10; 1Kor 9,14; 1Thess 4,15f. Er weist bei seinen ethischen Ermahnungen häufig auf die Lehre und das Vorbild Jesu hin (Eph 4,20ff; Anspielungen in Röm 12). Der Prozeß gegen Jesus vor Pontius Pilatus wird in 1Tim 6,13 erwähnt. Der Gebetskampf in Gethsemane steht hinter den Andeutungen in Hebr 5,7f. Auf die Verklärungsgeschichte bezieht sich 2Petr 1,16-18. Schließlich greifen auch die Missionsreden der Apostelgeschichte auf Leben, Tod und Auferstehung Jesu Christi zurück (Apg 2,36; 3,12-26; 10,34-43; 13,16-38).

Das sind aber alle Informationen über das Leben und Wirken Jesu, die wir in den übrigen Schriften des NT erhalten. Wenn Wikenhauser schreibt: ,,Was in den übrigen Büchern des NT darüber (*über das Leben und Wirken Jesu, d.Vf.*) mitgeteilt wird, ist sehr dürftig"[2], so enthält das eine richtige Beobachtung, darf aber nicht verabsolutiert werden.

Freilich gibt es apokryphe Evangelien, die von der Alten Kirche nicht als kanonisch bestätigt wurden. Sie enthalten manche Berichte über Jesus. Aber diese Informationen können nur bedingt als echt angesehen werden. Sie müssen immer im einzelnen geprüft werden – an Hand der kanonischen Evangelien.

---

1 AWikenhauser/JSchmid, Einl., S. 203
2 AWikenhauser/JSchmid, Einl., S. 203

In der profanen Literatur gibt es Hinweise auf das Leben und Sterben Jesu u.a. bei Tacitus und Josephus.[3] Sie sind so spärlich, daß man aus ihnen kein Bild des Lebens Jesu gewinnen kann. Es zeigt sich demnach: Was wir über Jesus wissen, haben wir vor allem aus den vier Evangelien des NT übernommen. Sie haben einen nicht zu überschätzenden Stellenwert.

Was hat dazu geführt, daß diese wichtigen Bücher des NT Evangelien genannt wurden? Der griechische Begriff *euangelion* meint in seiner ursprünglichen Bedeutung „Lohn für Überbringung einer (guten) Botschaft". Daraus wurde im Laufe der Zeit die Bedeutung „gute Botschaft" oder „Siegesnachricht".[4] Sie bedeutete gleichzeitig, daß der Sieger seinen Anspruch an die Bürger geltend machen wird.

Schon bald aber bekam dieser Begriff im griechisch sprechenden Römischen Reich durch den Kaiserkult einen religiösen Klang. Der römische Kaiser wurde als Heilbringer (*sotêr*) und schließlich als Gott verehrt. Die Ankündigung seiner Geburt und seiner Thronbesteigung war *euangelion*. Charakteristisch für dieses Verständnis ist die Kalenderinschrift von Priene aus dem Jahr 9 v.Chr.: „Der Geburtstag des Gottes war für die Welt der Anfang der Freudenbotschaften, die seinetwegen ergangen sind".[5] Es fällt auf, daß nicht nur an dieser Stelle, sondern häufig im außerbiblischen Bereich von den Freudenbotschaften (*euangelia*) die Rede ist, während das NT den Begriff Evangelium nur im Singular verwendet.

Die griechische Übersetzung des AT gibt den hebräischen Begriff *besorah* mit *euangelion* wieder. Er ist abgeleitet aus dem Wortstamm *bisar*. Er meint im profanen Sinn: eine Freudenbotschaft verkündigen (2Sam 18,20.25.27; 2Kö 7,9). Im religiösen Zusammenhang ist damit die Botschaft vom kommenden Heil gemeint, von der Heilszeit, die am Ende der Zeit anbrechen wird. „Der Freudenbote verkündet den Anbruch der Heilszeit und führt sie herauf" (Jes 52,7-10).[6]

In diesem Sinn hat Jesus sich als Freudenbote verstanden, wie seine Predigt in der Synagoge seiner Heimatstadt Nazareth zeigt (Lk 4,16-21). Auch auf die kritische Frage Johannes des Täufers nach seiner Person antwortet er mit dem Hinweis auf die Zeichen der Heilszeit, die durch ihn geschehen (Mt 11,5).

Darum hat Paulus Jesus Christus als den Inhalt des Evangeliums verstanden: sein Kommen, seine irdische Wirksamkeit, sein Leiden und Sterben, seine Auferstehung (Röm 1,1-9; 15,19; 1Kor 9,12.18).

Nach ihm ist Evangelium die Heilsbotschaft von Jesus Christus. Evangelium ist also Verkündigung, gesprochene Botschaft, „ein unliterarischer Begriff"[7], alles andere als ein Buch.

Wie ist dieser Begriff zur Bezeichnung einer Schrift geworden? So weit wir erkennen können, hängt das mit dem Evangelium nach Markus zusammen. Seine Schrift beginnt mit den Worten: „Anfang des Evangeliums von Jesus Christus, dem Sohn Gottes" (Mk 1,1). Danach folgt die Schilderung des öffentlichen Wirkens Jesu, seines Sterbens und seiner Auferstehung. Damit wurde eine literarische Gattung eingeführt, für die es in der Antike keine Analogie gibt.

Zwar kennt die Antike Lebensbeschreibungen bedeutender Menschen. Aber die Evangelien

3   OBetz, Artikel: "Jesus Christus", in Das Große Bibellexikon, Bd. 2, S. 683f.
4   GFriedrich, in ThWNT Bd. II, S. 721f
5   WGKümmel, Einl., S. 11
6   AWikenhauser/JSchmid, Einl. S. 205
7   AWikenhauser/JSchmid, Einl. S. 205

sind keine Lebensbeschreibungen Jesu. Sie zeigen kein Interesse am äußeren Erscheinungsbild Jesu, an seiner inneren und äußeren Entwicklung. Sie enthalten nur wenige biographische Daten. Sie erläutern nicht die Motive des Handelns Jesu. Der genaue zeitliche Ablauf der Ereignisse wird nicht dargestellt.

Statt dessen sind die Evangelien Verkündigung über Jesus Christus in schriftlicher Form, indem sie die Überlieferung der Taten und Worte Jesu festhalten. Dadurch wollen sie Glauben wecken und Glauben stärken, wie der Evangelist Johannes es ausdrücklich formuliert (Joh 20, 31).

Welche Merkmale sind für diese neue literarische Gattung typisch?[8] Sie lebt von der Nähe zur Tradition. Die Verfasser dieser Bücher sind keine Schriftsteller, die eigene Erzählungen oder Betrachtungen verfassen. Sie sind zum Teil Augenzeugen oder Schüler von solchen. Sie wissen sich an die in der Gemeinde bewahrte apostolische Überlieferung gebunden. Sie sammeln das Überlieferungsgut, ordnen es, geben es weiter und werden dadurch selber zu Tradenten. Sie wissen sich den gesprochenen Worten und den geschehenen Taten Jesu verpflichtet.

Alle vier Evangelien stimmen darin überein, daß sie das öffentliche Wirken Jesu in einem festen Rahmen überliefern. Es beginnt mit der Taufe Jesu durch Johannes den Täufer. Das Wirken Jesu ist bestimmt durch seine Reden und durch seine Taten. Am Ende dieses Wirkens steht die Leidensgeschichte, die mit den Berichten von der Begegnung mit dem Auferstandenen abschließt.

Alle vier Evangelien wollen in ihrem Leserkreis Jesus Christus verkündigen. Sie tun das, indem sie die Ereignisse des Lebens Jesu Christi berichten. Sie setzen fort, was am Pfingstfest in Jerusalem begonnen hat: Sie verkündigen die großen Taten Gottes und zeigen auf, was das für ihren Leserkreis bedeutet. Es geht immer um das eine Evangelium von Jesus Christus.

Darum treffen die Überschriften, die die Alte Kirche über die Evangelien gesetzt hat, genau deren Sinn: Es geht um das Evangelium nach Markus, nach Matthäus, nach Lukas, nach Johannes. Das eine Evangelium ist von verschiedenen Zeugen aufgenommen, aufgeschrieben und damit weitergegeben worden.

Aus welchen Gründen wurde das Evangelium aufgeschrieben?

Man könnte daran denken, daß mit dem Tod der Apostel, in vielen Fällen dem Märtyrertod, für die Gemeinde die schriftliche Überlieferung immer wichtiger wurde. Aber wahrscheinlich war die schriftliche Aufzeichnung des Evangeliums schon viel früher wichtig. Die Ausbreitung der christlichen Gemeinden erforderte eine genaue Überlieferung des Evangeliums an allen Orten.

Sie wurde gebraucht für die neu zum Glauben an Jesus gekommenen Menschen. Sie sollten wissen: Wer ist der Jesus, an den wir glauben? Was hat er gesagt, was hat er getan? Auch in der Begegnung mit kritischen Zeitgenossen, die verläßliche Auskunft über den christlichen Glauben haben wollten, war eine schriftliche Grundlage nötig (vgl. Lk 1,1-4). Schließlich brauchte man für die Lesung im Gottesdienst Lektionare, in denen für jeden Sonntag die vorgesehene Lesung aufgezeichnet war. Um sie zu erstellen, waren schriftliche Vorlagen nötig.

Die Evangelien sind also aus praktischen Erfordernissen einer wachsenden christlichen Gemeinde entstanden, die ihren missionarischen und lehrenden Auftrag ernstnahm und erfüllte. Sie waren und sind bis heute das Fundament der Verkündigung von Jesus Christus.

---

8 Vgl. HZimmermann, Neutestamentliche Methodenlehre, S. 137f

1.2 Die Eigenart der vier Evangelien

Wer die vier Evangelien des NT miteinander vergleicht, stellt bald fest, daß die ersten drei Evangelien erstaunlich viel gemeinsam haben. Sie werden darum die Synoptiker genannt. Das vierte Evangelium nach Johannes geht in der Darstellung eigene Wege. Die Synoptiker und Johannes unterscheiden sich in folgenden Punkten:

im Aufriß:

Die Synoptiker haben ein einfaches Gliederungsschema für ihre Evangelien. Nach der Taufe Jesu werden die Ereignisse berichtet, die sich in Galiläa zugetragen haben. Dann folgt ein unterschiedlich langer Bericht über die Reise nach Jerusalem. Im dritten Teil werden die Ereignisse überliefert, die in Jerusalem geschehen sind. Man kann dieses Gliederungsschema z. B. an folgenden Stellen im Markus-Evangelium gut beobachten: 1,14; 8,27; 10.1.32.

Im Gegensatz dazu schildert das Evangelium nach Johannes mehrere Wanderungen Jesu von Galiläa nach Jerusalem. Der Anlaß waren in der Regel jüdische Festtage, die Jesus mit seinen Jüngern in Jerusalem verbrachte. Aus diesen Angaben des Evangeliums nach Johannes läßt sich die Zeit des öffentlichen Wirkens Jesu errechnen. Sie dauerte etwa drei Jahre. Die Bewegung zwischen Galiläa und Jerusalem ergibt sich aus folgenden Belegstellen: Joh 2,1.13; 3,22; 4,3.46; 5,1; 6,1; 7,1f.10; 10,40; 11,7.54f; 12,1.12.

im Ordnungsschema:

Aus dem vorher Beschriebenen ergibt sich, daß die Synoptiker ihren Überlieferungsstoff nach geographischen Gesichtspunkten[9] geordnet haben, während das Evangelium nach Johannes auf einer biographischen Anordnung beruht. Seine Leser sollen nachvollziehen können, in welcher Reihenfolge und in welcher Zeitspanne sich das Wirken Jesu abgespielt hat.

in der Stoffauswahl:

Die Synoptiker überliefern eine große Zahl von Taten Jesu, darunter viele Wunder, vor allem Krankenheilungen. Demgegenüber enthält das Evangelium nach Johannes nur sieben Berichte über Taten Jesu, darunter keine Dämonenaustreibung.
Drei dieser Taten werden auch von den Synoptikern überliefert: die Tempelreinigung, die Heilung des Knechtes des königlichen Beamten und die Speisung der 5000.

in der Darstellung der Gegner Jesu:

Die Synoptiker beschreiben die Gegner Jesu mit ihren unterschiedlichen Eigenarten und Aufgaben: Pharisäer und Schriftgelehrte, Sadduzäer und Priester. Es fällt im Vergleich damit auf, daß im Evangelium nach Johannes als Gegner Jesu die Juden genannt werden. Ob damit das ganze jüdische Volk gemeint ist oder seine Führungsschicht oder eine bestimmte Volksgruppe, kann nur aus dem Zusammenhang geschlossen werden.

---

9   Vgl. DACarson/DJMoo/LMorris, Introduction, S. 19

in der Art der Erzählung:

Die synoptischen Evangelien enthalten viele knappe Berichte aus dem Leben Jesu, die oft mit einem markanten Wort Jesu abgeschlossen werden. Die handelnden Personen werden nur soweit vorgestellt, wie es für die Aussageabsicht des Berichtes nötig ist. Über ihre weiteren Lebensumstände erfahren die Leser nichts. Im Gegensatz dazu stehen im Evangelium nach Johannes ausführliche Schilderungen von Ereignissen aus dem Leben Jesu, z.b. das Gespräch mit der Frau aus Samaria (Kap. 4), die Heilung des Blindgeborenen (Kap. 9) oder die Auferweckung des Lazarus (Kap. 11).

in der Darstellung der Reden Jesu:

Alle vier Evangelien enthalten mehr oder weniger umfangreiche Reden Jesu. Sie bestehen bei den Synoptikern aus knappen, leicht zu behaltenden Sätzen. Es handelt sich eher um eine Sammlung von Aussprüchen oder Zitaten aus Reden Jesu als um wörtlich ausgeführte Reden. Das ist im Evangelium nach Johannes anders. Hier gibt es ausführliche Reden mit meditativem Charakter. Der Leser kann sich in die Gedanken des Redners hineinversetzen. Man vergleiche z.b. Lk 15,1-7 mit Joh 10.

Dabei fällt auch auf, daß der Redestil bei den Synoptikern geradlinig, zielstrebig, linear ist. Er entspricht dem griechischen Denken. Demgegenüber ist die Denkbewegung in den Reden Jesu im Evangelium nach Johannes kreisend, mit Wiederholungen arbeitend. Dabei geht es nicht einfach um schlichte Wiederholung. Vielmehr wird ein Gedanke auf einer anderen Ebene noch einmal ausgeführt, damit er sich besser einprägt. Man denke an das Bild einer Spirale. So wurde in der Tat im Orient geredet.

in der Selbstbezeichnung Jesu:

Wenn Jesus in den synoptischen Evangelien von sich selber redet, gebraucht er einen ungewöhnlichen Titel. Er nennt sich *bar naschah*, d.h. Sohn des Menschen oder Mensch. Der Menschensohn ist der Schlüsselbegriff für das Selbstverständnis Jesu nach den Synoptikern.

Auch im Evangelium nach Johannes ist vom Menschensohn die Rede. Aber im Vordergrund stehen die Selbstbezeichnungen „Sohn Gottes" oder „Sohn". Das vierte Evangelium gewährt einen besonderen Einblick in die einzigartige Beziehung zwischen Gott und Jesus.

Was sind die Gründe für diese unterschiedliche Darstellung des Lebens und Wirkens Jesu?

Während die Synoptiker das Überlieferungsgut nach geographischen Gesichtspunkten anordnen, zeichnet der vierte Evangelist als Augenzeuge den Weg Jesu in seinen einzelnen Stationen nach.

Während die Synoptiker wenig Interesse an geographischen und topographischen Einzelheiten haben, teilt der vierte Evangelist die bis dahin nicht bekannten Einzelheiten des Lebens Jesu mit.

Während den Synoptikern daran liegt, möglichst viele Aussprüche oder Zitate aus Reden Jesu festzuhalten, zeichnet der vierte Evangelist den Redestil Jesu nach. Seine Leser sollen die Reden Jesu nacherleben können.

Während die Synoptiker ihre Hauptaufgabe darin sehen festzuhalten, was in der Vergangenheit durch Jesus geschehen ist (vgl. Lk 1,1-4), deutet der vierte Evangelist das Leben und Reden Jesu von Ostern aus. Er verweist mehrfach darauf, daß die Jünger Jesus erst nach seiner Auferstehung von den Toten verstanden haben.

Es führt jedoch in die Irre, wenn man behauptet, die Synoptiker seien historisch interessiert, während der vierte Evangelist Jesus verkündigen wolle und dabei auf historische Genauigkeit nicht so großen Wert lege. Das Gegenteil ist der Fall: Die Synoptiker wollen ebenfalls Jesus verkündigen; sie greifen dazu auf die historische Überlieferung zurück. Das vierte Evangelium gibt sich als ein bis ins einzelne hinein genauer Augenzeugenbericht zu erkennen; das steht nicht im Gegensatz zur Verkündigung Jesu als Sohn Gottes. Die vier Evangelien wenden sich an unterschiedliche Leserkreise. Das zwingt zur unterschiedlichen Akzentuierung des Berichtes über Jesus.

1.3 Das synoptische Probem

Wenn man die ersten drei Evangelien miteinander vergleicht, ergeben sich zwei gegensätzliche Beobachtungen:

1) Die Synoptiker stimmen über weite Strecken im Aufbau, in der Reihenfolge der einzelnen Perikopen und auch im griechischen Wortlaut überein.

2) Die Synoptiker weichen in der Stoffauswahl, in der Gestaltung des erzählerischen Rahmens und oft auch im griechischen Wortlaut charakteristisch voneinander ab.

Das ist das synoptische Problem: Wie sind diese Beobachtungen durch die Entstehungsgeschichte der Evangelien zu erklären?

In der Geschichte der Theologie sind auf die gestellte Frage unterschiedliche Antworten gegeben worden.

Augustin (354-430) nahm an, daß die Evangelien in der Reihenfolge entstanden seien, wie sie heute im NT stehen: Markus sei eine Kurzfassung des Matthäus, Lukas eine erweiterte Fassung des Markus.

Erst in der 2. Hälfte des 18. Jahrhunderts wurde aber das synoptische Problem intensiver untersucht. Dabei ergaben sich vier Lösungsversuche:

1) Die Urevangeliumshypothese

Sie wurde neben anderen 1776 von Lessing vertreten.[10] Er ging davon aus, daß am Anfang der Evangelienüberlieferung ein sehr altes aramäisches Evangelium stand, das Evangelium der Nazarener. Ihm war bekannt, daß Hieronymus im 4. Jh. n.Chr. ein solches Evangelium bei der Sekte der Nazarener gefunden hatte. Fragmente dieses Evangeliums liegen uns noch heute vor. Sie sind veröffentlicht.[11] Wahrscheinlich ist dieses Evangelium aber keine Originalschrift, sondern vielmehr eine Rückübersetzung aus den griechischen synoptischen Evangelien ins Aramäische, die in der ersten Hälfte des 2. Jahrhunderts entstanden ist.

Im übrigen würde ein aramäisches Urevangelium das synoptische Problem nicht lösen, da die wörtlichen Übereinstimmungen in der griechischen Sprache bestehen. Man müßte dann außerdem voraussetzen, daß von dem aramäischen Urevangelium eine verbindliche griechische Übersetzung angefertigt wurde, auf die die Synoptiker zurückgegriffen haben.

Wegen dieses Mangels hat sich der Lösungsvorschlag Lessings nicht durchgesetzt.

10 GELessing, Neue Hypothese über die Evangelisten als blos menschliche Geschichtsschreiber betrachtet, 1784
11 Vgl. EHennecke/WSchneemelcher, Neutestamentliche Apokryphen Bd. I, S. 75ff, 90ff

2) Die Fragmenten- oder Diegesenhypothese

Nach diesem Lösungvorschlag setzen sich die synoptischen Evangelien aus vielen kleinen Fragmenten (Bruchstücken) zusammen, die von den Aposteln und deren Hörern aufgezeichnet wurden. Ihr Vorbild wären die jüdischen Rabbinenschüler gewesen, die auch die Lehren und Taten ihrer Lehrer aufzeichneten. Außerhalb Palästinas habe ein starkes Interesse an diesen Aufzeichnungen bestanden, deswegen seien sie schon früh in die griechische Sprache übersetzt worden. Die Synoptiker hätten solche Fragmente oder Diegesen (von griech. *diēgēsis* = Erzählung) gesammelt und in ihre Evangelien aufgenommen. Das Lukasevangelium beginnt mit einem Hinweis auf solche Diegesen (Lk 1,1-4).

Dieser Lösungsvorschlag wurde zuerst von Schleiermacher 1817 vertreten und im Jahr 1832 durch die Vermutung ergänzt, im Matthäus-Evangelium sei außerdem eine Sammlung von Jesus-Worten verarbeitet worden.[12]

Die Diegesenhypothese hat viel für sich, vor allem den Anfang des Lukas-Evangeliums. Sie würde, wenn man die Übersetzung ins Griechische voraussetzt, auch die wörtliche Übereinstimmung der synoptischen Evangelien erklären. Sie läßt aber offen, warum die Synoptiker den gleichen Aufbau und die gleiche Reihenfolge der Perikopen haben. Darum haben sich die Neutestamentler mit dieser Lösung nicht zufriedengegeben.

3) Die Traditionshypothese

Sie wurde 1796/97 von Johann Gottfried Herder im Anschluß an Lessings Lösungsvorschlag vertreten.[13] Rechnete Lessing mit einer aramäischen Urevangeliumsschrift, so setzte Herder ein mündliches Urevangelium voraus. Das war eine bis heute wichtige Beobachtung: Am Anfang der Evangeliumsüberlieferung stand vermutlich die mündliche Überlieferung der Worte und Taten Jesu. Da aber diese Überlieferung wahrscheinlich in der aramäischen Sprache erfolgte, erklärt dieser Lösungsvorschlag weder den gleichen Aufbau der synoptischen Evangelien noch die gleiche Reihenfolge der Perikopen noch die Übereinstimmung im griechischen Wortlaut.

Auf diese Weise kann das synoptische Problem nicht gelöst werden.

4) Die Benutzungshypothesen

Während die drei bisher beschriebenen Lösungsvorschläge für das synoptische Problem ohne eine direkte literarische Abhängigkeit der ersten drei Evangelien voneinander auszukommen versuchen, setzen die verschiedenen Benutzungshypothesen diese voraus. Drei von ihnen sollen hier vorgestellt werden:

Augustin wurde mit seiner Lösung, die bis in das 20. Jh. immer wieder Anhänger fand (z.B. Theodor Zahn und mit Einschränkungen Adolf Schlatter[14]), bereits erwähnt. Er geht davon aus, daß die Evangelien in der Reihenfolge entstanden sind, wie sie heute im NT stehen. Das Evangelium nach Matthäus ist dann das älteste, das Evangelium nach Markus ein Auszug aus ihm und Lukas geht auf beide zurück.

Eine andere Abhängigkeit wurde von Griesbach vertreten. Auch er hält das Evangelium

12 FSchleiermacher, Über die Zeugnisse des Papias von unseren ersten beiden Evangelien, TSK 5, 1832, S. 335-368
13 JGHerder, Von der Regel der Zusammenstimmung unserer Evangelien, 1797
14 ASchlatter rechnete mit einer aramäischen Vorstufe des Matthäusevangeliums als Grundlage der Synoptiker

nach Matthäus für das älteste. Das Evangelium nach Lukas sei davon abhängig. Das Evangelium nach Markus sei eine kurze Zusammenfassung der beiden anderen. Diese Benutzungshypothese hat nicht viele Befürworter gefunden, weil mit zu vielen Annahmen gearbeitet werden muß.

Durchgesetzt hat sich die dritte Benutzungshypothese, die von Lachmann 1835 entwickelt wurde. Er hält das Evangelium nach Markus für das älteste; darauf hätten die beiden anderen Evangelisten unabhängig voneinander zurückgegriffen. Begründet hat Lachmann seine Lösung des synoptischen Problems mit der Tatsache, daß Matthäus und Lukas nur dann in der Reihenfolge der Perikopen übereinstimmen, wenn sie dieselbe Reihenfolge wie Markus haben. In den anderen Bereichen ordnen sie den Überlieferungsstoff völlig eigenständig an.

Ergänzt wurde Lachmanns Lösung durch HJHoltzmann, der entdeckte, daß Matthäus und Lukas in dem Überlieferungsgut, das sie über Markus hinaus haben, auch zum Teil wörtlich übereinstimmen, aber in der Reihenfolge dieses Überlieferungsgutes erheblich voneinander abweichen. Er schloß daraus, daß Matthäus und Lukas eine gemeinsame griechische Vorlage benutzten. Da es sich dabei weitgehend um Reden Jesu handelte, nannte er diese Vorlage Redenquelle. Heute wird sie manchmal auch Logienquelle oder vielfach einfach Quelle Q genannt.

Damit war die Zweiquellentheorie entwickelt, die besagt, daß die synoptischen Evangelien auf zwei Quellen beruhen: dem Evangelium nach Markus und der Redenquelle (Q). Da die Beobachtungen einleuchtend und die Hypothese einfach anzuwenden war, trat diese Hypothese einen ungewöhnlichen Siegeszug an. Sie gilt heute weitestgehend als die Lösung des synoptischen Problems. Aber in jüngster Zeit mehren sich die kritischen Rückfragen, ob diese Hypothese wirklich die Tatsachen angemessen beschreibt. Darum sollen im folgenden Abschnitt die Begründungen für diese Hypothese im einzelnen vorgetragen werden. Daran anschließend werden die kritischen Rückfragen und mögliche Alternativen beschrieben.

1.4 Die Zwei-Quellen-Theorie

Diese Lösung des synoptischen Problems ruht auf zwei Säulen: Markus ist die Grundlage für Matthäus und Lukas (Markus-Priorität) und Matthäus und Lukas haben eine Redenquelle (Q) benutzt und in ihr Evangelium eingearbeitet. Außerdem benutzten die Synoptiker für ihr Sondergut weitere Überlieferungsquellen.

Für die Markus-Priorität werden folgende Hauptgründe geltend gemacht:

1) Markus ist das kürzeste der ersten drei Evangelien. Bei dem hohen Respekt vor dem heiligen Text der Evangelien in der Alten Kirche ist es wahrscheinlicher, daß eine Vorlage ergänzt als daß sie gekürzt wurde. Darum gilt das kürzeste Evangelium als das älteste.

2) Matthäus und Lukas stimmen in wesentlichen Teilen in Aufbau, Inhalt, Reihenfolge und Wortlaut nur dann überein, wenn sie mit Markus parallel überliefern. Als Beispiel mögen die Kapitel 4 und 5 des Evangeliums nach Markus mit ihren Parallelen gelten.

3) Markus hat nur wenig Sondergut, das heißt Überlieferungsgut, das nur bei ihm vorkommt. Das Sondergut von Matthäus und Lukas umfaßt ganze Kapitel.

4) Der Text erscheint bei Matthäus und Lukas gegenüber Markus teilweise sprachlich und sachlich verbessert. Manchmal stimmen Matthäus und Lukas in diesen Verbesserungen überein, manchmal weichen sie voneinander ab.

Beispiele für sprachliche Verbesserungen: Mk 2,4ff; 2,7 par; Beispiele für sachliche Verbesserungen: Mk 6,14, vgl. Mt 14,1 oder Mk 2,15, vgl. Lk 5,29.

Folgerung aus diesen Beobachtungen: Matthäus und Lukas haben das Evangelium nach Markus gekannt und benutzt. Markus muß also das älteste Evangelium sein; vielleicht hat es einen „Urmarkus" gegeben, auf den Lukas zurückgegriffen hat. Das würde gelegentliche Abweichungen zwischen Matthäus und Lukas erklären.

Für die Redenquelle werden folgende Gründe geltend gemacht:

1) Matthäus und Lukas stimmen auch in den Teilen, die sie über Markus hinaus haben, zum Teil wörtlich überein. Das läßt auf eine literarische Abhängigkeit im griechischen Wortlaut schließen. Beispiel: Mt 3,7-10, vgl. Lk 3,7-9.

2) Bei den übereinstimmenden Teilen über Markus hinaus handelt es sich nicht nur um Reden. Es geht zum Teil auch um Taten Jesu. Insofern ist die Bezeichnung Redenquelle irreführend.

Beispiele: Mt 4, vgl. Lk 4; Mt 8,5-13 par 18-22 par; Mt 11,1-19 par.

3) In der Leidensgeschichte kann man solche Teile nicht entdecken. Hier geht jeder Evangelist seinen eigenen Weg.

4) Matthäus und Lukas ordnen den gemeinsamen Überlieferungsstoff verschieden an: Matthäus in verschiedenen zusammenhängenden Reden: Mt 5-7; 10; 13; 18; 24-25; Lukas in zwei Blöcken: 6,20-8,3; 9,51-18,14. Das spricht dafür, daß die beiden Evangelien nicht unmittelbar voneinander abhängig sind, sondern auf eine gemeinsame schriftliche Quelle zurückgreifen.

Fassen wir das Ergebnis der Beobachtungen zur sogenannten Redenquelle zusammen:

Es hat wahrscheinlich eine schriftliche Überlieferung der Reden und Taten Jesu in griechischer Sprache gegeben, die Matthäus und Lukas kannten und benutzten. Uns ist diese Quelle verlorengegangen. Es hat sich die Bezeichnung Redenquelle eingebürgert. Wie diese Vorlage im einzelnen gestaltet war, können wir nicht mehr feststellen. Man nimmt deswegen an, daß die Teile dazu gehörten, in denen Matthäus und Lukas weitgehend übereinstimmen, während Markus dieses Überlieferungsgut nicht aufgenommen hat.

Die Redenquelle ist also eine literarische Rekonstruktion aufgrund der vorliegenden Evangelien. Sie ist als Quellenschrift nicht nachgewiesen.

Die Zwei-Quellen-Theorie bedarf noch der Ergänzung durch den Hinweis auf das sogenannte Sondergut. Die Evangelien nach Matthäus und Lukas enthalten Überlieferungsgut, das jeweils nur bei ihnen zu finden ist. Ob den Verfassern der Evangelien dieses Überlieferungsgut mündlich oder schriftlich vorlag, läßt sich nicht mehr sicher feststellen. Fruchtbarer ist die Frage nach den theologischen Akzenten, die in den Sondergut-Abschnitten zu finden sind. Denn sie lassen vor allem erkennen, welche Botschaft der jeweilige Evangelist vermitteln wollte.

Folgt man der Zwei-Quellen-Theorie, so ergibt sich folgendes Schaubild für die Abhängigkeiten in den drei ersten Evangelien:

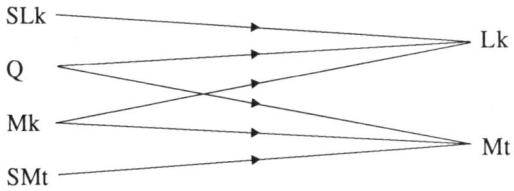

1. 5 Kritik und Alternativen zur Zwei-Quellen-Theorie

Die Zwei-Quellen-Theorie hat nach ihrer Begründung durch HJHoltzmann 1863 einen in der exegetischen Wissenschaft seltenen Siegeszug angetreten, jedenfalls was die protestantische Evangelienauslegung angeht. Nach RRiesner[15] hat die katholische Forschung ihr am längsten widersprochen. Noch im Jahr 1912 erklärte ein Dekret der „Päpstlichen Bibelkommission", die Theorie sei „weder durch das Zeugnis der Tradition noch durch historische Argumente begründet".[16] Obwohl dieses Dekret bis heute nicht zurückgenommen ist, übernahmen katholische Neutestamentler nach dem Zweiten Weltkrieg die Zwei-Quellen-Theorie ohne Bedenken.

RRiesner führt aus: 'Um 1960 schien der endgültige Sieg gekommen. „Die quellenkritische Arbeit an den Synoptikern hat mit der Zwei-Quellen-Theorie tatsächlich ihr Ende erreicht" urteilte PVielhauer. Und in der 'Einleitung in das Neue Testament' von WMarxsen kann man lesen: „Diese Zweiquellentheorie hat sich in der Forschung so sehr bewährt, daß man geneigt ist, die Bezeichnung 'Theorie' (im Sinne von 'Hypothese') dafür aufzugeben. Man kann sie in der Tat als ein gesichertes Ergebnis ansehen ..." Dieses „gesicherte Ergebnis" lernt jeder Theologiestudent im Proseminar. Auf kritische Einwände und vorhandene Alternativen einzugehen, fehlt meist die Zeit. Mit diesem „gesicherten Ergebnis" rechnet in der Regel auch ein Pfarrer, der sich für die Predigt über einen synoptischen Text exegetisch vorbereitet.'[17]

Kann eine Theorie, die eine so allgemeine Anerkennung gefunden hat, ernsthaft in Zweifel gezogen werden? RRiesner bejaht das, indem er auf die kritischen Anfragen eingeht, die seit Mitte der Sechziger Jahre gestellt wurden.[18] Eine Darstellung im einzelnen ist in dieser Einleitung nicht möglich. Es kann nur in groben Umrissen dargestellt werden, aus welchen Beobachtungen sich die Rückfragen ergeben.

Verschiedene mathematisch-statistische Untersuchungen zum synoptischen Problem haben zu Ergebnissen geführt, die die Zwei-Quellen Theorie als einzig mögliche Lösung dieses Problems in Frage stellten. Die Forscher Bde Solages und RMorgenthaler haben nachgewiesen, daß viele unterschiedliche Benutzungsverhältnisse zwischen den Synoptikern denkbar sind. Dazu gehört zwar auch die Markus-Priorität, aber als eine Lösung von vielen anderen.[19] Der französische Mathematiker LFrey hat mit Methoden, die sich bereits in anderen Geisteswissenschaften bewährt haben, die Perikopen-, Satz- und Wortfolgen der synoptischen Evangelien untersucht und dabei festgestellt, daß eine direkte Abhängigkeit der Synoptiker voneinander wohl nicht in Frage kommt. Vielmehr sei der Befund besser dadurch zu erklären, daß die Synoptiker auf eine Vielzahl vorsynoptischer Quellen zurückgegriffen haben (vgl. Lk 1,1-4).[20]

Das von Lachmann vorgelegte Hauptargument für die Markus-Priorität, nämlich die Tatsache, daß Matthäus und Lukas dann in der Reihenfolge der Perikopen und im Wortlaut übereinstimmen, wenn sie mit Markus parallel überliefern, wird von verschiedenen Forschern aufgegriffen und in Frage gestellt, indem sie das gleiche Phänomen mit anderen Benutzungsverhältnissen erklären:

15 „Wie sicher ist die Zwei-Quellen-Theorie?", Theolbeitr. 2/77 (im folgenden abgekürzt: RRiesner, ZQT), S. 51
16 RRiesner, ZQT, S. 51
17 RRiesner, ZQT, S.51
18 RRiesner, ZQT, S. 53-55
19 RRiesner, ZQT, S. 55. Vgl. jetzt auch ELinnemann, Gibt es ein synoptisches Problem? Stuttgart, 1992
20 RRiesner, ZQT, S. 56

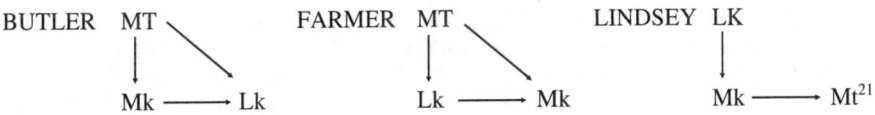

BUTLER MT　　　　FARMER MT　　　　LINDSEY LK

Mk ───→ Lk　　　　Lk ───→ Mk　　　　Mk ───→ Mt[21]

Schließlich nennt RRiesner einige Untersuchungskriterien, die auf die Markus-Priorität anzuwenden sind. Sollte sich dabei zeigen, daß sie nicht zu halten ist, würde die eine Säule der Zwei-Quellen-Theorie und damit die ganze Theorie fallen. Folgende Kriterien kommen in Frage:
Die Markus-Priorität ist fraglich, wenn
– Abweichungen von Markus bei Matthäus und Lukas nicht plausibel begründet werden können,
– Matthäus und Lukas gegen Markus Anklänge an semitische Sprache und Stilverschlechterungen aufweisen,
– Differenzen zur Markus-Fassung als größere Nähe zur mündlichen Tradition verstanden werden können,
– Markus weniger jüdisch ist als Matthäus und Lukas,
– synoptische Unterschiede als Übersetzungsvarianten aus dem Aramäischen gedeutet werden können,
– Matthäus und Lukas bei dreifacher Überlieferung gegen Markus übereinstimmen (sogenannte 'minor agreements').
Nach einer Anwendung dieser Kriterien auf verschiedene synoptische Texte kommt RRiesner zu dem Ergebnis: „Die Zwei-Quellen-Theorie hat den großen Vorteil, das synoptische Quellenproblem stark zu vereinfachen und damit leicht anwendbar zu sein. Hier könnte mit ein Grund für die Beliebtheit der Theorie liegen. ... M.E. läßt die Zwei-Quellen-Theorie mehr Fragen offen, als sie beantwortet. Um der Klarheit willen sollte man besser von einer Zwei-Quellen-Hypothese reden. Die Suche nach Lösungen, die der Vielfalt des synoptischen Tatbestands besser gerecht werden, ist noch nicht abgeschlossen."[22]
Daß RRiesner mit dieser kritischen Sicht der Zwei-Quellen-Theorie kein einsamer Außerseiter unter den deutschen Neutestamentlern ist, mögen die Bemerkungen von KHaacker belegen:
„Die Zwei-Quellen-Theorie besticht durch ihre Einfachheit. Das ist jedoch kein historisches Argument, sondern ein Entgegenkommen an unsere Bequemlichkeit. Niemand kann a priori sagen, wie einfach die historischen Vorgänge bei der Entstehung der Evangelien gewesen sein müssen; denn wir kennen keine vergleichbaren literarischen Prozesse, über deren Ablauf wir besser unterrichtet wären. Lk 1,1 spricht eher dafür, daß Lukas mehr als zwei Quellen gekannt und benutzt hat! Das synoptische Problem ist also so etwas wie eine Gleichung mit einer unbekannten Anzahl von Unbekannten. Man sollte zwar nicht willkürlich hypothetische Hilfsgrößen erfinden. Man sollte aber auch die Möglichkeit weiterer verschollener Quellen nicht ebenso willkürlich ignorieren."[23]
Muß nach diesen Beobachtungen der Leser der synoptischen Evangelien bei der Frage nach ihrer Entstehungsgeschichte ohne Antwort bleiben? Kann der neutestamentliche Befund

---

21 RRiesner, ZQT, S. 57
22 RRiesner, ZQT, S. 72
23 KHaacker, Neutestamentliche Wissenschaft, 2.Aufl. 1985, S. 47

verknüpft mit Informationen aus der Alten Kirche zu überzeugenderen Lösungen führen, als sie mit der Zwei-Quellen-Theorie vorgelegt worden sind? Ist vielleicht die Diegesenhypothese zu schnell als nicht überzeugend beiseite gelassen worden? Jedenfalls hat am Ende des vorigen Jahrhunderts der Neutestamentler Frédéric Godet eine Alternative zur Zwei-Quellen-Theorie vorgelegt, die durchaus nachdenkenswert erscheint.[24]

Zum synoptischen Problem hat er sich in dem Sammelband Bibelstudien, Hannover 1878 und in seiner Einleitung in das NT geäußert. Auch der Kommentar zum Evangelium des Lukas läßt seine Position erkennen.

Ausgangspunkt für die Überlegungen von Godet ist vor allem der synoptische Befund, den er möglichst vorurteilsfrei zur Kenntnis nehmen will. Zur Erklärung dieses Befundes zieht er die Informationen der Apostelgeschichte über die urchristliche Lehre und Verkündigung heran. Im Gegensatz zu vielen anderen schenkt er auch den Nachrichten der Alten Kirche über die Verfasser der ersten drei Evangelien große Beachtung. Godets Grundhaltung zum synoptischen Problem ist bestimmt von einem großen Vertrauen in die Zuverlässigkeit der synoptischen Überlieferung und von einer tiefen Skepsis gegenüber den Rekonstruktionen der Zwei-Quellen-Theorie wegen der vielen unaufgelösten Widersprüche, die mit ihr verbunden sind.

Auf dieser Grundlage kommt Godet zu folgenden Einsichten:

Es hat von Anfang an eine apostolische Tradition der Worte und Taten Jesu gegeben. Die in Apg 2,42 erwähnte „Apostellehre" war wegen der Schlichtheit der Apostel wohl kaum theologische Durchdringung des Evangeliums von Jesus Christus. Diese Aufgabe blieb vor allem Paulus vorbehalten. Vorher war aber Apostellehre wohl vornehmlich Überlieferung der Worte und Taten Jesu. Denn das war das Kriterium bei der Nachwahl eines Apostels: Er mußte Augenzeuge dieser Ereignisse um Jesus sein (Apg 1,21f).

Godet rechnet damit, daß die Augenzeugenberichte in der Urgemeinde sehr früh festgeformt und schriftlich festgehalten wurden.[25]

Da in der Urgemeinde nicht nur aramäisch, sondern auch griechisch gesprochen wurde (vgl. den Konflikt von Apg 6), mußten die Augenzeugenberichte von Anfang an ins Griechische übersetzt werden. Es gab also wohl so etwas wie eine autorisierte griechische Übersetzung der apostolischen Überlieferung.

Zwei Apostel sieht Godet vor allem als Träger der Überlieferung an: Petrus und Matthäus.

Der Schwerpunkt der von Petrus geformten Überlieferung seien die Taten Jesu in Galiläa und Jerusalem gewesen. Dadurch sei die Jerusalemer Überlieferung entstanden. In ihr seien nicht nur einzelne Perikopen, sondern größere Überlieferungseinheiten in griechischer Sprache festgehalten worden. Petrus habe diesen Grundbestand der Jerusalemer Überlieferung auf seinen Missionsreisen weitergegeben und durch persönliche Erlebnisse mit Jesus ergänzt. Nach den Informationen der Alten Kirche hat ihn Johannes Markus auf seinen Reisen als Dolmetscher begleitet. Das Evangelium nach Markus sei aufgrund dieser Reisen entstanden und beruhe einerseits auf der Jerusalemer Tradition und andererseits auf den persönlichen Er-

24 Frédéric Godet lebte von 1812-1900 vornehmlich in seiner Heimatstadt Neuchâtel/Schweiz. Von 1832-1836 studierte er in Berlin und wurde anschließend bis 1844 Erzieher des jungen Prinzen Friedrich von Preußen. Dann kehrte er in seine Heimatstadt zurück, wurde dort Pastor, gründete zusammen mit anderen die Akademie von Neuchâtel und lehrte an dieser Akademie von 1866 bis 1887. Seine Einleitung in das NT und seine Kommentare zum Lukas-Evangelium, zum Johannes-Evangelium, zum Römerbrief und zum 1. Korintherbrief fanden im deutschsprachigen und französischsprachigen Raum starke Beachtung.
25 Vgl. B.Gerhardsson, Die Anfänge der Evangelientradition, Wuppertal, 1977

gänzungen durch Petrus. Godet übernimmt damit die von Papias überlieferte Information über die Entstehung des Evangeliums nach Markus.

Der Schwerpunkt der von Matthäus festgehaltenen Überlieferung seien die Worte Jesu (*logia*). In diesem Sinn nimmt er die Information des Papias über Matthäus auf. Die Grundfassung dieser Überlieferung sei aramäisch gewesen, da Jesus aramäisch gesprochen habe. Wegen der Zweisprachigkeit der Urgemeinde habe Matthäus aber eine griechische Übersetzung angefertigt, die sich heute in den Reden des Evangeliums nach Matthäus niederschlage.

Diese Überlieferung der Apostel Petrus und Matthäus sei von vielen in aramäischer und griechischer Sprache aufgezeichnet worden. Dadurch seien auch größere Zusammenhänge von Perikopen entstanden.[26] Sie hätten die Grundlage für die Verkündigung in der frühen Christenheit dargestellt, wie aus Lk 1,1-4 eindeutig hervorgehe. Mit anderen Worten: Am Anfang der Gemeinde Jesu Christi standen die Diegesen, die in der Jerusalemer Gemeinde bis ca. 50 n.Chr. verfaßt wurden. Sie bildeten die Lehrgrundlage für die frühe Christenheit. Kein Wunder, daß sie auch die Schriften prägten, die wir Evangelien nennen.

Auf das Evangelium nach Markus hatten sie in dem bereits beschriebenen Sinn Einfluß: Markus hielt in seinem Evangelium die von Petrus überlieferte und von ihm persönlich ergänzte Überlieferung fest.

Das Evangelium nach Matthäus hat seinen Namen dadurch erhalten, daß in diese Schrift außer der Jerusalemer Diegesentradition die von dem Apostel Matthäus überlieferten Worte Jesu aufgenommen wurden. Wer der Verfasser dieser umfassenden Evangelienschrift ist, wissen wir nicht. Er muß aus dem jüdischen Umfeld stammen, da er nachzuweisen versucht, daß sich im Leben, Leiden, Sterben und Auferstehen Jesu Christi die Geschichte Israels erfüllt.

Das Evangelium nach Lukas geht auf einen Paulus-Schüler zurück. Von Paulus hat er gelernt, was das Evangelium für die Heiden ist. Von diesem Evangelium ist er fasziniert. Er kennt die Vielzahl der schriftlichen Überlieferungen von Jesus, wertet sie aus, stellt eigene Nachforschungen an, stößt auf neue, bisher nicht veröffentlichte Informationen und stellt diese in einem eigenen Entwurf dar, in dem das Evangelium für die Heiden das theologische Ziel bestimmt (vgl. Lk 1,1-4).

Godet nimmt an, daß alle drei Evangelien an verschiedenen Orten unabhängig voneinander fast zur gleichen Zeit entstanden sind: Markus in Rom 64, Matthäus im Orient 66 und Lukas in Syrien um 66. Wie weit sich diese Annahme bewährt, muß bei der Besprechung der einzelnen Evangelien überprüft werden.

Am Schluß seiner Darstellung läßt Godet erkennen, was ihn vor allem bei der Suche nach einer Alternative zur Zwei-Quellen-Theorie geleitet hat. Es ist die Frage nach der Glaubwürdigkeit der Evangelien. Sie wird nach Godets Meinung durch die Benutzungshypothese erschüttert. Jedenfalls kommen dann wohl Apostel oder Apostelschüler als Informationsträger oder Verfasser der Evangelien kaum in Frage. In vielen anderen Einleitungen wird denn auch die Frage aufgeworfen: Wie kann der Apostel Matthäus sich von dem Apostelschüler Johannes Markus abhängig machen? Neben anderen Argumenten führte dies dazu, die Verfasserschaft des ersten Evangeliums durch den Apostel Matthäus gegen die Alte Kirche zu bestreiten. Dadurch ist gewiß das Vertrauen vieler zu den Evangelien erschüttert worden.

---

26 Vgl. DACarson/DJMoo/LMorris, Introduction, S. 24: „It is probable that more of the gospel material than many form critics allow existed from very early periods in written form and that much of the rest of it may already have been connected together into larger literary units."

Wenn sich aber begründet zeigen läßt, daß hinter den Evangelien die Überlieferung der Apostel steht, dann stärkt das die Glaubwürdigkeit der überlieferten Inhalte. Es wird aber auch verständlich, warum genaue Übereinstimmung im Detail nicht möglich und nötig war. Die Evangelien haben dann den Charakter von Zeugenberichten, die gerade durch ihre Unterschiedlichkeit umso glaubwürdiger wirken.

Wer selber von der Vertrauenswürdigkeit und Zuverlässigkeit der biblischen Überlieferung überzeugt ist, kann diese Intention Godets nur dankbar aufnehmen und sich von seinen Lösungsvorschlägen zum synoptischen Problem anregen lassen. Denn die Fragwürdigkeit der Zwei-Quellen-Theorie ist zu offensichtlich, als daß man nicht nach Alternativen suchen müßte. Es ist damit zu rechnen, daß sich eine modifizierte Diegesenhypothese als das sachlich überzeugendere Erklärungsmodell zum synoptischen Problem erweist.

Das Evangelium nach Markus

1. Inhalt

Das Evangelium nach Markus stellt die Zeit des öffentlichen Wirkens Jesu dar. Es beginnt mit der Darstellung Johannes des Täufers und der Taufe Jesu durch ihn. Es endet mit der Leidensgeschichte und mit Berichten von Begegnungen mit dem auferstandenen Jesus Christus. Der Schwerpunkt der Berichterstattung liegt auf den Taten Jesu. Sie werden in kurzen Erzähleinheiten präsentiert, die ein eindrückliches Bild von den Wundern Jesu, seiner Wirkung auf die Menschen in Palästina und seinen Auseinandersetzungen mit den jüdischen Führern entstehen lassen. Selbstverständlich überliefert Markus auch Worte Jesu, aber sie bleiben gegenüber den Taten im Hintergrund.

Wie bereits erwähnt, ist das Evangelium nach Markus das kürzeste der drei Synoptiker. Es bietet sich deswegen als Grundlage der Bibelkunde zu den Synoptikern an. Sein Inhalt findet sich fast ganz bei Matthäus und Lukas wieder und kann bei der Inhaltsangabe dieser Evangelien vorausgesetzt werden.

Über die literarische Abhängigkeit der beiden anderen Synoptiker von Markus ist damit nichts entschieden. Warum es hier kritische Rückfragen gibt, ist im voraufgehenden Kapitel beschrieben worden.

Die Vorordnung des Evangeliums nach Markus vor die beiden anderen Synoptiker geschieht also allein aus bibelkundlich-methodischen Gründen.

2. Gliederung, Merkverse, Kernaussagen

Kapitel	Perikopen	Merkverse
I) 1,1-13	**Einleitung**	
1,1-8	Johannes der Täufer	
1,9-11	Taufe Jesu	**1,11**
1,12.13	Versuchung Jesu	
II) 1,14-8,26	**Jesus in Galiläa**	
1,14-20	Die Berufung der Jünger	**1,15.17**
1,21-39	Jesus in Kapernaum	
2,13-17	Berufung des Levi	**2,17**
2,18-22	Fasten	
2,23-28	Ährenausraufen am Sabbat	**2,27f**
3,13-19	Die zwölf Apostel	
3,22-30	Die Lästerung des Geistes	
3,31-35	Jesu wahre Verwandte	**3,35**
4,1-20	Das Gleichnis vom vierfachen Acker	
5,1-20	Die Befreiung des Besessenen von Gerasa	
6,1-6	Die Verwerfung Jesu in Nazareth	

6,7-13	Die Aussendung der Zwölf	
6,14-29	Das Ende des Täufers	
6,30-44	Die Speisung der 5.000	
7,1-23	Reinheit und Unreinheit	**7,20f**
8,10-13	Zeichenforderung	
8,14-21	Mahnrede an die Jünger	
III) 8,27-10,52	**Leidensvorbereitung**	
8,27-30	Petrusbekenntnis in Cäsarea Philippi	
8,31-33	1. Leidensankündigung	
8,34-38	Worte der Nachfolge	**8,34b-36.38**
9,2-13	Verklärung Jesu	
9,31-32	2. Leidensankündigung	
9,33-41	Rangstreit der Jünger	
10,13-16	Kindersegnung	**10,14f**
10,17-27	Der reiche junge Mann	**10,25.27**
10,33-34	3. Leidensankündigung	
10,35-45	Die Bitte der Zebedaiden	**10,45**
IV) 11-12	**Jesus in Jerusalem**	
11,1-11	Einzug in Jerusalem	
11,12-26	Feigenbaum	
11,15-19	Tempelreinigung	
12,1-12	Weingärtner-Gleichnis	
12,13-17	Verhältnis zum Staat	**12,17**
12,28-34	Das größte Gebot	**12,29-31**
V) 13	**Die apokalyptische Rede**	**13,30-32**
VI) 14-16	**Leiden und Auferstehung Jesu**	
14,3-9	Salbung Jesu	
14,10.11	Verrat	
14,12-26	Einsetzung des Abendmahls	**14,22-25**
14,32-42	Jesu Gebetskampf in Getsemane	**14,36**
14,53-65	Verhör beim Hohen Rat	**14,61f**
14,66-72	Verleugnung des Petrus	
15,1-19	Prozeß vor Pilatus	
15,20-41	Kreuzigung und Tod	
16,1-8	Die Auferstehung Jesu	
16,9-20	Begegnungen mit dem Auferstandenen	**16,15f**

In diesem Aufbau ist keine Vollständigkeit der Perikopen angestrebt. Es sind nur die Abschnitte erwähnt, die für die Bibelkunde besondere Bedeutung haben und darum eingeprägt werden sollten. Das erspart das ausführliche Lesen im Evangelium nicht, sondern will vielmehr dazu herausfordern.

Kernaussagen

Jesus sprach: ,,Die Zeit ist erfüllt, und das Reich Gottes ist herbeigekommen. Tut Buße und glaubt an das Evangelium!"
Mk 1,15

Denn auch der Menschensohn ist nicht gekommen, daß er sich dienen lasse, sondern daß er diene und sein Leben gebe als Lösegeld für viele.
Mk 10,45

Der Hohepriester sprach zu ihm: ,,Bist du der Christus, der Sohn des Hochgelobten?"
Jesus aber sprach: ,,Ich bin's; und ihr werdet sehen den Menschensohn sitzen zur Rechten der Kraft und kommen mit den Wolken des Himmels."
Mk 14,61b.62

---

3. Literarische Eigenart

Da das Evangelium nach Markus vielfach als das älteste Evangelium angesehen wird, könnte der Schluß naheliegen, hier kämen die Leser dem Ablauf des Lebens Jesu besonders nahe. Das ist aber nicht der Fall. Offensichtlich hat der Verfasser Berichte von Taten und Reden Jesu gesammelt und lose miteinander verbunden aufgeschrieben. Das läßt sich daran erkennen, daß die einzelnen Überlieferungsstücke in der Regel durch ,,und" oder ,,wiederum" oder ,,von dort" verknüpft sind. Eine genaue zeitliche Abfolge des Wirkens Jesu läßt sich daraus nicht erkennen, ganz im Gegensatz zum Evangelium nach Johannes.[1]

Auch der Aufbau des Evangeliums berücksichtigt die zeitliche Abfolge der Ereignisse nicht, da die Überlieferung von Jesus nach drei geographischen Gesichtspunkten geordnet wird: ,,Ereignisse in Galiläa", ,,Ereignisse auf dem Weg nach Jerusalem" und ,,Ereignisse in Jerusalem".

Aus diesen Beobachtungen läßt sich schließen, daß dieses Evangelium keine Lebensbeschreibung Jesu bieten will. Statt dessen sollen die großen Taten Gottes im Leben Jesu verkündigt werden.

Markus gestaltet sein Evangelium nach schriftstellerischen Gesichtspunkten. Es ist seine Entscheidung gewesen, die Überlieferung von Jesus geographisch gegliedert aufzuschreiben. Er hätte ebenso gut eine zeitlich geordnete Darstellung wählen können.

Was für den Gesamtaufbau gilt, läßt sich auch bei den einzelnen Überlieferungen zeigen. An verschiedenen Stellen unterbricht er seine Darstellung über ein Ereignis mit einem Einschub, was den Leser mit Spannung auf den Ausgang der Geschichte warten läßt. So erzählt er, daß Jesu Familienangehörige ihn aufsuchen und festhalten wollen, weil sie meinen, er sei von Sinnen (3,21). Ehe er über das Ergebnis dieser Absicht berichtet (3,31-35), erwähnt er ein Streitgespräch mit den Schriftgelehrten, die behaupten, er treibe die Dämonen durch den Teufel aus. Diese Kritiker warnt Jesus vor der Lästerung des Geistes, die nicht vergeben werden kann. Dann erst kommt Markus wieder auf die Familienangehörigen Jesu zu sprechen und schildert, wie Jesus auf deren Ansinnen reagiert.

Solche Einschübe sind an folgenden Stellen zu beobachten: 5,25-34 in 5,21-24.35-43; 6,14-

---

[1]   Vgl. S. 55ff

29 in 6,6-13.30f; 11,15-19 in 11,12-14.20-25; 14,3-9 in 14,1.2.10.11. Der Hinweis auf die
zeitliche Reihenfolge der Ereignisse erklärt diese Art der Berichterstattung nicht, zumal sonst
kein chronologisches Interesse festzustellen ist. Nein, hier hat ein Schriftsteller bewußt gestaltet.

Das läßt sich auch dort zeigen, wo ein später berichtetes Ereignis durch eine kurze Notiz
schon vorher angekündigt wird. So fordert Jesus seine Jünger auf, ein kleines Boot bereitzu-
halten, damit die Menge ihn nicht bedränge (3,9). Ob er das Boot brauchte und was er damit
anfing, erfährt der Leser erst im nächsten Kapitel (4,1.2). Ähnliches läßt sich auch an folgenden Stellen beobachten: 11,11 bereitet 11,15ff und 14,54 bereitet 14,66ff vor.

Der Evangelist Johannes bemerkt am Ende seines Evangeliums, daß die Welt die Bücher
nicht fassen würde, wenn man alles aufschreiben würde, was durch Jesus geschehen ist (Joh
21,25). Diesen Eindruck von der Vielfalt des Wirkens Jesu vermittelt auch Markus, aber auf
andere Weise. Er faßt die vielen Heilungen und Dämonenaustreibungen Jesu in sogenannten
Sammelberichten zusammen, die kein Einzelschicksal schildern, sondern einen Gesamtein-
druck vermitteln: 1,32-34; 3,7-12; 6,53-56. Das Gleiche gilt für die umfangreiche Lehrtätigkeit Jesu (1,39; 2,13; 4,2.33; 10,1), aus der im Evangelium nur einzelne Beispiele
ausführlicher beschrieben werden.

Fassen wir diese Merkmale zusammen, so ergibt sich: Das Evangelium nach Markus enthält Überlieferungsgut aus dem Wirken Jesu, das nach geographischen Gesichtspunkten geordnet ist. Am Ende der Berichte steht die Leidens- und Auferstehungsgeschichte, in der auch
die zeitliche Abfolge der Ereignisse wichtig ist. In den übrigen Teilen zeigt sich, daß das
Überlieferungsgut nicht wahllos aneinandergereiht wurde. Der Verfasser hat sein Evangelium
auch nach schriftstellerischen Gesichtspunkten gestaltet und damit den Lesern den Zugang
zum Wirken Jesu erleichtert.

4. Historischer Zusammenhang

Es ist nicht zufällig, daß die befreiende Verkündigung Jesu vom Anbruch der Gottesherrschaft in Galiläa geschieht (1,15). Markus greift das auf und schildert in den ersten acht Kapiteln seines Evangeliums, wie sich das im Leben einzelner Menschen ausgewirkt hat. Sie
erlebten die heilenden Wunder Jesu, staunten über seine machtvollen Taten und hörten seine
zur Umkehr rufende Verkündigung, die den Protest der jüdischen Theologen und den Glauben vieler schlichter Menschen auslöste. Das alles spielte sich in Galiläa ab, einem Land-
strich, der den frommen Juden gerade nicht als der geeignete Ort für den Auftritt des Messias
und den Anbruch der Gottesherrschaft erschien. Für sie war es Grenzland, fern vom zentralen
Lebensraum der Erwählten. Aber gerade für die Fernen, für die Sünder, für die Heiden ist Jesus gekommen. Ihnen gilt die gute Nachricht. Das ist Markus wichtig. Er schreibt ein Evangelium für die Heiden.

Dem entspricht, daß er aus Jerusalem, aus der Stadt des Tempels, aus dem Lebensraum des
frommen Judentums fast nur von Auseinandersetzungen Jesu mit den jüdischen Führern zu
berichten weiß. Hier wird das Drama seines Prozesses vorbereitet, sein Todesurteil gefällt,
der römischen Besatzungsmacht aufgedrängt und vollstreckt. Der Messias Israels scheitert
am Unglauben Israels und wird dadurch zum Erlöser für alle Völker. So hat es Markus zunächst bei Paulus gelernt und im Bericht des Petrus über die Ereignisse des Lebens Jesu wieder entdeckt.

5. Theologische Schwerpunkte

Wenn wir hier Jesus den Messias Israels nennen, fällt auf, daß Markus im ersten Teil seiner Berichterstattung (bis 8,26) gegenüber dem Titel Messias und anderen Aussagen zur Person Jesu sehr zurückhaltend ist. Eine Ausnahme machen nur gelegentliche Andeutungen Jesu zum Geheimnis seiner Person (2,10.17b.19.28). Im übrigen ist die Berichterstattung in diesem Teil des Evangeliums von dem erstaunten Fragen bestimmt: Wer ist der, durch den solche machtvollen Taten geschehen (4,41; 6,2.14-16)?

Das ändert sich schlagartig mit der Frage Jesu von Cäsarea Philippi: ,,Ihr aber, was sagt ihr wer ich bin?" (8,29), auf die Petrus mit dem Bekenntnis antwortet: ,,Du bist Christus" (8,29). Von da an spricht Jesus mit seinen Jüngern über die Notwendigkeit seines Leidens (8,31; 9,31; 10,33f) und von seinem stellvertretenden Sterben (10,45). Er läßt seinen engsten Jüngerkreis an seiner Verklärung teilhaben (9,2-8), beantwortet die Frage nach dem Propheten Elia, der wiederkommen soll (9,11-13), gibt sich selbst als Christus zu erkennen (9,41) und bereitet seinen messianischen Einzug in Jerusalem vor (11,1-11). Dort kommt die Frage nach seiner Vollmacht und seinem Selbstanspruch nicht zur Ruhe (11,27-33; 12,1-12; 12,35-37; 13,26f.32). Sie wird vom Hohenpriester im Verhör vor dem Hohen Rat gestellt: ,,Bist du der Christus, der Sohn des Hochgelobten?", die von Jesus mit dem Bekenntnis beantwortet wird: ,,Ich bin's; und ihr werdet sehen den Menschensohn sitzen zur Rechten der Kraft und kommen mit den Wolken des Himmels" (14,61f). Damit ist das Geheimnis seiner Person gelüftet und gleichzeitig der Widerstand herausgefordert. Das Bekenntnis Jesu trägt ihm das Todesurteil ein.

Daß ein Evangelist mit dem Geheimnis der Person Jesu auch ganz anders umgehen kann, zeigt ein Blick auf das vierte Evangelium, in dem die Botschaft von Jesus dem Sohn Gottes von Anfang an im Mittelpunkt steht (Joh 1,14). Daß Markus einen anderen Weg gewählt hat, hängt sicher mit der ihn bewegenden Frage zusammen: Wie ist die große Ausstrahlungskraft Jesu durch Reden und Wunder zu verbinden mit der Leidensgeschichte und dem Tod am Kreuz. Was hat den Umschwung bewirkt? Woran hat sich vor allem der Konflikt entzündet? Warum hat er erst in Jerusalem seinen Höhepunkt erreicht?

Markus berichtet, daß Jesus seinen Jüngern und geheilten Menschen geboten hat, nicht von ihm zu reden. Selbst den Dämonen hat er Schweigen geboten (1,34.44; 3,11.12; 5,43;7,36; 8,26.30; 9,9). Dem entspricht, daß er manchmal zu seinen Jüngern im vertrauten Kreis über das Geheimnis seiner Sendung gesprochen hat (7,17f; 9,30f.33; 10,10); manchmal mußte er ihnen dabei auch seine Gleichnisse erklären (4,10ff.34b). Nach dem Bericht des Markus hat er alles getan, um das Messiasgeheimnis zu wahren. Das ist wohl kaum ein theologisches Gestaltungsmittel, wie viele Neutestamentler meinen.[2] Vielmehr hat Markus festgehalten, was im Leben Jesu unvermeidlich war: Wollte er den Auftrag des himmlischen Vaters erfüllen, den Menschen die Gottesherrschaft nahebringen, seine Jünger unterweisen und für ihre spätere Aufgabe vorbereiten, so brauchte er Zeit. Eine vorzeitige Proklamation als Messias hätte das sofortige Ende seiner Wirksamkeit bedeutet. Die Römer waren an dieser Stelle allergisch. So tolerant sie in religiösen Fragen sein konnten, so wenig duldeten sie einen anderen Machtanspruch als den des römischen Kaisers. Ein ,,König der Juden" hatte keine Überlebenschance.

---

2 WGKümmel, Einl., S. 63, vgl. auch S. 62, Anm. 30

Wir verdanken es Markus, daß er in seinem Evangelium diese dramatische Spannung im Leben Jesu dargestellt hat. Seine Leser können sie nacherleben und damit dem Geheimnis der Person Jesu näherkommen. Er war kein politischer Befreier und wollte auch durch die gespannten Messiaserwartungen seiner Zeit nicht dazu gemacht werden (vgl. Joh 6,15!). Er wollte den Auftrag des himmlischen Vaters erfüllen, sein Leben als Lösegeld für die vielen zu geben (10,45). So ist er der Retter für alle Menschen geworden.

6. Einheitlichkeit

In allen neueren deutschen Übersetzungen wird darauf hingewiesen, daß die handschriftliche Überlieferung der Verse 9-20 in Kapitel 16 Schwierigkeiten bereitet.
Luther '84:
"Nach den ältesten Textzeugen endet das Markusevangelium mit Vers 8. Die Verse 9-20 sind im 2. Jahrhundert hinzugefügt worden, vermutlich um dem Markusevangelium einen den andern Evangelien entsprechenden Abschluß zu geben."
Einheitsübersetzung:
"Dieser Abschnitt findet sich nicht bei den ältesten Textzeugen. Er ist eine im 2. Jahrhundert entstandene Zusammenfassung der in anderen Evangelien stehenden Berichte über die Erscheinungen und Anweisungen des Auferstandenen; er gehört also inhaltlich zur Evangelienüberlieferung ..."
Gute Nachricht:
"Der Abschnitt Vers 9-20 fehlt in den ältesten und wichtigsten Handschriften. In einigen anderen Handschriften findet sich vor ihm oder an seiner Stelle folgender Text, der den Bericht Mk 16,1-8 zu Ende führt: Die Frauen liefen zu Petrus und den anderen, um ihnen unverzüglich alles zu berichten, was ihnen aufgetragen war. Danach kam Jesus selbst und gab seinen Jünger den Auftrag, die heilige und für immer gültige Botschaft von der ewigen Rettung überall in der ganzen Welt zu verkünden. Amen."
Elberfelder Übersetzung:
"Die Verse 9-20 fehlen in einigen der ältesten Handschriften."
Die letzte Anmerkung trifft in ihrer Kürze den Sachverhalt genau: Die Verse 9-20 stehen in den beiden ältesten vollständigen Bibelhandschriften, dem Sinaiticus und dem Vaticanus, nicht. Aber andere Bibelhandschriften wie der Alexandrinus, der Kodex Ephraemi rescriptus, der Kodex Bezae Cantabrigiensis, deren Textform sich bis in das 2. Jh. zurückverfolgen läßt, haben diese Verse. Außerdem wird von einigen unbedeutenderen Handschriften die Fassung überliefert, die die Gute Nachricht zitiert. Wie ist dieser Handschriftenbefund zu erklären?
Völlig unangemessen ist es, von einem ,,unechten Markusschluß" zu reden, wie es bei vielen Theologen üblich geworden ist. Diese Redeweise erweckt den Eindruck, als würden in diesem Abschnitt unzutreffende Dinge überliefert. Ein Blick auf den Inhalt dieser Verse genügt, um diesen Eindruck zu korrigieren. Was in diesen Versen steht, wird in den anderen Evangelien ausführlich beschrieben.
Trotzdem ist die Frage zu stellen, ob die Verse 9-20 zum ursprünglichen Text des Markusevangeliums gehört haben. Das ist fraglich, weil die beiden genannten Bibelhandschriften diese Verse nicht überliefern. Es muß also eine Fassung des Markusevangeliums gegeben haben, die mit Vers 8 endete, ein nicht sehr beeindruckender Schluß für ein Evangelium: ,,Denn sie fürchteten sich." Was danach kommt, wirkt wie eine Zusammenfassung aus den in

den anderen Evangelien vorliegenden Auferstehungsgeschichten. Sollte damit dem Markusevangelium ein angemessener Schluß verliehen werden? Wer hat den Schluß angefügt?
Die meisten Forscher unserer Zeit sind der Auffassung, daß ein unbekannter Bearbeiter der
Evangelienschrift im 2. Jh. die Verse 9-20 hinzugefügt hat. Er konnte dabei angeblich auf die
inzwischen vorliegenden anderen drei Evangelien zurückgreifen und ihre Schlußkapitel zu-
sammenfassen. Diese Auffassung hat in verschiedenen Bibelübersetzungen ihren Niederschlag gefunden.

Dennoch ist es interessant, über die Alternative nachzudenken, die FGodet vorgetragen
hat.[3] Er stellt den textkritischen Befund dar und beschreibt die Gründe, die dafür sprechen,
daß dieser Schluß wahrscheinlich nicht zum ursprünglichen Text des Evangeliums gehört
hat:

1) Zwischen Vers 8 und 9 gibt es einen deutlichen Bruch.

2) Vers 1 wird in Vers 9 wiederholt.

3) Der Inhalt der Verse 9-20 besteht weitgehend aus einer knappen Zusammenfassung von
Osterereignissen, die in den anderen Evangelien ausführlich beschrieben sind.

Der von einigen unbedeutenden Handschriften überlieferte kurze Markus-Schluß (vgl. Gute
Nachricht) ist wohl entstanden, weil ein Evangelium, das mit Vers 8 schloß, als nicht vollständig angesehen wurde. Aufgrund der Bezeugung und des fremdartigen Stils ist er als spä-
terer Zusatz deutlich erkennbar.

Zu den Versen 9-20 gibt Godet zu bedenken, daß Markus Reisebegleiter des Petrus war.
Petrus aber ist nach altkirchlicher Tradition in der neronischen Verfolgung als Märtyrer gestorben. Es ist denkbar, daß Markus in dieser Verfolgung Rom plötzlich verlassen mußte und
sein Evangelium noch unvollendet (bis 16,8) in Rom zurücklassen mußte. Von diesem Evangelium wurden dann schon bald Abschriften angefertigt, die ihren Niederschlag später im
Sinaiticus und Vaticanus gefunden haben.

Nach altkirchlicher Überlieferung hat Markus in Alexandria gewirkt. Sollte er dort den
Schluß seines Evangelium selber verfaßt und nach Rom geschickt haben? Dann würden sich
die Brüche durch den zeitlichen Abstand und die räumliche Entfernung erklären. Dafür sprä-
che, daß in den Versen 9-20 der Stil des Evangeliums beibehalten wird. Auch läßt sich zeigen, daß der Verfasser hier wie im ganzen Evangelium den Jüngern Jesu gegenüber eine
kritische Haltung eingenommen hat (vgl. 16,14!). Diese Ergänzung durch Markus wäre dann
dem Original hinzugefügt und mit dem ganzen Evangelium nach Markus in Rom aufbewahrt
worden. Von dem so vervollständigten Evangelium wären dann im 2. Jh. die ersten Abschriften angefertigt worden.

Wie Godet seine Überlegungen gewertet haben wollte, ergibt sich aus den folgenden Bemerkungen: „Beim Lesen der letzten Seiten werden dem aufmerksamen Leser vielleicht die
kaum verwischten Spuren einer Wandlung in der Auffassung der darin behandelten Frage
aufgefallen sein. In der That war ich beim Beginn dieser Arbeit in Übereinstimmung mit der
Mehrzahl der Kritiker entschieden für die Unechtheit des recipierten Schlusses. Nichtsdesto-
weniger vermochte ich in Anbetracht der beiden folgenden Erwägungen ein gewisses Unbe-
hagen nicht zu unterdrücken: 1) die so geschickt durchgeführte und fein angedeutete
Steigerung des Gedankens, die diesem Stück eigen ist (vgl. besonders Klostermann, S. 305);
2) die auffallende Gleichartigkeit des tadelnden Tones, der den Jüngern gegenüber darin

---

3   FGodet, Einl., S. 199-209

herrscht und mit dem Geiste der Markusschrift so merkwürdig zusammentrifft. Würde sich ein anderer als der Verfasser selbst so in die Eigentümlichkeit des Buches versetzt haben? Dadurch bin ich bewogen worden, mich zu fragen, ob die vorher angeführten Beweise der Unechtheit so unwiderleglich seien, wie sie mir erst erschienen. Die vorstehenden Ausführungen sind nichts weiter als ein Versuch, diese Frage zu beantworten ohne Anspruch auf die Lösung des Problems."[4]

In diesem Sinn möchte ich Godet folgen und seinen Versuch meinen Lesern zum weiteren Bedenken und Überprüfen vortragen.

7. Verfasser

Das Evangelium selber nennt seinen Namen nicht. Die Überschrift stammt aus Inhaltsverzeichnissen zum NT, die im 2. Jh. geschrieben wurden. Sie ist deswegen eine Information aus der Alten Kirche. Was spricht dafür, daß diese Information stimmt?

Im Evangelium sind dafür keine Anhaltspunkte zu finden. Manchmal wird auf den jungen Mann verwiesen, der bei der Verhaftung Jesu geflohen ist und dabei sein Gewand in den Händen der Soldaten zurückgelassen hat (14,51f). Daß der Verfasser sich damit selbst in seinem Evangelium festhalten wollte, ist eine Vermutung, die sich durch nichts beweisen läßt.

Ernster zu nehmen ist die Bemerkung aus der Kirchengeschichte des Euseb (260-339), der den Kirchenvater Papias zitiert, der Anfang des 2. Jahrhunderts lebte, noch Berührung mit der apostolischen Zeit hatte und eine „Auslegung der Herrnworte" geschrieben hat. Darin beruft sich Papias auf den Presbyter Johannes, der gesagt habe: „Markus hat die Worte und Taten des Herrn, an die er sich als Dolmetscher des Petrus erinnerte, genau, allerdings nicht der Reihe nach, aufgeschrieben. Denn er hatte den Herrn nicht gehört und begleitet; wohl aber folgte er später, wie gesagt, dem Petrus, welcher seine Lehrvorträge nach den Bedürfnissen einrichtete, nicht aber so, daß er eine zusammenhängende Darstellung der Reden des Herrn gegeben hätte. Es ist daher keineswegs ein Fehler des Markus, wenn er einiges so aufzeichnete, wie es ihm das Gedächtnis eingab. Denn für eines trug er Sorge: nichts von dem, was er gehört hatte, auszulassen oder sich im Berichte keiner Lüge schuldig zu machen."[5]

Von welchem Markus ist hier die Rede? Gemeint ist Johannes Markus, der aus Jerusalem stammte. Im Haus seiner Mutter Maria trafen sich Christen aus der Urgemeinde (Apg 12,12). Sein Vetter war Barnabas (Kol 4,10). Auf der ersten Missionsreise war er Begleiter des Paulus und Barnabas (12,25; 13,5). Allerdings beendete er sehr bald seine Mitarbeit und kehrte nach Jerusalem zurück (Apg 13,13). Für Paulus schien er damals ein Versager zu sein; deswegen wollte er ihn auf weitere Reisen nicht mitnehmen. Barnabas sah das anders. Die beiden konnten sich nicht einigen. Deswegen trennten sie sich und missionierten unabhängig voneinander (Apg 15,37ff). Später wird er dann doch als Mitarbeiter des Paulus erwähnt (Phlm 24; Kol 4,10; 2Tim 4,11). Offensichtlich hat er sich die Wertschätzung des Apostels wieder erworben. Von einer Tätigkeit als Dolmetscher des Petrus berichtet das NT nichts.

Wie zuverlässig ist die Nachricht des Papias? Kümmel steht ihr in den neueren Auflagen seiner Einleitung skeptisch gegenüber und führt dafür folgende Gründe an: Das Evangelium enthalte fehlerhafte geographische Angaben, die einem Jerusalemer nicht unterlaufen durften:

---

4   FGodet, Einl. S. 209
5   Euseb, Kirchengeschichte, III,39,15

So liege Gerasa nicht am anderen Ufer des Sees Genezareth (5,1). Man könne auch nicht aus dem Gebiet von Tyrus durch Sidon zum See Genezareth und von da aus in das Gebiet der Zehn Städte gelangen (7,31). Auch die Bemerkung, daß er in das Gebiet von Judäa und jenseits des Jordans gekommen sei, mache keinen Sinn (10,1).[6]

Ohne hier in eine umfangreiche Einzelerörterung einzutreten, kann man aber doch fragen, ob die Gegend der Gerasener sicher als weit entfernt vom See Genezareth lokalisiert ist, warum ein Umweg von Tyrus über Sidon zum See Genezareth ausgeschlossen ist und wieso nach dem Weg nach Judäa eine Wirksamkeit jenseits des Jordans nicht mehr möglich war.

Die anderen Einwände Kümmels gegen die Papias-Nachricht (Wie kann ein Jerusalemer für Heidenchristen schreiben? Der Bericht über den Tod des Täufers widerspricht palästinischer Sitte. Der Verfasser übersieht, daß 6,35ff und 8,1ff Varianten einer Speisungsgeschichte sind.) können nicht überzeugen.[7] Deswegen erscheint mir die Papias-Nachricht trotz dieser Einwände als glaubwürdig.

Mit vielen anderen Forschern, wie auch Kümmel in den früheren Auflagen seiner Einleitung, gehe ich davon aus, daß Johannes Markus der Verfasser des Evangeliums ist (Carson/Moo/Morris[8], Guthrie[9], Gnilka?[10], Pohl[11], Wikenhauser[12]).

8. Empfänger

Folgt man den Überlegungen Godets zum Markusschluß, so ist das Evangelium nach Markus für die römische Gemeinde geschrieben worden. Da es sich dabei aber um eine Hypothese handelt, die Godet selber mit Vorsicht anbietet, wird man mit einer genauen Angabe der Empfänger zurückhaltend sein müssen. Aufgrund der Art des Evangeliums sind sie in missionierenden heidenchristlichen Gemeinden anzunehmen.

9. Abfassungsort und -zeit

Folgt man dem Lösungsversuch Godets, so läßt sich beides genau beschreiben. Petrus ist wahrscheinlich den Märtyrertod unter Nero im Jahr 66 gestorben. Das Evangelium ist kurz davor geschrieben. Godet gibt das Jahr 64 an und setzt voraus, daß es in Rom geschrieben wurde.

Begegnet man den altkirchlichen Nachrichten über Johannes Markus skeptisch, so läßt sich doch die Abfassungszeit ungefähr angeben: Aufgrund der Hinweise Jesu nach Mk 13,14ff hat die Urgemeinde vor der Belagerung Jerusalems die Stadt verlassen und ist nach Pella in Peräa ausgewandert. Deswegen spricht einiges dafür, daß diese Hinweise vor 66 n.Chr. geschrieben wurden. Zum Abfassungsort kann man keine Angaben machen.

6   WGKümmel, Einl., S. 69
7   WGKümmel, Einl., S. 69
8   DACarson/DJMoo/LMorris, Introduction, S. 92-95
9   DGuthrie, Introduction, S. 69-72
10   JGnilka läßt die Verfasserfrage offen, Das Evangelium nach Markus, S. 32-33
11   APohl, Das Evangelium des Markus, S. 16-24
12   AWikenhauser/JSchmid, Einl., S. 210-216

10. Kommentare

W. Barclay, Markusevangelium, [4]1986; J. Ernst, Das Evangelium nach Markus, RNT Bd. 2, 1981; J. Gnilka, Das Evangelium nach Markus, EKK Bd. II/1, [2]1986, 2, [2]1986; W. Grundmann, Das Evangelium nach Markus, ThHK Bd. 2, [10]1989; E. Haenchen, Der Weg Jesu - Eine Erklärung des Markusevangeliums und der kanonischen Parallelen, [2]1968; E. Lohmeyer, Das Evangelium des Markus, KEK I. Abt. Bd. 2, [17]1967; D. Lührmann, Das Markusevangelium, 1987; R. Pesch, Das Markusevangelium, HThK Bd. II/1, [5]1989, Bd. II/2, [4]1991; A. Pohl, Das Evangelium des Markus, WStB, 1986; F. Rienecker, Das Evangelium des Markus, [10]1985; A. Schlatter, Der Evangelist Markus, 1935; J. Schmid, Das Evangelium nach Markus, RNT Bd. 2, [4]1958; J. Schniewind, Das Evangelium nach Markus, NTD Bd. 1, [12]1977; E. Schweizer, Das Evangelium nach Markus, NTD Bd. 1, [16]1983.

Das Evangelium nach Matthäus

1. Inhalt

Das erste Evangelium im NT hat am stärksten die Geschichte der christlichen Kirche bestimmt. Im 2. Jh. war es überall in der Christenheit verbreitet. Es bildete die Grundlage für die Unterweisung über Lehre und Leben Jesu Christi. Deswegen wurde es in den Gottesdiensten vorgelesen. Nach ihm richtete sich der Unterricht für die Taufkandidaten (Katechese). Auf ihm beruhte die Verkündigung über die Worte Jesu.

Obwohl in der weiteren Geschichte der christlichen Kirche dann auch die anderen Evangelien ihren Einfluß ausübten, behielt das Evangelium nach Matthäus doch einen hervorragenden Rang. Aussagen über die Verkündigung Jesu orientieren sich bis heute vor allem an ihm. Denn es enthält die Bergpredigt, die Himmelreichsgleichnisse, die Weisungen Jesu für seine Gemeinde und die Rede vom Weltgericht.

So ist das erste Evangelium gekennzeichnet durch die großen Redenkomplexe, die auch den Aufbau des Evangeliums bestimmen.

2. Gliederung, Merkverse, Kernaussagen

Kapitel	Perikopen	Merkverse
1 u. 2	**Vorgeschichten**	
	Stammbaum, Weise, Flucht, Kindermord	
3 u. 4	Markus I (Einleitung)	
5 – 7	**Bergpredigt**	
	Seligpreisungen, Antithesen	**5,3-12.13-17**
	Beten, Sorgen	**6,6-13.24.33**
	Richten, Tun	**7,1f.7f.12-14.21**
8 u. 9	Markus II (Jesus in Galiläa)	**9,37f**
	Besonderheit: Levi heißt Matthäus	
10	**Aussendungsrede**	
	Sendung, Lage	**10,16.19f**
	Nachfolge, Leiden	**10,24.32f.37**
11 – 12	Markus II (Jesus in Galiläa)	
	Besonderheiten: Täuferanfrage,	
	Wehe- und Jubelruf, Heilandsruf	**11,28-30**
13	**Himmelreichsgleichnisse**	
	Säemann, Unkraut unter dem Weizen, Senfkorn	
	Sauerteig, Schatz, Perle, Netz	
14 – 17	Markus III (Leidensvorbereitung) + Markus II	
	Besonderheit: Tempelsteuer	
18	**Gemeinderede**	
	Rangstreit, Gemeindezucht	**18,15-17.18**
	Gemeinsames Beten, Schalksknecht	**18,19f**

19 – 22	Markus III u. IV (Jesus in Jerusalem) Besonderheiten: Arbeiter im Weinberg, ungleiche Söhne	
23	Weherufe Drohworte, Klage über Jerusalem	23,8b
24 – 25	**Endzeitrede** Apokalypse (Markus V) Zehn Mädchen, anvertraute Talente, Weltgericht	**25,40.45**
26 – 27	**Leidensgeschichte**	
28	**Auferstehungsberichte**	**28,18-20**

Kernaussagen

Ihr seid das Salz der Erde ... Ihr seid das Licht der Welt.	Mt 5,13a.14a
Wer nun mich bekennt vor den Menschen, den will ich auch bekennen vor meinem himmlischen Vater. Wer mich aber verleugnet vor den Menschen, den will ich auch verleugnen vor meinem himmlischen Vater.	Mt 10,32f
Mir ist gegeben alle Gewalt im Himmel und auf Erden. Darum gehet hin in alle Welt und machet zu Jüngern alle Völker; taufet sie auf den Namen des Vaters und des Sohnes und des heiligen Geistes und lehret sie halten alles, was ich euch befohlen habe. Und siehe, ich bin bei euch alle Tage bis an der Welt Ende.	Mt 28,18b-20

3. Literarische Eigenart

Der Vergleich mit dem Evangelium nach Markus läßt die Merkmale des Matthäus besonders gut hervortreten:

An manchen Stellen überliefert Matthäus die Perikopen knapper als Markus. Das zeigt sich zum Beispiel beim Bericht über den Tod Johannes des Täufers (Mt 14,3-12/Mk 6,17-29) oder bei der Heilung des epileptischen Jungen (Mt 17,14-21/Mk 9,14-29). Ist das das Ergebnis einer redaktionellen Bearbeitung des Evangeliums nach Markus oder hat Markus den knappen Bericht des Matthäus breiter ausgeführt? Oder sind die beiden Fassungen unabhängig voneinander, aber auf der gleichen Grundlage entstanden? Eine sichere Antwort erlaubt die Forschungslage nicht.

Das wichtigste Merkmal des Evangeliums nach Matthäus sind die Redenkomplexe, die alle mit den sinngemäß gleichen Worten schließen: „Und es begab sich, als Jesus diese Reden vollendet hatte ..." (7,28; 11,1; 13,53; 19,1; 26,1). Das erweckt den Eindruck, als habe der Evangelist in diesen Redenkomplexen Worte Jesu zusammengefaßt, die jeweils zu einer Thematik gehören. Dieser Eindruck wird durch die Beobachtung verstärkt, daß Lukas die gleichen Worte Jesu überliefert, sie aber in seinem Evangelium in anderen Zusammenhängen wiedergibt. Für Matthäus waren diese Worte so wichtig, daß er ihnen in den Reden ein besonderes Gewicht verlieh, wobei er sicher auf zusammenhängende Reden Jesu zurückgegriffen hat.

Der Aufbau dieses Evangeliums zeigt, daß Matthäus der Lehre Jesu einen höheren Stellenwert gibt als Markus. Dabei verschweigt er die Gespräche Jesu mit seinen jüdischen

Zeitgenossen ebenso wenig wie die Wundertaten. Er überliefert sie wie Markus. Aber die Lehre Jesu ist der ureigene Ton dieses Evangeliums.

Es fällt auf, daß Matthäus bei seinen Lesern viel voraussetzen kann. Er erläutert jüdische Gebräuche, Ordnungen und Redensarten nicht, z.B. die Sitte des Händewaschens (Mt 15,2/Mk 7,2f), die Gebetsriemen, die am Oberarm getragen wurden (Mt 23,5), die Quasten an den Zipfeln des Obergewandes (blaue und weiße Fäden, die an die Weisungen des Gesetzes erinnern sollten: Mt 23,5). Er überliefert die bildhaften Ausdrucksweisen Jesu vom „Mücken seihen und Kamele verschlucken" (Mt 23,24) und von den „getünchten Gräbern" (Mt 23,27). Gelegentlich benutzt er sogar aramäische Worte in griechischer Umschrift, z.B. *raka*, d.h. Narr, Tor (Mt 5,22) oder *korbanan*, d.h. Tempelschatz (Mt 27,6).

Die Frage nach der Ehescheidung wird so gestellt, wie Rabbinen zur Zeit Jesu sie zu stellen pflegten: „Ist's erlaubt, daß sich ein Mann aus irgendeinem Grund von seiner Frau scheidet?" (Mt 19,3). Dem entspricht auch die Antwort Jesu: „Wer sich von seiner Frau scheidet, es sei denn wegen Ehebruchs, und heiratet eine andere, der bricht die Ehe" (Mt 19,9).

Dieser starken Bindung an jüdische Frömmigkeit entspricht, daß das Gesetz nach wie vor Gültigkeit hat (Mt 5,19;23,3). Selbst die Ausdrucksweise ist von dieser Bindung bestimmt. Statt von der Herrschaft Gottes (wie bei Markus und Lukas) ist von der Herrschaft der Himmel die Rede (vgl. die Himmelreichsgleichnisse). Den „Vater im Himmel" erwähnt Markus nur einmal (Mk 11,25), Matthäus aber 15mal (Mt 6,9; 7,11; 10,32f u.a.).

Das auffälligste Merkmal des ersten Evangeliums sind neben den Redenkomplexen die sogenannten Reflexionszitate. In ihnen werden Ereignisse aus dem Leben Jesu in Beziehung zum AT und seinen Verheißungen gebracht: Mt 1,22f/Jes 7,14; Mt 2,6f/Mi 5,1.3; Mt 2,15/Hos 11,1; Mt 2,17f/Jer 31,15; Mt 3,3/Jes 40,3; Mt 4,14-16/Jes 8,23-9,1; Mt 8,17/Jes 53,4; Mt 12,17-21/Jes 42,1-4.9; Mt 13,35/Ps 78,2; Mt 21,4f/Jes 62,11, Sach 9,9; Mt 27,9f/Sach 11,13; Jer 18,2f. Es ist nicht zu übersehen,was Matthäus damit nachweisen will: In Jesus haben sich die messianischen Weissagungen des AT erfüllt: Er ist der Messias Israels.

4. Historischer Zusammenhang

In welchen Lebensformen der frühchristlichen Gemeinde war dieses Evangelium zu Hause? Bei welchen Gelegenheiten ist es verwendet und damit überliefert worden? In welchen Zusammenhängen ist dieses Evangelium entstanden? Das ist die Frage nach seinem „Sitz im Leben". Drei mögliche Antworten sollen vorgestellt und kommentiert werden:

Es ist in seinem Wesen ein **Lektionar**. So nennen wir Bücher, in denen die Überlieferung von Jesus aufgezeichnet wurde, um in den Gottesdiensten der frühen Christenheit vorgelesen zu werden. GDKilpatrick[1], der diese These vertritt, vermutet, in einem bestimmten Teil der frühchristlichen Gemeinde seien bei der gottesdienstlichen Lesung Texte aus dem Markus-Evangelium und aus der Redenquelle vorgetragen worden. Man habe sie dann durch weitere Überlieferungen ergänzt. Das habe schließlich seinen Niederschlag im Evangelium nach Matthäus gefunden. Dieses sei seinem Wesen nach ein frühchristliches Lektionar, bestimmt für das Vorlesen im Gottesdienst.

Als Gründe für diese Vermutung führt er an: den gegenüber Markus besseren sprachlichen

---

1 GDKilpatrick, The Origin of the Gospel according to St.Matthew, 1946

Stil, die knappere und genauere Formulierung, die Wiederholung von Formeln und die in sich abgerundeten Sätze. Das sind in der Tat Merkmale des Evangeliums nach Matthäus. Aber sie zwingen keineswegs zur Annahme eines liturgischen Gebrauchs. Deswegen gibt es auch andere Überlegungen zum „Sitz im Leben".

KStendahl[2] vermutet hinter diesem Evangelium eine **theologische Schule**. In dieser Weise seien in der frühen Christenheit Lehrer und Leiter der Gemeinden unterwiesen worden. Was ihnen vermittelt wurde, habe seinen Niederschlag in diesem Evangelium gefunden. Als einen der wichtigsten Gründe führt er das Kapitel 18 an. Das sei keine angemessene Belehrung der Gesamtgemeinde. Vielmehr handele es sich hier um Hinweise für die Leitung der Gemeinde.

Auch die in diesem Evangelium vorausgesetzte Kenntnis und Auslegung des AT setze ein Schriftstudium von und mit Fortgeschrittenen voraus. Insofern könne man von einer „Schule des Matthäus" sprechen.

Wer das für eine Engführung hält, wird sich eher der Auffassung von DGuthrie[3] anschließen, der im Evangelium nach Matthäus die Grundlage für die **katechetische Unterweisung** der frühen Christenheit sieht.

Neubekehrte, die zum Glauben an Jesus Christus gekommen waren, brauchten eine solche Unterweisung. Das Evangelium nach Matthäus eignet sich deswegen dafür, weil in ihm die Hauptthemen des christlichen Glaubens verhandelt werden. Dieses Evangelium hat seinen Schwerpunkt in der Lehre Jesu. Es eignet sich darum hervorragend, um diese Lehre weiterzugeben. Weil es in diesem Sinne verwendet wurde, hat es einen so starken Einfluß nicht nur auf die Führungsschicht, sondern auf die ganze Gemeinde Jesu Christi der frühen Zeit gehabt.

5. Theologische Schwerpunkte

Der wichtigste Schwerpunkt im Evangelium nach Matthäus betrifft die Lehre von Christus, die **Christologie**.

Es geht um den Nachweis, daß Jesus von Nazareth der Messias ist, auf den das jüdische Volk wartete. Die Reflexionszitate sollen das belegen. Es zeigt sich aber auch an dem messianischen Titel, den in dieser Form und so häufig nur Matthäus überliefert: Sohn Davids. Belegstellen sind 12,23; 15,22; 21,9.15.

Auffällig ist auch, daß der Stammbaum Jesu nach Matthäus bis auf Abraham zurückgeht, den Mann, mit dem Gott die Geschichte Israels begann: 1,1ff. Es entspricht diesem Verständnis Jesu als Messias Israels, daß Matthäus überliefert, Jesus sei nicht gekommen, das Gesetz und die Propheten aufzulösen; vielmehr sei es seine Aufgabe, diese zu erfüllen (5,17).

Ein zweiter Schwerpunkt wird bestimmt durch die Spannung zwischen **Partikularismus und Universalismus**. Beides steht in der Verkündigung und im Leben Jesu nebeneinander.

Der Partikularismus zeigt sich in den Worten Jesu, die betonen, daß sich seine Wirksamkeit auf Israel beschränkt. Den zwölf Jüngern, die er aussendet, trägt Jesus auf: „Geht nicht den Weg zu den Heiden und zieht in keine Stadt der Samariter, sondern geht hin zu den verlorenen Schafen aus dem Hause Israel" (10,5). Er verspricht ihnen, daß sie mit dieser Aufgabe bis zum Kommen des Menschensohnes nicht fertig werden (Mt 10,23). Dementsprechend sagt Jesus zu der hilfesuchenden Frau aus der Gegend von Tyrus und Sidon: „Ich bin nur gesandt

---

2   KStendahl, The School of St. Matthew and its use of the Old Testament, 1954
3   DGuthrie, Introduction, S. 16

zu den verlorenen Schafen aus dem Hause Israel" und noch schärfer: „Es ist nicht recht, daß man den Kindern ihr Brot nehme und werfe es vor die Hunde" (15,24.26). Die zweite Abweisung hat auch Markus festgehalten, die erste steht nur bei Matthäus. Auf der anderen Seite zeigt sich der Universalismus dieses Evangeliums von Anfang an. Die Geburt Jesu betrifft alle Menschen, auch die Astrologen aus dem östlichen Kulturkreis. Sie nehmen das Ereignis mit ihren Erkenntnismitteln wahr und kommen, um den Messiaskönig Israels anzubeten (2, 1-12). Der Stammbaum Jesu geht nicht nur auf Abraham zurück. Er enthält auch Namen von heidnischen Frauen: Rahab und Ruth. Als Jesus das Gleichnis vom Unkraut unter dem Weizen auslegt, deutet er den Acker als die Welt (13,38). Bei dem Gleichnis von der königlichen Hochzeit werden die Diener nach der Absage der zuerst Geladenen auf die Straßen geschickt, um alle zur Hochzeit einzuladen, die sie finden (22,9). In der Endzeitrede kündigt Jesus an, daß vor dem Ende der Welt das Evangelium vom Reich in der ganzen Welt zum Zeugnis für alle Völker gepredigt werden muß (24,14). Schließlich trägt der auferstandene Herr seinen Jüngern auf: „Darum geht hin und macht zu Jüngern alle Völker ..." (28,19).

Die Spannung zwischen Partikularismus und Universalismus lehrt: In diesem Evangelium äußert sich ein Zeuge Jesu Christi, der weiß, daß Jesus sich zu seinen Lebzeiten auf Erden den Juden zugewandt hat, daß aber seine Jünger den Auftrag haben, das Evangelium zu allen Menschen zu bringen. Sein Zeugnis hat prägend auf den hellenistischen Flügel des Judenchristentums gewirkt und in ihm seine Heimat gehabt.

Ein dritter Schwerpunkt betrifft die Lehre Jesu von der Gemeinde, die **Ekklesiologie**. Nur im Evangelium nach Matthäus sind direkte Äußerungen Jesu zu diesem Thema zu finden.

Nach dem Bekenntnis des Simon Petrus von Cäsarea Philippi sagt Jesus zu ihm: „Du bist Petrus, und auf diesen Felsen will ich meine Gemeinde bauen, und die Pforten der Hölle sollen sie nicht überwältigen" (16,18). In der sogenannten Gemeinderede (Kap. 18) lehrt Jesus, wie seine Gemeinde mit sündigenden Gemeindegliedern umgehen soll: Mt 18,15-17. Die Vollmacht zur Seelsorge, zum Binden und Lösen, wird nicht nur einem Apostel übertragen. Sie gilt der ganzen Gemeinde. Hier kündigt sich an, was in der Reformation das Priestertum aller Gläubigen genannt wurde.

Dieser Gemeinde gilt die ethische Unterweisung Jesu. Sie soll nicht nur glauben lernen, sondern den Glauben darin bewähren, daß sie tut, was Jesus ihr sagt. Das ist der Maßstab, den der Herr der Gemeinde am Ende der Tage an seinen Jüngerkreis anlegen wird: Mt 7,21-23; 25,31-46. Entscheidend sind nicht große Worte und auffällige Wundertaten, die durch die Jünger geschehen. Vor Gott gilt das schlichte Tun seines Willens. Die Nähe dieser Theologie zum Jakobusbrief ist unverkennbar.

Ein vierter und letzter Schwerpunkt ist die Lehre von den letzten Dingen, die **Eschatologie**. Die Endzeitreden umfassen bei Matthäus 2 Kapitel. Sie sind wesentlich umfangreicher als bei Markus und enthalten viele Überlieferungen, die nur hier zu finden sind (Sondergut). Diese zusätzlichen Überlieferungen haben keinen spekulativen Charakter. Sie bieten kein Material, um den Ablauf der letzten Dinge genauer zu bestimmen. Sie enthalten auch keine Visionen von der Herrlichkeit der neuen Welt Gottes. Vielmehr dienen sie der nüchternen Unterweisung, wie sie für das ganze Evangelium charakteristisch ist. Sie warnen vor dem Selbstbetrug der Heuchelei und mahnen zur Wachsamkeit und Bereitschaft, die Weisungen Jesu zu befolgen. Seine Gemeinde soll durch ein verbindliches Leben in der Nachfolge auf die Wiederkunft Jesu vorbereitet werden.

Angesichts dieser vier theologischen Schwerpunkte verwundert es nicht, daß dieses Evangelium so stark auf die ganze Geschichte der Gemeinde Jesu Christi gewirkt hat. An ihm haben sich in allen Jahrhunderten die Menschen orientiert, die mit Ernst Christen sein wollten. Sein Widerspruch gegen ein oberflächliches Glaubens- und Gemeindeverständnis ist immer wieder neu gehört worden. Deswegen hat das Evangelium nach Matthäus viele Bewegungen zur Erneuerung der Gemeinde Jesu Christi ausgelöst.

6. Einheitlichkeit

Das Evangelium nach Matthäus ist in der uns im NT vorliegenden Form die zusammenhängende Schrift eines Verfassers. Weder die handschriftliche Überlieferung noch inhaltliche Beobachtungen lassen Zweifel an der Einheitlichkeit aufkommen.

7. Verfasser

Das Evangelium selber macht keine Angaben über seinen Verfasser. Der Name Matthäus wird in der Überschrift zu diesem Evangelium genannt, die im 2. Jh. entstanden und von da an überliefert worden ist. Daß das erste Evangelium von dem Apostel Matthäus stammt, geht also auf altkirchliche Tradition zurück. Sie wird durch folgende Überlieferungen gestützt:

Euseb berichtet in seiner Kirchengeschichte, daß Papias behauptet habe: ,,Matthäus hat in hebräischer Sprache die Reden zusammengestellt; ein jeder aber übersetzte dieselben so gut er konnte.''[4]

Von Irenaeus wissen wir: ,,Matthäus veröffentlichte auch ein Evangelienbuch unter den Hebräern in ihrer eigenen Sprache, während Petrus und Paulus in Rom predigten und die Gemeinde gründeten.''[5]

Aus dem fünften Buch der Kirchengeschichte des Euseb ergibt sich der Bericht des Pantaenus über das Evangelium nach Matthäus. Pantaenus war ein besonders begabter Theologe aus Alexandrien. Er sah seine Aufgabe in der Missionierung der Völker des Ostens und zog bis Indien. Als er nach Indien kam, habe er dort Christen angetroffen, die das Evangelium nach Matthäus schon besaßen. Von ihnen erfuhr er, daß der Apostel Bartholomäus ihnen gepredigt und ihnen das Evangelium nach Matthäus in hebräischer Sprache überlassen habe.[6]

Schließlich erwähnt Euseb im sechsten Buch seiner Kirchengeschichte Origenes, der im ersten Buch seines Matthäuskommentars geschrieben habe: ,,Auf Grund der Überlieferung habe ich bezüglich der vier Evangelien, welche allein ohne Widerspruch in der Kirche Gottes, soweit sie sich unter dem Himmel ausbreitet, angenommen werden, erfahren: Zuerst wurde das Evangelium nach Matthäus, dem früheren Zöllner und späteren Apostel Jesu Christi, für die Gläubigen aus dem Judentum in hebräischer Sprache geschrieben ...''[7]

Die altkirchliche Überlieferung bezeugt zum ersten Evangelium zwei Fakten: Der Apostel Matthäus ist sein Verfasser. Er hat sein Evangelium in hebräischer Sprache verfaßt.

4   Euseb, Kirchengeschichte III, 39,16
5   Irenaeus, Adversus Haereses III, 1,1
6   Euseb, Kirchengeschichte V, 10, 1-4
7   Euseb, Kirchengeschichte VI, 25, 3-4

Wie zuverlässig ist diese Überlieferung?

Auffällig ist, daß sich in allen altkirchlichen Zeugnissen der Hinweis findet, daß das Evangelium nach Matthäus in hebräischer Sprache verfaßt wurde. Das behaupten sogar Kirchenväter wie Irenaeus und Origenes, deren Muttersprache das Griechische war, und die darum wahrscheinlich auch das Evangelium nach Matthäus in griechischer Sprache kannten. Sie müssen neben dem, was ihnen vorlag, weitere Information über den Ursprung dieses Evangeliums gehabt haben.

Es ist denkbar, daß sie alle auf die gleiche Quelle zurückgegriffen haben: Papias. Seinen Hinweis haben sie vermutlich auf das erste Evangelium bezogen. So wird die Tradition entstanden sein, Matthäus habe ein Evangelium in hebräischer Sprache verfaßt. Tatsächlich aber hat sich Papias zum ersten Evangelium nicht geäußert. Er hat lediglich von den „Logia" (Worten) gesprochen, die Matthäus in hebräischer Sprache aufgezeichnet habe. Diese Worte habe dann jeder nach seinem Vermögen ins Griechische übersetzt.

Es ist deswegen denkbar, daß sich die altkirchliche Tradition auf die Verkündigung Jesu bezieht, die das erste Evangelium über Markus hinaus überliefert. Deren Überlieferung ginge dann auf den Apostel Matthäus zurück, der sie im ursprünglichen hebräischen Wortlaut aufgezeichnet habe. Die griechische Übersetzung dieser Worte wurde dann ein wesentlicher Bestandteil des ersten Evangeliums, das deswegen den Namen „Evangelium nach Matthäus" erhielt. Möglicherweise geht diese Übersetzung auf Matthäus selber zurück, wie Godet vermutet.[8] Sie wäre dann eine durch einen Apostel autorisierte griechische Übersetzung der Worte Jesu. Wer die Überlieferung der Taten Jesu, die wir bei Markus auch finden, und die Worte Jesu, die für Matthäus typisch sind, dann zusammengestellt und in einem Evangelium zusammengefaßt hat, wissen wir nicht.

Wer ist dieser Apostel Matthäus?

Sein Name begegnet in allen Apostellisten: Mt 10,3; Mk 3,18; Lk 6,15; Apg 1,13. In Mt 10,3 wird er als Zolleinnehmer beschrieben und damit als einer jener von den jüdischen Zeitgenossen so gehaßten Männer, die mit dem römischen Staat zusammenarbeiteten, die Menschen ausbeuteten und sich schamlos bereicherten. In Mt 9,9-13 wird berichtet, wie Jesus ihn direkt von der Zolleinnahmestelle in seine Nachfolge berufen hat und sich damit wie auch mit dem anschließenden Essen mit den Kollegen des Matthäus der heftigen Kritik der Pharisäer aussetzte. Auch Markus und Lukas überliefern diese Berufungsgeschichte; dort heißt der Zolleinnehmer aber Levi (Mk 2,13-17; Lk 5,27-32). Wir gehen deswegen davon aus, daß der Apostel den Doppelnamen Levi Matthäus hatte.

Gegen die maßgebliche Gestaltung des ersten Evangeliums durch diesen Apostel sind Bedenken erhoben worden.[9] Wenn wirklich ein Apostel das erste Evangelium maßgeblich beeinflußt hat, warum hat er dann keinen biographischen Bericht vorgelegt? Dagegen kann man fragen: Warum sollte er ihn vorgelegt haben, wenn es ihm – wie die altkirchliche Tradition überliefert – nicht um die Biographie, sondern um die Worte Jesu ging?

Kritische Rückfragen werden auch an die Sprachfähigkeit gestellt. Woher hatte ein schlichter Mann aus Palästina so gute Griechisch-Kenntnisse? Vorausgesetzt ist dabei, daß die Übersetzung der Worte Jesu aus dem Aramäischen oder Hebräischen ins Griechische von Matthäus angefertigt wurde. Die Antwort liegt auf der Hand. Wer als Zolleinnehmer arbeiten

8 FGodet, Einl., S. 416
9 Vgl. WGKümmel, Einl., S. 92

wollte, brauchte gute griechische Sprachkenntnisse. Denn die Umgangssprache in diesem Teil des römischen Reiches war Griechisch.

Die theologischen Schwerpunkte des Evangeliums haben erkennen lassen, daß der Verfasser über eine gute Kenntnis des AT und über die Fähigkeit theologischen Denkens verfügte. Woher soll ein Zolleinnehmer diese Kenntnisse erhalten haben? Wahrscheinlich hat er nicht wie Paulus bei einem jüdischen Schriftgelehrten studiert. Dafür hat er aber drei Jahre Unterricht in Theologie bei Jesus selber erhalten. Ob das nicht ausreicht zur Erklärung der theologischen Kompetenz dieses Apostels?

Schließlich bereitet den Kritikern der Verfasserschaft des Matthäus die Tatsache Schwierigkeiten, daß nach der Zwei-Quellen-Theorie Matthäus von Markus abhängig ist. Wie kann sich ein Apostel von einem Apostelschüler abhängig machen? Da die Markus-Priorität und damit die Zwei-Quellen-Theorie ohnehin in Frage gestellt ist und die altkirchliche Tradition nur die Worte Jesu auf Matthäus zurückführt, nicht aber die im Evangelium nach Markus überlieferten Taten, erübrigt sich dieses Argument.

Wir können deswegen davon ausgehen, daß das erste Evangelium nach dem Apostel Matthäus seinen Namen erhalten hat, weil dieser nach altkirchlicher Tradition die Worte Jesu aufgezeichnet hat, die dann dem ersten Evangelium das Gepräge gaben. Die Frage, wer diese Worte mit dem Überlieferungsgut zusammengefügt hat, das wir auch bei Markus finden, muß offen bleiben.

8. Empfänger

Die ersten Leser dieses Evangeliums waren Judenchristen, die mit jüdischer Sitte und dem AT vertraut waren. Ihnen lag daran, den Angehörigen ihres Volkes Jesus als den Messias Israels zu erweisen. Aber sie beschränkten sich in ihrem Verständnis des Evangeliums nicht auf das jüdische Volk. Daß die Gottesherrschaft auch die Heiden angeht, war ihnen bewußt. Deswegen sind die Empfänger im hellenistischen Flügel des Judenchristentums zu suchen.

9. Abfassungsort und -zeit

Das Evangelium muß in einem Raum entstanden sein, der als Heimat des hellenistischen Judenchristentums in Frage kommt. Was bietet sich da eher an als Antiochien in Syrien, das Ausgangspunkt für die Missionsreisen des Apostels Paulus war? Die hellenistisch-judenchristlich geprägte Gemeinde in dieser Stadt hat das Evangelium von Jesus Christus zu den Heiden gebracht und damit den Auftrag erfüllt, den Jesus seinen Jüngern entsprechend dem ersten Evangelium gegeben hat. Deswegen spricht viel für den Abfassungsort Antiochien in Syrien.

Die übliche Datierung geht von der Markuspriorität aus. Sie versteht Mt 22,7 als eine Anspielung auf die schon erfolgte Zerstörung Jerusalems im Jahr 70. Sie kommt darum zu dem Ergebnis, daß das Evangelium auf jeden Fall nach 70 geschrieben wurde. Aufgrund der angeblich schon weiter entwickelten Gemeindeverhältnisse (Mt 18) und Theologie wird eine Abfassung zwischen 80 und 100 angenommen.[10]

10 WGKümmel, Einl., S. 90

Dieser Auffassung muß widersprochen werden. Sie setzt voraus, daß es sich weder in Mt 22,7 noch bei den Weisungen für die Gemeinde (Mt 18) um ein Wort Jesu handelt. Vielmehr werden diese Äußerungen als Bildungen der frühchristlichen Gemeinde angesehen, die Jesus in den Mund gelegt wurden. Das widerspricht dem Anspruch der Texte selbst wie auch dem Wahrheitsanspruch der apostolischen Zeugen (vgl. 1Joh 1,1-4). Darüber hinaus ist überhaupt fraglich, ob in Mt 22,7 auf die Zerstörung Jerusalems angespielt wird.

Die Datierung muß deswegen aufgrund anderer Überlegungen geklärt werden. Es spricht viel für die Annahme Godets, daß die synoptischen Evangelien etwa zur gleichen Zeit unabhängig voneinander entstanden sind, so daß eine unmittelbare gegenseitige Beeinflussung nicht möglich war.[11] Dann muß die Aufzeichnung der Worte Jesu durch den Apostel Matthäus sehr früh erfolgt sein, vielleicht sogar schon während des Wirkens Jesu in Palästina.[12] Die Verbindung dieser Worte Jesu mit dem Überlieferungsgut, das wir auch bei Markus finden, wäre dann im unmittelbaren Umfeld der Zerstörung Jerusalems erfolgt, wie die Bezugnahme auf dieses Ereignis belegt: „Wer das liest, der merke auf!" (Mt 24,15). Die von Godet angenommene Abfassungszeit 66 ist nachdenkenswert.

10. Kommentare

W. Barclay, Matthäusevangelium, [3]1980; J. Gnilka, Das Matthäusevangelium, HThK Bd. I/1, [2]1988; Bd. I/2, 1988; W. Grundmann, Das Evangelium nach Matthäus, ThHK Bd. 1, [6]1986; E. Lohmeyer/W. Schmauch, Das Evangelium nach Matthäus, KEK Sonderbd., [3]1962; U. Lutz, Das Evangelium nach Matthäus, EKK Bd. I/1, [2]1989, Bd. I/2 1990; G. Maier, Das Matthäusevangelium 1, Neuhausen-Stuttgart, Bd. 1, [3]1983, Bd. 2, [3]1988; W. Michaelis, Das Evangelium nach Matthäus, 2Bde., 1948/1949; F. Rienecker, Das Evangelium des Matthäus, WStB, [13]1985; A. Schlatter, Der Evangelist Matthäus, 1929, [7]1982; E. Schweizer, Das Evangelium nach Matthäus; NTD Bd. 2, [16]1986; Th. Zahn, Das Evangelium des Matthäus, (Leipzig-Erlangen [4]1922), Wuppertal, 1984.

---

11 Vgl. S. 24-26
12 Vgl. Gerhardsson, Die Anfänge der Evangelientradition

Das Evangelium nach Lukas

1. Inhalt

Das Evangelium nach Lukas hat einige Besonderheiten, die es gegenüber den beiden anderen Synoptikern auszeichnen. Es beginnt mit einem Vorwort, das Auskunft über die Vorlagen, die Zielsetzung und die Methoden des Verfassers gibt. Wie die Gliederung zeigt, wird der Inhalt des Evangeliums nach Markus bis auf die "Große Auslassung" (Mk 6, 45-8,26) übernommen. Die Ergänzungen dieses Überlieferungsgutes befinden sich in den Kindheitsgeschichten, der "Kleinen Einschiebung" und der "Großen Einschiebung" und den Auferstehungsberichten (vgl. die unterstrichenen Teile der Gliederung). Es fällt auf, daß in diesem Evangelium die Zuwendung Jesu zu den Sündern, den Randsiedlern, den Frauen und den Armen besonders betont wird. Schließlich läßt der Anfang der Apostelgeschichte erkennen, daß sie mit diesem Evangelium zusammengehört. Der Verfasser hat die Menschwerdung und das Wirken, Leiden, Sterben und Auferstehen Jesu Christi sowie die Ausbreitung des Evangeliums von Jerusalem nach Rom zum Gegenstand seiner Gesamtdarstellung gemacht. Das Evangelium ist der erste Teil seines Gesamtberichtes.

2. Gliederung, Merkverse, Kernaussagen

Kapitel	Perikopen		Merkverse
1,1 – 4,13	**Einleitung**		
1,1-4	Prolog		
1,5-2,52	Kindheitsgeschichten		**2,10f.14.29f**
3,1-4,13	Vorbereitung		
4,14 – 9,50	**Jesus in Galiläa**		
4,14-6,19	Markus II (1,14-3,19)		
6,20-8,3	Kleine Einschiebung		
6,20-49	Feldrede		
7,1-8,3	Wie Matthäus:	Sondergut:	
	Hauptmann v. Kapernaum	Jüngling v. Nain	
	Täuferanfrage	Die Sünderin	**7,47**
	Täuferzeugnis	Frauen im Jüngerkreis	
8,4-9,17	Markus II	(Mk 4,1-6,44)	
	Große Auslassung	(Mk 6,45-8,26)	
9,18-50	Markus III	(Mk 8,27-9,40)	
9,51-19,27	**„Reisebericht"**		
	1. Teil des „Reiseberichts"		
9,51-18,14	Große Einschiebung		
9,51-12,53	Wie Matthäus:	Sondergut:	
	Wehe- u. Jubelruf	Aussendung der 70	
	Worte vom Beten	Barmherziger Samariter	
	Lichtwort	Maria und Martha	
	Wiederkunft Christi	Reicher Kornbauer	

12,54-18,14	Nur Sondergut: Turm von Siloah, Feigenbaum-Gleichnis, Sitzordnung bei Tisch, Gleichnis v. Mahl Verlorenes Schaf, Groschen, Sohn Ungerechter Verwalter, Reicher und Lazarus Zehn Aussätzige *Endzeitrede* (17,20-37) Bittende Witwe, Pharisäer und Zöllner		**14,11** **15,18f.24**
18,25-19,27	2. Teil des „Reiseberichts"		
18,15-43	Markus III		
19,1-27	Wie Matthäus: Anvertraute Pfunde	Sondergut: Zachäus	**19,9f**
19,28-24,53	**Jesus in Jerusalem**		
19,28-21,4	Markus IV		
21,5-38	Markus V		**21,36**
22-23	Markus VI		
24	Auferstehungsberichte Wie Matthäus: Frauen am Grab Im Jüngerkreis	Sondergut: Emmaus-Jünger Himmelfahrt Jesu	

Kernaussagen

Fürchtet euch nicht! Siehe, ich verkündige euch große Freude, die allem Volk widerfahren wird; denn euch ist heute der Heiland geboren, welcher ist Christus, der Herr, in der Stadt Davids. Lk 2, 10.11

Dieser mein Sohn war tot und ist wieder lebendig geworden; er war verloren und ist gefunden worden. Lk 15, 24

Der Menschensohn ist gekommen, zu suchen und selig zu machen, was verloren ist. Lk 19,10

3. Literarische Eigenart

Das Evangelium nach Lukas ist mit seinen 96 Seiten im griechischen Text das längste Buch des NT. Das Evangelium nach Matthäus umfaßt 87 Seiten.

Das dritte Evangelium zeichnet sich durch gehobenen griechischen Sprachstil aus. Bis auf „amen" kommen keine Worte aus dem hebräischen Wortschatz vor. Das mit den anderen Synoptikern gemeinsame Überlieferungsgut ist bewußt für griechisch sprechende Leser gestaltet. Allerdings ist der Verfasser bei der Überarbeitung von Jesusworten zurückhaltender gewesen als bei dem Erzählungsstoff.

Von diesem Befund weichen die Vorgeschichten in den beiden ersten Kapiteln erheblich ab. Dort begegnet ein Griechisch, das an die semitisierende Sprache der Septuaginta erinnert. Das fällt vor allem in den Lobliedern *Magnificat, Benedictus* und *Nunc dimittis* auf. Sie erinnern in ihrer Sprache an die Psalmen des AT. Das läßt auf die Heimat der Kindheitsgeschichten schließen. Sie ist nicht im Hellenismus, wie weithin behauptet wird, sondern im Judentum zu suchen. Es sind Sonderüberlieferungen, auf die der Verfasser bei seiner Nachforschung bei den betroffenen Personen gestoßen ist.

Um seines Leserkreises willen hat der Evangelist Anstöße beseitigt, die die in den anderen Synoptikern verarbeitete Überlieferung bieten kann: Affekte Jesu fallen weg (vgl. Lk 6,10; 18,22 mit Mk 3,5; 10,21). Das Urteil der Angehörigen über Jesus fehlt bei Lukas (vgl. Mk 3, 20f). Nur an wenigen Stellen heilt Jesus durch Berührung (Lk 6,19; 5,13); meistens erwähnt der Evangelist die Berührung nicht (vgl. Lk 4,39; 9,42 mit Mk 1,31; 9,27).

Nach dem Bericht des dritten Evangelisten hat Jesus sich schon früh als Messias bekannt (Lk 4,21). Er wird von Anfang an als Kyrios (Herr) bezeichnet und angeredet (Lk 5,8; 7,13; 10,1.41; 22,61 u.ö.).

Dem Verfasser geht es um einzelne Menschen und ihre Lebensgeschichte: Zacharias, Elisabeth und Maria, Martha und Maria, Zachäus, die Frauen um Jesus, der Mitgekreuzigte. In diesem Evangelium werden Worte des Gekreuzigten festgehalten, die in den anderen Evangelien nicht zu finden sind.

4. Historischer Zusammenhang

Das Evangelium nach Lukas beginnt mit einem Vorwort, in dem sich der Verfasser auf diejenigen bezieht, die vor ihm mündlichen oder schriftlichen Bericht über das Leben Jesu gegeben haben. Gleichzeitig erklärt der Evangelist, welche Nachforschungen er angestellt und wie er seine Ergebnisse aufgeschrieben hat. Dieses Vorwort ist einzigartig im NT und bedarf deswegen einer genaueren Darstellung.

Daß die Bibel Gottes Wort ist, das uns als Wort von Menschen begegnet, wird uns selten so deutlich belegt wie im Evangelium nach Lukas. Um seine Entstehungsgeschichte zu beschreiben, sind wir nicht auf Vermutungen angewiesen. Der Verfasser selber teilt seinen Lesern mit, wie sein Doppelwerk zustandegekommen ist, nachzulesen in Lk 1,1-4. Darin wird erkennbar, daß er Wert auf Zuverlässigkeit seiner Berichterstattung legt.

Um dieses Ziel zu erreichen, kann er auf verschiedene Quellen zurückgreifen. Grundlage ist die Überlieferung der Apostel, die von Anfang an Augenzeugen des Wirkens Jesu gewesen sind. Als ,,Diener des Wortes" haben sie darüber berichtet. Aber schon bald wurden ihre Worte aufgezeichnet. Lukas lagen viele solcher schriftlichen Berichte vor. Er ist ihnen nachgegangen, hat alles sorgfältig geprüft und dann das Ergebnis seiner Nachforschungen in guter Ordnung aufgeschrieben.

Gegenstand dieser verschiedenen Quellen sind die ,,Geschichten, die unter uns geschehen sind". Was ist damit gemeint, was ist nicht gemeint?

Der Begriff ,,Geschichten" kann im Deutschen für wirklich Geschehenes, aber auch für erfundene Erzählungen verwendet werden. Wenn wir von Geschichten in einer Zeitung sprechen, denken wir wohl kaum an die Nachrichten über Ereignisse auf den ersten Seiten, sondern eher an Erzählungen im Bereich der Unterhaltung. Ihr Aussagewert ist unabhängig davon, ob das Erzählte wirklich geschehen ist.

Wenn die Luther-Übersetzung diesen Begriff ,,Geschichten" verwendet, fördert sie das Mißverständnis, als ginge es beim Inhalt dieses Evangeliums um Erzählungen, deren historische Zuverlässigkeit nicht so wichtig sei. Daß das ein Mißverständnis ist, läßt sich mit folgenden Beobachtungen belegen: Lukas verwendet einen griechischen Begriff, der besser mit „Tatsachen" oder „Ereignissen" zu übersetzen ist. Dem entspricht auch das Bemühen des Evangelisten, von Anfang an alles sorgfältig zu erkunden. Der Verfasser selber legt großen Wert auf historische Zuverlässigkeit.

Es geht also im dritten Evangelium um Ereignisse, die sich zugetragen haben. Welche Ereignisse sind gemeint? Der Evangelist schreibt: Sie haben sich „unter uns" zugetragen. Er selber war kein Augenzeuge Jesu. Darum mußte er auf die Berichte der Apostel zurückgreifen, um über die Ereignisse im Leben Jesu berichten zu können. Aber er war Reisebegleiter des Apostels Paulus. Die Ereignisse, die sich dabei zugetragen haben, hat er selber miterlebt. Davon kann er als Augenzeuge berichten. Darum schreibt er nicht nur ein Evangelium, sondern er stellt in einem zweiten Buch die Taten der Apostel dar (die Apostelgeschichte, vgl. Apg 1,1-3). Beides ist mit den „Ereignissen, die unter uns geschehen sind" gemeint: die Tatsachen des Lebens Jesu Christi und die Wirksamkeit der Apostel nach Pfingsten. Für sein erstes Buch ist er auf den Bericht der Augenzeugen angewiesen.

Seit es Gemeinde Jesu Christi gibt, wird in ihr die Überlieferung der Apostel weitergegeben (Apg 2,42). Was haben die Apostel gelehrt? Der Maßstab für ihre Berufung war, daß sie Jesus während der ganzen Zeit seines Wirkens begleitet hatten (Apg 1,21.22). Sie mußten als Augenzeugen berichten können, was sie mit Jesus erlebt, von ihm gehört, bei ihm gesehen, ja was ihre Hände betastet hatten (1Joh 1,1-4). Darum bestand ihr Lehren wohl kaum in tiefgründigen theologischen Erörterungen – das blieb Paulus vorbehalten –, sondern im schlichten Bericht von den Ereignissen um Jesus. Dabei haben die einzelnen Apostel wohl auch unterschiedliche Schwerpunkte gesetzt, wie der Vergleich der vier Evangelien ergibt.[1]

Da die Urgemeinde von Anfang an zweisprachig war (man sprach aramäisch und griechisch; vgl. Apg 6), mußte die Lehre der Apostel sehr bald auch in gültiger griechischer Übersetzung vorliegen.

Es dauerte nicht lange, bis der griechisch sprechende Teil der Urgemeinde um Stephanus wegen einer Verfolgung die Stadt Jerusalem verlassen mußte (Apg 8,1-3). Die Verfolgten zerstreuten sich in Judäa und Samarien und fingen an, die Botschaft von Jesus Christus zu verbreiten. Die Apostel aber blieben in Jerusalem. Sie konnten in den neu entstehenden Gemeinden die Überlieferung von Jesus nicht weitergeben. Wer sorgte dafür? Der Verfasser gibt eine Antwort: Am Anfang wurde die Überlieferung der Apostel mündlich weitergegeben. Dann haben viele versucht, aufgrund der Überlieferung der Apostel eine Erzählung anzufertigen. Ihm sind diese schriftlichen Berichte bekannt, die uns verlorengegangen sind. Er entnimmt ihnen wichtige Informationen für die Gestaltung seines Evangeliums. Aber er gibt sich mit ihnen nicht zufrieden.

Lukas erwähnt ausdrücklich, daß er allem von Anfang an nachgegangen ist. Wahrscheinlich hat er sich bei den betroffenen Personen, so weit er sie erreichen konnte, erkundigt. Möglicherweise ist er auch noch auf weitere schriftliche Quellen gestoßen. Den Ertrag seiner Untersuchungen haben wir im Evangelium vorliegen. Er hat vieles entdeckt, was in den anderen Evangelien nicht steht: Die Kindheitsgeschichten, der wunderbare Fischfang und die Berufung des Petrus, die packenden Gleichnisse vom verlorenen Schaf, Groschen und Sohn, vom reichen Kornbauern, ungerechten Verwalter, reichen Mann und armen Lazarus, Pharisäer und Zöllner und vieles andere mehr. Besonders eindrücklich ist seine Darstellung der Lei-

---

1 Vgl. S. 24-26

densgeschichte, wie besonders die von ihm allein überlieferten Worte Jesu am Kreuz zeigen. Wir wüßten vieles von Jesus nicht, wenn Lukas nicht in dieser Art geforscht hätte.

Schließlich erwähnt der Evangelist, daß er alle seine Informationen in eine richtige Anordnung gebracht und so sein Evangelium gestaltet habe. Beim Vergleich mit Markus und Matthäus, die manches ebenso überliefern wie er, fällt bei Lukas der Mittelteil besonders umfangreich aus (9,51-19,27). In ihm schildert er den Weg Jesu nach Jerusalem, eine Zeit der Vorbereitung auf das Leiden. Vieles, was Lukas besonders am Herzen liegt, kann man in diesem Abschnitt finden. In den anderen Teilen finden wir eine ähnliche Anordnung der apostolischen Überlieferung wie bei Markus und Matthäus.

So hat Gott durch seinen Geist einen begabten Menschen benutzt, um seine Gemeinde über die Ereignisse des Lebens Jesu zuverlässig zu informieren.

5. Theologische Schwerpunkte

Das dritte Evangelium hat als Hauptthema „Jesus als Retter" (vgl. Lk 2,10f). Unter diesem Gesichtspunkt wird das Wirken Jesu geschildert.

Der Verfasser bringt die Liebe Jesu zu den Verachteten und Randgruppen der Gesellschaft besonders deutlich zum Ausdruck. Dazu gehören Menschen, die sich selber als Sünder erkennen und bezeichnen oder von anderen so eingestuft werden (Lk 5,1ff; 7,36ff; 15,1ff; 18,9ff; 19,1ff; 23,39ff). Aber auch die von den Juden verachteten Samaritaner zählen zu dieser Gruppe (Lk 10,30ff; 17,11ff). Auch den Frauen im Jüngerkreis Jesu wendet dieser Evangelist größere Aufmerksamkeit zu als die anderen Synoptiker (Lk 7,12.15; 8,2f; 10,38ff; 23,27ff).

Der dritte Evangelist betont die kritische Haltung Jesu gegenüber dem Reichtum. Darum überliefert er Seligpreisungen, die von den bei Matthäus zu findenden bemerkenswert abweichen (Lk 6,20f). Deswegen zeichnet er Weherufe Jesu über die Reichen auf, die wir in keinem anderen Evangelium finden (Lk 6,24f). Darum gibt er die Gleichnisse wieder vom reichen Kornbauern (Lk 12,15ff), vom ungerechten Verwalter (Lk 16,1-9) und vom reichen Mann und armen Lazarus (Lk 16,19ff). Was in diesen Gleichnissen kritisiert wird, sind nicht Ausbeutung und Unterdrückung durch Besitz. Vielmehr wird der Besitz selber den Beteiligten zum Verhängnis, weil sie in ihm ihre Lebenserfüllung zu finden versuchen. Aus diesen und anderen Beobachtungen ist die Dissertation des Paderborner Erzbischofs Degenhardt entstanden mit dem bezeichnenden Titel „Lukas - Evangelist der Armen".[2] Es geht in diesem Evangelium nicht um jüdische Armenfrömmigkeit, sondern um die Liebe Gottes, die allen Außenseitern und darum auch den Armen gilt.

Der dritte Evangelist verknüpft die Geschichte Jesu mit der Weltgeschichte. Das zeigt sich bei den Zeitangaben zu seiner Geburt (Lk 2,1f). Auch das Auftreten Johannes des Täufers wird in den politischen Zusammenhang gestellt (Lk 3,1f). Nur von diesem Evangelisten erfahren wir die Namen römischer Kaiser (z. B. Apg 11,28; 18,2). Ihm liegt überhaupt daran, das Verhältnis der Christen zum römischen Staat zu klären. Darum betont er die politische Unschuld Jesu in den Augen der römischen Behörden (Lk 23,4.14.20.22.47). Der Vergleich mit den anderen Synoptikern ergibt, wie sehr er herausstellt, daß die römischen Behörden die Kreuzigung Jesu nicht gewollt haben (Lk 23,25; vgl. Mk 15,15; Mt 27,26). Nach ihm tragen

---

2   JDegenhardt, „Lukas – Evangelist der Armen", Stuttgart, 1965

die Führer des jüdischen Volkes die Verantwortung für den Kreuzestod Jesu (Lk 20,20.26; 23,2.5. 18f. 23.25). Sollen die Christen gegen politische Verdächtigung verteidigt werden? Einen besonderen Schwerpunkt des dritten Evangeliums bildet der Mittelteil, der sogenannte Reisebericht. Wer die Kapitel 10-19 liest, wird schnell feststellen, daß von einem detaillierten Reisebericht keine Rede sein kann. Eine genaue Reiseroute ist nicht erkennbar. Es ist wohl auch nicht die Absicht des Verfassers, sie darzustellen. Vielmehr geht es um ein theologisches Anliegen. Jerusalem ist die Stadt der Auseinandersetzungen und des Leidens. Der Mittelteil zeigt, wie Jesus seinen Jüngerkreis auf dieses Leiden vorbereitet hat. Man hat die synoptischen Evangelien alle als Leidensgeschichten mit einer verlängerten Einleitung bezeichnet. Das trifft für das Evangelium nach Lukas sicher zu, ganz besonders für den Mittelteil. Durch ihn bekommt das Evangelium einen Aufbau in drei etwa gleich großen Teilen.

Diese Gliederung in drei Abschnitte macht sich auch an anderen Stellen bemerkbar. Nach der Sicht des Evangelisten ist die Geschichte Gottes mit den Menschen in drei große Abschnitte gegliedert: die Zeit des Alten Testamentes, die auch als die Zeit des Gesetzes und der Propheten bezeichnet wird, und die Zeit des Wirkens Jesu (Lk 16,16 vgl. Mk 11,12). Die Zeit der Gemeinde Jesu Christi, wie sie die Apostelgeschichte beschreibt, stellt den dritten Abschnitt dar. Die Erscheinung Jesu Christi ist dann die Mitte der Heilsgeschichte. Man kann sogar noch weiter gehen: Da der Evangelist die Ereignisse des Lebens Jesu mit der Weltgeschichte verknüpft, ist die Zeit des Wirkens Jesu nach seiner Ansicht die Mitte der Weltgeschichte.

Das Denken in heilsgeschichtlichen Kategorien hat der dritte Evangelist sicher nicht erst eingeführt. Er hat es bei den Propheten des AT vorgefunden, vor allem aber auch bei Paulus, der Christus als die Wende der Menschheitsgeschichte beschreibt (Röm 5,12f). Aber er hat dieses Thema aufgegriffen und seine Berichterstattung von Jesus in diesen Rahmen eingeordnet. HConzelmann meint, dafür auch den Grund angeben zu können: Durch die Verzögerung der Wiederkunft Jesu sei es nötig gewesen, die Geschichte der Gemeinde Jesu zu thematisieren. Deswegen sei die Naherwartung der Wiederkunft im Evangelium nach Lukas gedämpft (Lk 19,11ff; 21,8; vgl. Mk 13,6; 17,20f; Mt 25,14ff).[3] HConzelmann steht damit keineswegs allein, sondern im Gefolge der religionsgeschichtlichen Schule. Vor allem ASchweitzer hat die Lehre vom Urschock durch die Verzögerung der Wiederkunft Jesu verbreitet.[4]

Aber bei Lukas ist die Erwartung der Wiederkunft Jesu keineswegs aufgehoben (vgl. Lk 3,9.17; 10,9.11; 18,7f; 21,32). Im Vergleich zu den anderen Synoptikern wird die Gegenwart stärker als Heilszeit beschrieben, während die Geschichte Jesu vergangen und die Wiederkunft Jesu in die Zukunft gerückt ist.

6. Einheitlichkeit

Daß der Verfasser sein Werk in der uns vorliegenden Form gestaltet hat, ist nicht strittig. Es gibt weder durch den Handschriftenbefund noch durch inhaltliche Beobachtungen Zweifel an der Einheitlichkeit dieser Schrift.

---

3   HConzelmann, Die Mitte der Zeit, S. 87-127
4   ASchweitzer, Die Geschichte der Leben-Jesu-Forschung, 1913

7. Verfasser

Weder das Evangelium noch die Apostelgeschichte lassen mittelbar oder unmittelbar erkennen, wer ihr Verfasser ist. Ein Zeugnis des Papias – wie bei Markus und Matthäus – fehlt.
Auskunft bekommen wir in folgenden Schriften der Alten Kirche:
Irenaeus schreibt: „Lukas, der Begleiter des Paulus hat das von diesem verkündigte Evangelium in einem Buch niedergeschrieben."[5] Im Kanon Muratori (Ende des 2. Jahrhunderts) ist
zu lesen: „Das dritte Evangelienbuch nach Lukas. Dieser Arzt Lukas hat es nach Christi
Himmelfahrt, da ihn Paulus als des Weges Kundigen herangezogen hatte, unter seinem Namen nach dessen Meinung verfaßt. Doch hat auch er den Herrn nicht im Fleische gesehen,
und daher beginnt er so wie es ihm erreichbar war, auch von der Geburt des Johannes an zu
erzählen."[6]
Schließlich kommt der Text des sogenannten antimarcionitischen Prologs aus dem 4. Jh. in
Frage, in dem es heißt: „Lukas ist ein antiochenischer Syrer, seines Gewerbes ein Arzt, ein
Schüler von Aposteln; später hat er Paulus bis zu dessen Martyrium begleitet. Nachdem er
dem Herrn unbeirrt, unbeweibt, kinderlos gedient hatte, entschlief er, 84 Jahre alt, in Böotien,
voll heiligen Geistes. Da es nun schon Evangelien gab – das nach Matthäus in Judäa, das
nach Markus in Italien geschriebene –, schrieb er, getrieben vom Heiligen Geist, in den Ge-
genden um Achaja dieses ganze Evangelium, durch die Vorrede eben dieses kundgebend, daß
vor demselben andere (Evangelien) geschrieben seien und es notwendig war, den Gläubigen
aus den Heiden eine genaue Erzählung der Heilsveranstaltung vorzutragen, damit sie nicht
durch jüdische Mythologien hin- und hergezerrt würden noch, getäuscht durch die ketzeri-
schen und nichtigen Phantastereien, die Wahrheit verfehlten."[7]
Gemeint ist in allen diesen altkirchlichen Texten der Arzt Lukas, der uns als Reisebegleiter
des Paulus in dessen Briefen begegnet (Kol 4,14; Phlm 24; 2Tim 4,11). Auf einen Reisebegleiter des Paulus lassen auch die sogenannten Wir-Berichte der Apostelgeschichte
schließen.[8] Der versuchte Nachweis, daß Sprache und Stil des dritten Evangelisten auf einen
Arzt schließen lassen, ist nicht geglückt, da die von ihm benutzten Redewendungen und Begriffe zum allgemeinen Sprachgebrauch im gehobenen Griechisch gehörten.
Ein Hinweis auf den Verfasser könnte die Tatsache sein, daß Marcion um 140 nur das Evangelium nach Lukas als Werk eines Apostels anerkannte. Da Marcion Paulinist war, ist davon
auszugehen, daß er das Evangelium nach Lukas als das Werk eines Paulus-Schülers wertete.
Auf die Nähe zu Paulus könnten folgende inhaltlichen Beobachtungen hinweisen: Der Verfasser betont die Universalität des Heils (Lk 4,27; 24,47). Er betont gleichzeitig die Notwendigkeit des Glaubens (Lk 8,12; 18,8). Die Liebe Gottes zu den Sündern ist ihm besonders
wichtig (Lk 15,1ff). Ihnen gilt vor allem das Heil Gottes (Lk 19,9). Wie Paulus spricht der
Evangelist von Jesus als dem Kyrios.
Doch zu diesen inhaltlichen Beobachtungen bemerkt WGKümmel, daß sie allgemein heidenchristliche Vorstellungen und Worte enthalten, die einen Rückschluß auf Paulus nicht erlauben.[9] Der Verfasser stehe vielmehr der Theologie des Paulus völlig fremd gegenüber. So

---

5   Irenaeus, Adversus Haereses III 1,1
6   Kanon Muratori, Zeilen 3-8, übers. n. Hennecke-Schneemelcher, NT Apokryphen I, 3, 19
7   ELohse, Entstehung des NT, S. 95
8   Vgl. S.77
9   WGKümmel, Einl., S. 118

deute er den Tod Jesu als göttliches Muß (Lk 9,2; 17,25; 24,26), nicht aber als Sühnetod. Vor allem fehle der Hinweis auf die Stellvertretung, wie ihn Mk 10,45 enthalte. Eine solche Auslassung sei bei einem Paulusschüler undenkbar (vgl. auch Mk 15,34). Die Stellvertretung komme nur in den Abendmahlsworten vor.

Deswegen kommt WGKümmel zu folgendem Ergebnis: „Angesichts dieser andersartigen Deutung des Todes Jesu durch Lukas kann von einem der Theologie des Paulus nahestehenden Charakter des Lukas-Evangeliums keine Rede sein, ja von hier aus läßt sich die Tradition von Lukas als dem Verfasser des Lukas-Evangeliums nur in Frage stellen."[10] Man könne nicht mehr sagen, als daß ein Heidenchrist das Evangelium geschrieben habe.

Diese Auffassung teilen HConzelmann[11], EHaenchen[12], ELohse[13], AWikenhauser[14]. Ihr widersprechen FGodet[15], DGuthrie[16], ASchlatter[17], JSchmid[18], ThZahn[19]. Sie halten den Reisebegleiter des Paulus namens Lukas für den Verfasser des Evangeliums und der Apostelgeschichte. Die bekannten vorgetragenen Einwände gegen die Verfasserschaft des Lukas haben bei ihnen die Überlieferung der Alten Kirche nicht erschüttert. Ihnen schließe ich mich an.

Dafür gibt es Gründe, die sich aus dem Evangelium und der Apostelgeschichte ergeben. Zwar hat Lukas begrifflich nicht von der Stellvertretung durch den Tod Jesu gesprochen, dafür aber erzählend. Nur Lukas berichtet, daß der am Kreuz unschuldig Sterbende für seine Feinde betet (Lk 23,34). Nur Lukas erzählt, wie der Auferstandene seinen Jüngern das Verständnis dafür öffnet, daß der Messias gelitten hat, damit in seinem Namen Buße zur Vergebung der Sünden gepredigt wird (Lk 24,46f). Deswegen kann ihm die Stellvertretungstheologie des Paulus nicht so fremd gewesen sein. Auch die Gleichnisse vom verlorenen Sohn und vom Pharisäer und Zöllner zeigen die Nähe des Verfassers zur Rechtfertigungslehre des Apostels Paulus (vgl. Lk 15,24.32 mit Röm 4,17 und Lk 18,13f mit Röm 4,5).

8. Empfänger

Lukas hat sein Buch Theophilus gewidmet, einem gebildeten und wahrscheinlich einflußreichen Mann. Ob er Christ war, wissen wir nicht. Jedenfalls erwähnt Lukas, daß Theophilus über Worte unterrichtet worden ist (so der genaue Wortlaut im Grundtext). Das kann bedeuten, daß Theophilus im Glauben an Jesus Christus unterwiesen worden ist und durch das Buch des Lukas darin bestärkt werden soll. Es ist aber auch möglich, daß Theophilus als römischer Beamter Nachrichten über die Christen erhalten hat und nun durch Lukas zuverlässig informiert werden soll.

10 WGKümmel, Einl. S. 118
11 HConzelmann, Mitte der Zeit, S. 184 Anm. 4
12 EHaenchen, Die Apostelgeschichte, S. 99-103
13 ELohse, Entstehung des NT, S. 96
14 AWikenhauser/JSchmid, Einl., S. 255-256
15 FGodet, Einl., S. 225-233
16 DGuthrie, Introduction, S. 98-109
17 ASchlatter, Einleitung in die Bibel, S. 304
18 JSchmid, Das Evangelium nach Lukas, S. 6-7
19 ThZahn, Das Evangelium des Lukas, S. 1-19

Schließlich ist es denkbar, daß er für die Verbreitung dieses Buches in ihm bekannten, gebildeten Kreisen sorgen sollte. Dann wäre das Buch nicht nur dem einen Mann, sondern dieser Leserschaft gewidmet.

9. Abfassungsort und -zeit

Über den Ort der Entstehung läßt sich nur sicher sagen, daß er außerhalb Palästinas gelegen haben muß, weil das Evangelium von einem Heidenchristen für den heidenchristlichen Bereich geschrieben wurde. Nähere Ortsangaben sind aufgrund der Quellenlage willkürlich.

Für eine Spätdatierung in den Jahren 80-90 wird der deutliche Hinweis auf die Zerstörung Jerusalems geltend gemacht. Belagerung, Eroberung und Zerstörung der Stadt sowie die Niedermetzelung vieler ihrer Bürger sind so genau beschrieben, daß viele Ausleger des NT das als vaticinia ex eventu (Weissagungen nach dem Ereignis) ansehen (Lk 19,43f; 21,20.24). Man wird freilich darauf hinweisen müssen, daß das, was die Zerstörung Jerusalems besonders auszeichnet (der Brand des Tempels und die zahlreichen Kreuzigungen um Jerusalem), nicht erwähnt wird.

Wer freilich echte und auch genaue Prophetie nicht ausschließt und gleichzeitig berücksichtigt, daß die Apostelgeschichte erstaunlicherweise die Zerstörung Jerusalems nicht berichtet, obwohl das sicher im Blick auf die Geschichte der frühen Christenheit nahegelegen hätte, der wird mit FGodet eine Datierung vor 70 annehmen, wahrscheinlich Mitte der 60er Jahre.[20]

10. Kommentare

F. Bovon, Das Evangelium nach Lukas (Lk.1,1-9,50), EKK Bd. III/1, 1989; F. Godet, Kommentar zu dem Evangelium des Lukas, (Hannover, [2]1890), Gießen, 1986; W. Grundmann, Das Evangelium nach Lukas, ThHK Bd. III, [10]1984; J. Jeremias, Die Sprache des Lukasevangeliums, KEK Sonderbd., 1980; I.H. Marshall, The Gospel of Luke, NIGTC, 1978; A. Schlatter, Das Evangelium des Lukas, Stuttgart, [3]1975; W. Schmithals, Das Evangelium nach Lukas, ZBK Bd. 3.1, 1980; G. Schneider, Das Evangelium nach Lukas, ÖTKNT Bd. 3/1 u. 3/2, [2]1984; E. Schweizer, Das Evangelium nach Lukas, NTD Bd. 3, [19]1986; H. Schürmann, Das Lukasevangelium (Kap. 1-9,50), HThK Bd. III/1, [3]1984; Th. Zahn, Das Evangelium des Lucas, (Leipzig-Erlangen, [4]1920), Wuppertal, 1988.

---

20 Vgl. S. 24-26

Das Evangelium nach Johannes

1. Inhalt

Das vierte Evangelium zeichnet sich gegenüber den Synoptikern durch besondere Eigenarten aus.[1]
Es schildert nur wenige Taten Jesu. Der Schwerpunkt liegt auf den meditativen Reden, die um die Offenbarung Gottes durch Jesus, die Erkenntnis Gottes und den Glauben an den Offenbarer kreisen. In ihnen begegnet uns eine eigentümliche Sprache, die noch genauer darzustellen ist. Wir lernen Jesus als den Sohn Gottes kennen, der in einer einzigartigen innigen Verbindung zu dem Vater im Himmel stand. Das Leben Jesu spiegelt die Herrlichkeit Gottes wider (Joh 1,14); es findet im Kreuzestod und in der Auferstehung seinen Höhepunkt.

Von den Synoptikern weicht auch die Gliederung ab, die nach biographischen Gesichtspunkten geordnet ist. Der Evangelist schildert die verschiedenen Reisen Jesu von Galiläa zu besonderen jüdischen Festtagen nach Jerusalem:

2,1-2	GALILÄA	
2,13	1. Aufenthalt in JERUSALEM	1. PASSAH März/April
4,1-4.43	GALILÄA	
5,1	2. Aufenthalt in JERUSALEM	
6,1; 7,1	GALILÄA	2. PASSAH
7,2.8.10	3. Aufenthalt in JERUSALEM	LAUBHÜTTENFEST September/Okt.
11,55; 12,1; 18,28	4. Aufenthalt in JERUSALEM	3. PASSAH

Diese Angaben des vierten Evangeliums sind die einzige historische Quelle dafür, daß Jesus nach seiner Taufe etwa drei Jahre öffentlich gewirkt hat. Sie zeigen auch, daß zum Leben Jesu mehr Reisen in Palästina gehörten, als man es nach den Synoptikern annehmen müßte. Schließlich wissen wir viele Einzelheiten über Namen und Orte in Palästina nur aus diesem Evangelium. All das verweist darauf, daß der Verfasser historische Angaben schätzt und deshalb festhält. Er wendet für seine Darstellung ein biographisches Ordnungsschema an.

2. Gliederung, Merkverse, Kernaussagen

Die mit den Synoptikern gemeinsame Überlieferung ist in der folgenden Gliederung eingerückt.

Kapitel	Perikopen	Merkverse
1	**Prolog**	**1,1-5.12.14**
	Vorgeschichte	**1,29**

---

1 Vgl. S. 17ff

2	Hochzeit von Kana in Galiläa	
	Tempelreinigung in Jerusalem	**2,25**
3	Gespräch mit Nikodemus	**3,3.16f**
	Zeugnis des Täufers	**3,36**
4	Gespräch mit der Frau aus Samaria	**4,24**
5	Heilung des Kranken vom Teich Bethesda	**5,24**
6	Speisung der 5000	
	Brotrede	**6,35.68f**
7	Jesus beim Laubhüttenfest	
	Vollmachtsrede	**7,16f.38**
8	Jesus und die Ehebrecherin	
	Lichtrede	**8,12.31f.58**
9	Heilung des Blindgeborenen	
10	**Hirtenrede**	**10,7.11.14.27-30**
11	Auferweckung des Lazarus	**11,25f**
12	Salbung in Bethanien	
	Einzug in Jerusalem	**12,45**
13	Fußwaschung	**13,15-17.34f**
14-16	**Abschiedsreden**	**14,6.26f**
15	**Weinstockrede**	**15,1f; 16,33b**
17	**Das hohepriesterliche Gebet**	**17,15.17.19**
18-19	Leidensgeschichte	**18,37**
20	Auferstehungsberichte	**20,21.23.29b**
21	**Nachtrag**	

Kernaussagen

Ich bin das Brot des Lebens. Wer zu mir kommt, den wird nicht hungern; und wer an mich glaubt, den wird nimmermehr dürsten.	Joh 6,35
Ich bin das Licht der Welt. Wer mir nachfolgt, der wird nicht wandeln in der Finsternis, sondern wird das Licht des Lebens haben.	Joh 8,12
Ich bin die Tür; wenn jemand durch mich hineingeht, wird er selig werden und wird ein- und ausgehen und Weide finden.	Joh 10,7
Ich bin der gute Hirte und kenne die Meinen, und die Meinen kennen mich, wie mich mein Vater kennt, und ich kenne den Vater. Und ich lasse mein Leben für die Schafe.	Joh 10,11
Ich bin die Auferstehung und das Leben. Wer an mich glaubt, der wird leben, auch wenn er stirbt; und wer da lebt und glaubt an mich, der wird nimmermehr sterben.	Joh 11,25f
Ich bin der Weg und die Wahrheit und das Leben; niemand kommt zum Vater denn durch mich.	Joh 14,6
Ich bin der Weinstock, ihr seid die Reben. Wer in mir bleibt und ich in ihm, der bringt viel Frucht; denn ohne mich könnt ihr nichts tun.	Joh 15,5

3. Literarische Eigenart

Der Evangelist verwendet eine fehlerfreie, einfache, aber in ihrer Schlichtheit beeindruckende griechische **Sprache**. Sie ist gekennzeichnet durch einen relativ kleinen Wortschatz, einfachen Satzbau und Gleichförmigkeit in allen Teilen des Evangeliums. Sein Wortschatz und sein Satzbau läßt den semitischen Hintergrund erkennen. Daraus schließt RSchnackenburg[2], daß er aus dem Judentum kommt, aber längere Zeit in einer hellenistischen Umgebung gelebt hat. An manchen Stellen hat er hebräische Ausdrücke in seinem griechischen Text beibehalten, sie aber meistens für seine griechisch sprechenden Leser übersetzt: Rabbi (1,38 und an weiteren sieben Stellen), Rabbouni (20,16), Messias (1,41; 4,25), Kephas (1,42), amen (25 mal), osannah (12,13), Manna (6,31.49) und andere. Das zeigt, daß er sich bemüht, die Worte Jesu von Nazareth in die Sprache seiner hellenistischen Umgebung zu übertragen. Es ist der Vorgang, den die Missionswissenschaft heute mit Kontextualisierung beschreibt. Die Worte Jesu bekommen dadurch eine griechische Färbung, wobei aber der semitische Hintergrund immer durchschimmert.

Der Evangelist verwendet einen unverwechselbaren **Stil**, der sich auch im 1. Johannes-Brief nachweisen läßt. Er lädt zum Nachdenken ein. Er ist nichts für eilige Leute. Wer aber etwas Meditatives sucht, findet es hier. Besonders deutlich ist dieser Stil im Prolog zu erkennen. Er findet sich aber auch an vielen anderen Stellen des Evangeliums, vor allem in den Redeteilen und im Hohepriesterlichen Gebet (Joh 17). Wie ist er zu erklären? Ist er die Frucht langen Nachdenkens über die Person und das Werk Jesu Christi? Offensichtlich hat der Verfasser nach Ostern Jesus besser verstanden, wie er immer wieder betont. Ist es eine Meditation der Geschichte Jesu im Licht von Ostern? Dann hätten wir aber nicht Reden Jesu vor uns, sondern Meditationen eines Jüngers über Worte Jesu. Das widerspricht dem Zeugnis über den Evangelisten nach Joh 21,24. Warum sollte Jesus als Orientale nicht meditativ geredet haben? Sind die Aufzeichnungen der Worte Jesu in den anderen Evangelien wirklich zusammenhängende Reden oder Zitatensammlungen?

Für das zweite spricht die typisch orientalische **Gedankenbewegung**, die uns in den Reden des Johannes-Evangeliums begegnet. Sie ist nicht geradlinig, zielstrebig, wie es griechischer Redekunst entsprechen würde. Sie arbeitet vielmehr mit Wiederholungen, parallelen Aussagen, Anknüpfungen. Es handelt sich um eine kreisende Gedankenbewegung, wie sie orientalischem Redestil entspricht. Sollte es nicht so sein, daß der Evangelist diesen Redestil Jesu aufzeichnen und weitergeben wollte? Dann wäre die unverwechselbare Gedankenbewegung des vierten Evangeliums die Art der Rede Jesu von Nazareth.

Wir haben also im Evangelium nach Johannes die Verkündigung Jesu in einer Sprache vor uns, die dem griechisch sprechenden Leserkreis angepaßt ist. Dabei hat der Evangelist den Redestil Jesu, der der orientalischen Gedankenbewegung entspricht, beibehalten.

---

2 RSchnackenburg, Johannesevangelium, IV/1, S. 91-93

4. Historischer Zusammenhang

Das Evangelium nach Johannes zeichnet sich nicht nur durch eine semitisierende Sprache, meditativen Stil und kreisende Gedankenbewegung aus. Sein Inhalt hat Beziehungen zu verschiedenen religiösen Bewegungen im Umfeld der frühchristlichen Gemeinden. Nicht zu verkennen ist der **Einfluß des AT**. Die Zahl der Zitate aus dem AT hält sich zwar in Grenzen (19). Sie sind jedoch gleichmäßig über das ganze Evangelium verteilt. Manchmal werden auch überraschende Bezüge zum AT hergestellt (vgl. Joh 10,34). An anderen Stellen gibt es ohne Zitat einer bestimmten Belegstelle einen allgemeinen Hinweis auf das AT (z. B. Joh 1,45; 2,22).

Der entscheidende Gesichtspunkt für die Auswahl alttestamentlicher Zitate ist ihre christologische Brauchbarkeit. Es geht um den Nachweis, daß Jesus der verheißene Messias ist. In ihm hat sich erfüllt, was das AT zum Beispiel über das Passahlamm sagt: Joh 19,36; vgl. 2Mo 12,46. Diese Art der Auslegung des AT, die wir typologisch nennen, finden wir auch an anderen Stellen des Evangeliums nach Johannes.

Außer den Zitaten gibt es einige Wendungen, die an Aussagen des AT erinnern. Wenn Jesus Nathanael einen rechten Israeliten nennt, „in dem kein Falsch ist" (Joh 1,47), klingt Ps 32,2 mit. Wenn Jesus sagt, der Vater habe dem Sohn „die Vollmacht gegeben, Gericht zu halten, weil er der Menschensohn ist" (Joh 5,27), so steht dahinter die Vision von Dan 7,14.22. Wenn die Pharisäer dem Blindgeborenen vorhalten: „Du bist ganz in Sünden geboren und lehrst uns?" (Joh 9,34), so spielen sie auf Ps 51,7 an.

Auch die maßgeblichen Bilder in den Reden Jesu stammen aus dem AT: Brot und Licht, Hirte und Herde, Weinstock und Reben. Sie alle haben mit dem Hoffnungsgut des AT zu tun. Alle diese Bezüge weisen deutlich in eine Richtung: Dieses Evangelium lebt aus dem Alten Testament. Aber das ist nicht der einzige religionsgeschichtliche Hintergrund.

Es hat auch manche Beziehungen zum **zeitgenössischen Judentum**.

Damit meinen wir das Judentum zur Zeit der Entstehung des NT, dessen verschiedene Strömungen zu berücksichtigen sind: das hellenistische Judentum, wie es sich vor allem in Philo von Alexandrien zeigt; das palästinische Judentum, dessen Repräsentanten Pharisäer und das Rabbinat sind; die jüdischen Sekten, denen vor allem die Essener von Qumran eine besondere Nähe zum Evangelium nach Johannes erkennen lassen.

Die Einflüsse dieser unterschiedlichen Strömungen sollen kurz dargestellt werden. CHDodd[3] und CKBarrett[4] haben den Einfluß des hellenistischen Judentums besonders hoch veranschlagt. Barrett schreibt: „Man könnte erwarten, daß dieses hellenistische Judentum eine enge Parallele zum Werk des Joh darstellt; und dies trifft in der Tat zu."[5]

Tatsache ist, daß es im Johannes-Evangelium manche Anklänge an Philo von Alexandrien gibt. Das gilt vor allem für den Prolog und darin besonders für die Logos-Vorstellung (Jesus als das Wort: Joh 1,1-14), aber auch für das Gottesverständnis (Gott ist Geist: Joh 4,23f; Gott ist Licht: 1Joh 1,5; Gott ist allein wahr: Joh 17,3; Gott ist unfaßbar: Joh 1,18). Auch manche symbolischen Bilder (Quelle des Lebens, Weg, Hirte und Herde) sind bei Philo zu finden. Trotzdem bleiben erhebliche Unterschiede zum hellenistischen Judentum bestehen. Während die Auslegung des AT im Evangelium nach Johannes typologisch angelegt ist, begegnet uns

3   CHDodd, The Interpretation of the Fourth Gospel, Cambridge, 1953
4   CKBarrett, Das Evangelium nach Johannes, S. 54-58
5   CKBarrett, Das Evangelium nach Johannes, S. 57

bei Philo eine philosophisch-allegorische Deutung des AT. Vor allem aber fehlen im Evangelium nach Johannes typische Begriffe des Hellenismus: Unsterblichkeit, Unvergänglichkeit, Glück, Frömmigkeit, Tugend u.a.

Mit einer gewissen Offenheit des vierten Evangeliums für das hellenistische Judentum muß man zwar rechnen (vgl. Joh 7,35; 12,20f), aber von einem bestimmenden Einfluß wird man abgesehen vom Prolog wohl kaum sprechen können.

Wie stark ist der Einfluß des **palästinischen Judentums?**

Während PBillerbeck[6] und ASchlatter[7] ihn für erheblich halten, widersprechen dem WGKümmel[8] und AWikenhauser[9]. RSchnackenburg[10] möchte ihn trotzdem wegen folgender Beobachtungen berücksichtigen:

Nomos ist, wie im palästinischen Judentum die Thorah, einerseits Bezeichnung für das mosaische Gesetz (Joh 1,17; 7,19.23) und andererseits für die ganze Heilige Schrift des AT (Joh 1,45; 8,17 u.a.). Außerdem spielen Auslegungen des Rabbinats zum Gesetz in einigen Stellen des Evangeliums eine Rolle: zur Beschneidung am Sabbat (Joh 7,22), zum Lasten Tragen am Sabbat (Joh 5,10), zum Anhören des Angeklagten vor einem Urteilsspruch (Joh 7,51), u.a. Rabbinische Regeln der Schriftauslegung begegnen an verschiedenen Stellen: 6,31ff; 7,23; 8,56; 10,34; 12,41. Das Gespräch Jesu mit Nikodemus (Joh 3) ist geprägt von rabbinischer Debattierkunst.

Alle diese Einzelbeobachtungen belegen, daß das Evangelium nach Johannes von Überlieferungen lebt, die im palästinischen Judentum zu Hause sind. Ein wesentlicher Einfluß des palästinischen Judentums auf die Gestaltung des Evangeliums ist aber nicht nachweisbar.

Ist das bei der **Sekte von Qumran** anders?

Als die ersten in den Höhlen von Qumran gefundenen Schriften veröffentlicht waren, setzte man darauf große Hoffnungen. Charakteristisch ist der Aufsatz von KGKuhn. Er schreibt: „Wir bekommen in diesen neuen Texten den Mutterboden des Johannes-Evangeliums zu fassen, und dieser Mutterboden ist ... eine palästinisch-jüdische Sektenfrömmigkeit gnostischer Struktur."[11]

Bald hatte man dafür auch eine biographische Erklärung. Man nahm an, Johannes der Täufer sei ein Angehöriger der Sekte von Qumran gewesen. Sein asketischer Lebensstil, seine Predigt in der Wüste und sein deutlicher Bußruf waren ein Beleg dafür. Johannes der Sohn des Zebedäus war ein Schüler des Täufers, wie man aus Joh 1,35-42 vermutet hat. Er hätte als Verfasser des vierten Evangeliums diesen Einfluß von Qumran vermittelt. Diese biographische Erklärung muß mit zu vielen Vermutungen arbeiten.

Eindeutiger sind da schon die im Text des Evangeliums vorhandenen Parallelen zu den Sektenschriften von Qumran. Hier wie dort besteht der gleiche Dualismus: Licht – Finsternis (Joh 1,5; 3,19); Wahrheit – Lüge (Joh 8,44f); Geist – Fleisch (Joh 3,6; 6,63); unten – oben (Joh 8,23; 3,13.31); irdisch – himmlisch (Joh 3,12); Gott – Welt (Joh 3,16; 8,23).

In der Sekte von Qumran gibt es ein ausgesprochenes Erwählungsbewußtsein, das sich in

---

6   Strack/Billerbeck, Kommentar zum NT Bd. II
7   ASchlatter, Der Evangelist Johannes, Stuttgart, 1948
8   WGKümmel, Einl., S. 184/185
9   AWikenhauser/JSchmid, Einl., S. 328
10 RSchnackenburg, Johannesevangelium, IV/1, S. 108-110
11 KGKuhn, "Die in Palästina gefundenen hebräischen Texte und das NT", ZThK 47, 1950, S. 210

der Sektenregel[12] und im Buch der Preisungen[13] zeigt: Die Licht- und die Finsternissöhne sind durch Gottes Ratschluß auf ihren Weg festgelegt. Das erinnert an die Parallelen in Joh 8,23.44.47.

Auch über den Heiligen Geist wird in Qumran ähnlich gelehrt wie im Evangelium nach Johannes: Mit ihm werden die Söhne des Lichtes erfüllt. Er ist gegenwärtig wirksam. Er verschafft den Zugang zu Gott in der Wahrheit. Er ist der Fürsprecher, Anwalt, Paraklet. Aber nach den Vorstellungen von Qumran ist dieser Geist den Menschen immer schon gegeben und muß sich nur entfalten können.[14] Nach dem Evangelium wird er den Jüngern Jesu nach Jesu Fortgang verliehen. Vor allem aber wird der Grund der Erwählung völlig anders beschrieben. In Qumran ist dafür Reinheit und Gesetzesstrenge ausschlaggebend, im Evangelium nach Johannes dagegen der Glaube an Jesus (Joh 5,40-44 u.a.).

Diese Beobachtungen führen zu den folgenden Ergebnissen:

„Diese Beispiele mögen genügen, um das Urteil zu rechtfertigen, daß zwar in wichtigen Punkten engere Berührungen zwischen Johannes und Qumran bestehen, aber eine unmittelbare Herübernahme qumranischer Anschauungen schwerlich zu erweisen ist."[15] „Man wird daher urteilen müssen, daß das Johannes-Evangelium und die Gemeinde von Qumran zwar einen beiden gemeinsamen Hintergrund voraussetzen, daß die Gedankenwelt von Qumran aber nicht der Mutterboden der johanneischen Gedankenformen sein kann."[16]

In der neutestamentlichen Wissenschaft des 20. Jahrhunderts ist die Überzeugung bestimmend geworden, daß der religiöse Hintergrund des Evangeliums nach Johannes vor allem in der **Gnosis** zu suchen sei. Die Schwierigkeit besteht bei dieser Hypothese vor allem darin, daß wir keine schriftlichen Belege für eine heidnische Gnosis zur Zeit der Entstehung des NT besitzen. Die frühesten heidnisch-gnostischen Schriften stammen aus dem 7. oder 8. Jh. n.Chr. Es sind die Schriften der **Mandäer**. Auf sie hat sich vor allem RBultmann in seinem Kommentar zum Evangelium nach Johannes bezogen. In der Tat gibt es in diesen Schriften überraschende Parallelen zum Evangelium nach Johannes. In ihnen begegnet der gleiche Dualismus (Licht-Finsternis, oben-unten, Tod-Leben, Gott-Welt). In ihnen spielt der Wahrheitsbegriff eine besondere Rolle. Er beschreibt das Verhalten dem höchsten Wesen gegenüber wie auch gegenüber anderen Menschen, aber er kann auch zur personifizierten Heilsmacht werden. Wer dächte da nicht an das Wort Jesu: „Ich bin die Wahrheit" (Joh 14,6). Das Überraschendste ist, daß auch die Schriften der Mandäer eine Erlösergestalt kennen, einen himmlischen Gesandten, der als Offenbarer herabsteigt, die göttlichen Lichtfunken sammelt und sie zu Gott zurückführt. Die Parallele zum Prolog des Evangeliums nach Johannes ist nicht zu übersehen.

Die entscheidende Frage ist nur: Wer ist von wem abhängig? Das Evangelium nach Johannes ist spätestens Ende des 1. Jahrhunderts n.Chr. geschrieben worden, die Mandäer-Texte aber im 7. oder 8. Jh. n.Chr. Nach wie vor gilt die Feststellung von CColpe, daß eine Erlösergestalt, wie sie in den gnostischen Schriften begegnet, in vorchristlicher Zeit nicht nachweisbar sei.[17] Diese Tatsache und die im einzelnen zu beobachtenden Differenzen zu den

---

12 Sektenregel: 1QS 3,15-21; 4,15-19
13 Hodajoth: 1QH 15, 12-17
14 1QS 4,20-23
15 RSchnackenburg, Johannesevangelium, IV/1, S. 116
16 WGKümmel, Einl., S. 187
17 Artikel „Gnosis" in RGG 3, II, 1648ff

religiösen Vorstellungen der Mandäer führen bei WGKümmel zu dem Ergebnis, daß das Johannes-Evangelium von den erhaltenen mandäischen Schriften nicht beeinflußt sein kann. Ein direkter Zusammenhang des Johannes-Evangeliums mit mandäischen oder urmandäischen Kreisen komme nicht in Frage. Die Ähnlichkeit sei darauf zurückzuführen, daß die mandäischen Schriften Zeugnisse für eine jüdische Gnosis seien, die auch den geistigen Hintergrund des Johannes-Evangeliums bilde.[18] Gibt es für eine solche jüdische Gnosis Quellen? Die **Oden Salomos** könnten eine solche Quelle sein. Sie sollen in der 1. Hälfte des 2. Jahrhunderts n.Chr. geschrieben sein. Wahrscheinlich stammen sie aus dem syrischen Raum. Obwohl in der Forschung noch vieles offen ist, dürften sie wohl gnostisch geprägt sein.

In ihnen begegnen Begriffe, die für das Evangelium nach Johannes typisch sind: Licht, Leben, Wahrheit, lebendiges Wasser, Heiliger Geist, Erkennen, Glauben, Freude, Liebe ... Aber es gibt auch andere bildhafte Redewendungen, die im Evangelium nach Johannes keine Entsprechung haben: Milch, Brief, Lichtgewand ...

Auch hier ist die entscheidende Frage: Wer ist von wem abhängig? Schnackenburg glaubt, durch Beispiele belegen zu können, daß die Oden Salomos vom Evangelium nach Johannes abhängig sind.[19] Das führt ihn zu dem Ergebnis: ,,Man darf folgern, daß die Oden Salomos zwar zur Veranschaulichung gnostischer Thematik und Bildersprache wertvoll sind, aber kaum als konkreter Hintergrund für das Johannes-Evangelium in Frage kommen; die Abhängigkeit ist eher umgekehrt.''[20]

Beachtenswert sind in diesem Zusammenhang auch noch die Schriften von **Nag-Hammadi**. Im Jahr 1945 wurden in diesem Ort bei Chenoboskion in Ägypten 50 gnostische Abhandlungen in koptischer Sprache gefunden. Dazu gehören das Thomas-Evangelium, das Evangelium Veritatis (Evangelium der Wahrheit) und das Apokryphon des Johannes. Für den Zusammenhang mit dem Evangelium nach Johannes ist das Evangelium Veritatis wichtig, das um 150 n.Chr. entstanden ist. In ihm werden die Fragen nach der Erlösung des Menschen und der Herkunft des Erlösers behandelt. Der Mensch ist von Gott gekommen und zur Rückkehr zu Gott bestimmt. Der Erlöser eröffnet diesen Weg der Rückkehr, indem er Gott offenbart und damit Erkenntnis Gottes möglich macht. Erlösung geschieht durch Erkenntnis der göttlichen Offenbarung.

Trotz mancher Parallelen in der Begrifflichkeit wird der Weg der Erlösung im Evangelium nach Johannes doch ganz anders beschrieben. Grundlage der Erlösung ist nicht nur die Offenbarung Gottes, sondern die Menschwerdung des Sohnes Gottes bis hin zum stellvertretenden Sterben (Joh 1,29). Der Weg der Erlösung wird von denen gefunden, die auf diesen Erlöser vertrauen: Joh 3,36. Die gnostische Fragestellung wird antignostisch beantwortet: Erlösung gibt es nur durch den Anschluß an den in die Geschichte eingegangenen Sohn Gottes, Jesus von Nazareth.

Zusammenfassung zum historischen Zusammenhang

Keine der besprochenen religionsgeschichtlichen Parallelen läßt sich als Quelle des Evangeliums nach Johannes nachweisen. Neben dem AT dürfte am stärksten die Herausforderung durch die entstehende gnostisch-jüdische Bewegung auf den Evangelisten gewirkt haben. Er

---

18 WGKümmel, Einl., S. 188/189
19 RSchnackenburg, Johannesevangelium, IV/1, S. 126/127
20 RSchnackenburg, Johannesevangelium, IV/1, S. 127

hat die dadurch entstehenden Fragen aufgegriffen und in seinem Evangelium antignostisch beantwortet. Sein Schlüsselbekenntnis lautet: ,,Das Wort ward Fleisch und wohnte unter uns, und wir sahen seine Herrlichkeit, eine Herrlichkeit des eingeborenen Sohnes vom Vater, voller Gnade und Wahrheit" (Joh 1,14). Es ist ein Bekenntnis, welches gegen die gnostische Vorstellung gerichtet ist, daß Gott niemals wirklich Mensch werden kann. Der Evangelist ist dem Mensch gewordenen Gottessohn begegnet. Das befähigt ihn, der gnostischen Irrlehre zu widersprechen. Er tut es, indem er auf das Leben und die Verkündigung Jesu zurückgreift. Vor allem die Reden Jesu, die in ihrer Begrifflichkeit nahe bei den Schriften von Qumran und bei gnostischer Redeweise sind, unterstreichen, daß die Erlösung, die Jesus gebracht hat, den gnostischen Erlösungsvorstellungen widerspricht: Er ist als Sohn Gottes wirklicher Mensch geworden. So ist er unser Erlöser geworden.

5. Theologische Schwerpunkte

Im Evangelium nach Johannes geht es um vier theologische Schwerpunkte: die Lehre von Christus (Christologie), die Lehre von der Rettung des Menschen (Soteriologie), die Lehre von der Gemeinde (Ekklesiologie) und die Lehre von den letzten Dingen (Eschatologie). Sie stehen nicht unverbunden nebeneinander, sondern sind miteinander verknüpft. Das soll im folgenden dargestellt werden.

Die **Christologie** bei Johannes hat das Ziel, Jesus als den Sohn Gottes zu erweisen (vgl. Joh 20,31). Der Christus als der von dem jüdischen Volk erwartete Messias wird von Anfang an bekannt als Sohn Gottes (Joh 1,17; 1,41.49), was alle Erwartungen übersteigt. Er ist der Sohn schlechthin (vgl. 1Joh 1,3; 3,8.23; 4,9.15 u.a.).

Aber widerspricht das nicht der Darstellung des Markus, daß Jesus das Geheimnis um seine Person sorgfältig gehütet und vor allem verhindert hat, daß er zu früh öffentlich als Messias bekannt wurde? Wenn man die Reden Jesu im Evangelium nach Johannes genauer untersucht, zeigt sich, daß sich Jesus niemals als Messias bezeichnet hat. Wohl ist dieser Titel von anderen an ihn herangetragen worden, wie die Synoptiker auch berichten (Joh 4,25; 7,25-31; 7,41f; 10,24; 11,27; 12,34). Aber Jesus hat es vermieden, sich auf diesen Titel festlegen zu lassen. Nur einer Frau aus Samaria hat er sich als Messias zu erkennen gegeben (Joh 4,26). Seinen anderen Zuhörern vertraute er sich aber nicht an (Joh 2,24). Wo sie ihn zum Messias-König ausrufen wollten, entzog er sich ihnen (Joh 6,14f).

Allerdings hat sich Jesus nach dem Evangelisten Johannes von Anfang an als Sohn Gottes bekannt und damit sein besonderes Verhältnis zu Gott beschrieben, das bei den Synoptikern nur angedeutet, aber nicht verschwiegen wird. Johannes zeigt, daß sich gerade an diesem Bekenntnis der Konflikt mit der jüdischen Führungsschicht entzündet.

Worauf gründet der Evangelist diese Überlieferung? Er ist selber dem Mensch gewordenen Gottessohn begegnet und hat in seinen Zeichen die Herrlichkeit Gottes gesehen (Joh 1,14). Er hat miterlebt, wie Jesus den Blindgeborenen sehend machte (Joh 9,5.39) und den Toten auferweckte (Joh 11,25f). Er hat den Selbstanspruch Jesu gehört, wie er in den ,,Ich-bin-Worten" zum Ausdruck kommt: Jesus ist das Brot des Lebens (Joh 6,35), das Licht der Welt (Joh 8,12), die Tür zur Herde (Joh 10,7), der gute Hirte (Joh 10,11), die Auferstehung und das Leben (Joh 11,25), der Weg, die Wahrheit und das Leben (Joh 14,6), der wahre Weinstock (Joh 15,1), ein König (Joh 18,37). Bis auf das letzte sind alle Ich-bin-Worte mit dem bestimmten Artikel verbunden. Jesus ist das Licht; die Welt hat sonst kein Licht. Jesus ist das Brot; die Welt verhungert ohne ihn. Jesus ist der Weg; es gibt keinen anderen Weg zu Gott. Jesus ist die Wahrheit, neben ihm gibt es keine anderen Wahrheiten. Jesus ist das Leben; alle anderen Angebote verfehlen das Leben. Dieser Absolutheitsanspruch Jesu ist der eigentliche Grund für das Todesurteil, das der Hohe Rat der Juden über ihn verhängt hat (Joh 19,7).

Alle diese mit hohem Anspruch gefüllten Worte zielen auf die Hörer: Sie sollen an Jesus glauben, ihm nachfolgen, sich von ihm den Weg zu Gott zeigen lassen. Der Selbstanspruch Jesu, von dem der vierte Evangelist berichtet, ist nicht Selbstzweck. Er dient dem Heil der Hörer und der Leser. Insofern dient die Christologie des Evangeliums nach Johannes der Soteriologie. Umgekehrt gilt aber auch, daß die Soteriologie nur leisten kann, was sie leisten soll, weil sie auf diese Christologie aufgebaut ist.

Was ist für die **Soteriologie** des vierten Evangelisten typisch?

Drei Schwerpunkte sollen hervorgehoben werden: der Universalismus, die Stellvertretung durch den Tod Jesu am Kreuz und der Ruf zum Glauben.

Universal ist die Soteriologie des Johannes, weil es um die Rettung der Welt geht: „So sehr hat Gott die Welt geliebt, daß er seinen einzigen Sohn gab, damit alle, die an ihn glauben, nicht verloren gehen, sondern das ewige Leben haben" (Joh 3,16). Das haben die Samariter erkannt, die sich davon überzeugen konnten, daß er wirklich der Messias ist, und darum bekannten: „Dieser ist wahrlich der Welt Heiland" (Joh 4,42). Jesus Christus eröffnet durch sein Kommen, Leben und Sterben den Weg zur Rettung für alle, die an ihn glauben. Damit ist deutlich, daß dieser Universalismus nicht mit Allversöhnung gleichzusetzen ist. Ohne persönlichen Glauben gibt es keinen Zugang zum Heil.

Die Grundlage für die Rettung aller Glaubenden ist der stellvertretende Tod Jesu Christi. Obwohl von manchen Auslegern bestritten wird, daß im Evangelium nach Johannes der Tod Jesu diese zentrale Bedeutung habe, halte ich an der Einheitlichkeit des Evangeliums und darum auch an der Deutung des Todes Jesu fest, wie wir sie in dem Wort Johannes des Täufers überliefert finden: „Siehe, das ist Gottes Lamm, das der Welt Sünde trägt" (Joh 1,29) Dem entspricht, daß Jesus in der Brotrede das Brot deutet als „mein Fleisch, das ich geben werde für das Leben der Welt" (Joh 6,51c). Die Versuche, solche Stellen der späteren kirchlichen Redaktion zuzuweisen, haben keinen Anhalt an der handschriftlichen Überlieferung.

Bemerkenswert ist, welche große Bedeutung der Ruf zum Glauben für Johannes hat: Joh 3,16.36; 5,24; 6,40.47 u.a. Was meint hier Glauben? Oft begegnen bei Johannes Glauben und Erkennen, Glauben und Bekennen einander. Daraus kann man schließen: Es geht beim Glauben darum, die Worte Jesu als des Offenbarers Gottes anzuerkennen, damit auch die Person Jesu anzuerkennen und sich so an die Person Jesu zu binden.

Daß damit aber nicht alles gesagt ist, unterstreicht Schnackenburg: „Schließlich ergibt die nähere Interpretation ..., daß dieses johanneische Glauben nicht nur eine existentielle Entscheidung unter dem Anruf des Offenbarers, sondern auch und vor allem eine Bindung an ihn als den Heilbringer, eine Nachfolge hinter ihm als dem Heilsführer und -mittler bedeutet."[21] In diesen Zusammenhang gehören auch die Worte vom „Sein in Christus", „Bleiben in Christus" und „Frucht bringen".

Die Soteriologie bei Johannes ist universal angelegt, weil sie jeden Menschen angeht. Sie hebt jedoch auf den Glauben und die Nachfolge des einzelnen ab. Dem Tod Jesu kommt für die Rettung der Welt zentrale Bedeutung zu. Er wird verstanden als Sühnopfer und Sieg über alle Gott feindlichen Mächte (Joh 19,30).

---

21 RSchnackenburg, Johannesevangelium, IV/1, S. 140

Welche Bedeutung hat für die Glaubenden die Gemeinde? Lassen sich im vierten Evangelium Hinweise auf eine **Ekklesiologie** finden? Oder geht es nur um den einzelnen Glaubenden und seine Beziehung zu dem Sohn Gottes?

In der Tat fehlt der Begriff Gemeinde im vierten Evangelium. Aber schweigt es darum auch zur Sache der Gemeinde? Wer die Kapitel 10; 15; 17; 20,19-23 und 21 liest, kann wohl kaum zu dieser Überzeugung kommen. Die Hirtenrede schildert das Verhältnis Jesu zu denen, die ihm der Vater im Himmel anvertraut hat. Sie werden durch das Bild der Herde dargestellt, die der Hirte weidet. Er weiß sich für ihre Gemeinschaft verantwortlich. Die Weinstockrede handelt vom Zusammenhang der Reben mit dem Weinstock. Unabhängig voneinander können sie nicht existieren. Das Hohepriesterliche Gebet beschreibt die Fürbitte Jesu für seinen ersten Jüngerkreis und alle, die durch diesen Kreis zum Glauben finden. Sie sollen eins sein. Das ist das Anliegen Jesu. Diesen Kreis der Jünger begabt er mit dem Heiligen Geist, bevollmächtigt ihn zur Sündenvergebung und sendet ihn in die Welt. Mit diesem Jüngerkeis feiert der Auferstandene das Mahl. Für diesen Jüngerkreis setzt er Petrus als Hirten ein.

Es ist deutlich: Im Evangelium nach Johannes ist die Ekklesiologie kein eigenständiges Thema. Sie ist aufs engste mit der Christologie verbunden. Sie ergibt sich aus dem Anschluß an die Person Jesu durch den Glauben.

Von den Heilszeichen ist nur am Rande die Rede: andeutend von der Taufe in Joh 3,5 und vom Abendmahl in Joh 6,54-56. Beide Stellen bedürfen aber einer genauen Auslegung. Hier sind nur einige Andeutungen möglich. „Geboren werden aus Wasser" (Joh 3,5) konnte von dem Gesprächspartner Jesu nicht mit der christlichen Taufe und schon garnicht mit der heute üblichen Kindertaufe in Verbindung gebracht werden. Für ihn lag der Gedanke an die Taufe des Johannes nahe, worauf auch die Leser des Evangeliums vorbereitet waren (Joh 1,15-28). Die „Abendmahlsworte" in Joh 6,54-56 stehen im Zusammenhang mit der Brotrede, die ein einziger Ruf zum Glauben an Jesus ist. Wer diesen Zusammenhang beachtet, kann nicht auf den Gedanken kommen, das Abendmahl vermittele den Zugang zum ewigen Leben. Das vermag allein der Glaube an Jesus. Eine zu selbstverständliche Gleichsetzung der beschriebenen Hinweise auf die Heilszeichen mit heute vielfach üblicher Taufe und Abendmahlsfeier kann darum zu schwerwiegenden Fehldeutungen führen.

Es wurde bereits erwähnt, daß im vierten Evangelium präsentische und futurische **Eschatologie** in Spannung zueinander stehen. Einerseits verkündigt Jesus: „Wer mein Wort hört und glaubt dem, der mich gesandt hat, der hat das ewige Leben und kommt nicht in das Gericht, sondern er ist vom Tode zum Leben hindurchgedrungen" (Joh 5,24). Das klingt so, als sei für die Glaubenden der Tod überwunden und an seine Stelle das ewige Leben getreten. Andererseits kündigt Jesus den Seinen ewige Leben in der Zukunft an: „Denn das ist der Wille meines Vaters, daß, wer den Sohn sieht und glaubt an ihn, das ewige Leben habe; und ich werde ihn auferwecken am Jüngsten Tage" (Joh 6,40). Die Spannung zwischen dem schon angebrochenen Heil und der noch ausstehenden Vollendung teilt Johannes auch mit den Paulus-Schriften. Freilich ist bei ihm die Gegenwart des Heils viel stärker betont als in allen anderen Schriften des NT. Das hat den Evangelisten aber nicht dazu geführt zu übersehen, was noch aussteht: die Auferstehung der Toten (Joh 6,40), das künftige Gericht (Joh 5,28.29) und die Wiederkunft Jesu (Joh 21,22). Aber sein eigentliches Thema bleibt die Gegenwart des Heils Gottes in der Person Jesu Christi.

In dieser Person hat der Evangelist die Mitte seiner Theologie gefunden. Von dort aus erhalten die Soteriologie, die Ekklesiologie und die Eschatologie ihre Deutung. Diese christologisch konzentrierte Theologie ist das Wesensmerkmal des vierten Evangeliums.

6. Einheitlichkeit

Auf welchem Wege hat das vierte Evangelium die Form erhalten, die uns heute vorliegt? Diese Frage drängt sich beim Lesen des vierten Evangeliums auf. Denn einerseits zeichnet es sich durch große Einheitlichkeit aus, so daß die Antwort lauten könnte: Der Verfasser hat es in einem Zug niedergeschrieben. Andererseits gibt es einzelne Abschnitte, die schwer erklärbar sind und auf verschiedene Überlieferungsschichten schließen lassen:

7,53 -8,11	steht in den ältesten Handschriften zum NT nicht und ist wahrscheinlich aus anderen Überlieferungsquellen dem Johannes-Evangelium zugefügt worden.
21	wirkt wie ein Nachtrag von anderer Hand, da in 20,30f das Evangelium abgeschlossen wird. In 21,24 ist jedenfalls der Bearbeiter deutlich zu erkennen.
5-6	werfen die Frage auf, ob die Kapitel vielleicht vertauscht wurden, da der Ortswechsel zwischen Jerusalem und Galiäa unerklärt erfolgt.
15-17	wirken wie eine spätere Ergänzung nach dem Abschluß in 14,31.

Hinzu kommen Beobachtungen, die viele Neutestamentler als theologische Unausgeglichenheit empfinden: Einerseits betont das vierte Evangelium die Gegenwart des Heils (präsentische Eschatologie): 3,18.36; 5,24; 11,25. Andererseits wird aber auch vom künftigen endzeitlichen Handeln geredet (futurische Eschatologie): 5,28f; 6,39f.44b.54; 12,48.

Lassen sich diese Unebenheiten auf bestimmte Ereignisse in der Überlieferungsgeschichte zurückführen? Verschiedene Lösungsversuche werden angeboten.

Vielleicht sind in Kapitel 5 und 6 sowie in Kapitel 14 und 15 beim Abschreiben versehentlich Blätter vertauscht worden. Gelegentliche **Blattvertauschung** ist in antiken Schriften nachgewiesen.[22]

ESchweizer[23] und AWikenhauser[24] haben sich für diesen Lösungsversuch ausgesprochen, der aber deswegen unwahrscheinlich ist, weil die angeblich vertauschten Abschnitte nicht gleich lang sind.

Andere versuchen, verschiedene **Quellen** nachzuweisen, die angeblich in das Evangelium eingearbeitet wurden. Daß Evangelisten mit Quellen gearbeitet haben, wird im Lukas-Evangelium ausdrücklich erwähnt (Lk 1,1-4). Vor allem RBultmann hat mit dieser Quellentheorie gearbeitet. Er versuchte, im Evangelium zwei Quellenschriften nachzuweisen: die Zeichenquelle und die Offenbarungsredenquelle. Für die erste wird die Zählung der Zeichen in 2,11 und 4,54 als Begründung angeführt. Man schließt daraus, daß in der Zeichenquelle die Zählung weitergeführt wurde, daß aber der Evangelist diese nicht übernahm. Die Offenbarungs-

22 RSchnackenburg, Johannesevangelium, IV/1, S. 41
23 ESchweizer, Ego eimi ..., S. 109ff
24 AWikenhauser, Evangelium nach Johannes, S. 34-37

redenquelle wird mit angeblichen Unebenheiten in den Reden Jesu nach dem Johannes-Evangelium begründet. In der Tat ist die Gedankenführung nach der Rekonstruktion der ursprünglichen Quelle durch Bultmann geradlinig (z.B. 6,27-59: 6,27.34f.30-33.47-51a.41-46).[25] Aber die für Johannes – und wahrscheinlich auch für die Verkündigung Jesu – typische Denkstruktur ist mit dieser Rekonstruktion durchbrochen.

Als Ergänzung zur Quellenscheidung oder als Alternative dazu wird mit **redaktioneller Bearbeitung** gerechnet. Gemeint ist, daß das Werk des Verfassers von einem seiner Schüler fortgesetzt wurde. Dafür spricht die Bemerkung in 21,24f. Angenommen wird, daß dieser Schüler Ergänzungen und Umstellungen vorgenommen hat, die zu den heute vorliegenden Unebenheiten führten. RSchnackenburg meint, daß mit dieser Annahme die meisten Unebenheiten erklärt werden können, ohne die Glaubwürdigkeit der Überlieferung in Frage zu stellen. Denn es gehe ja auch bei dem Schüler um einen Angehörigen der johanneischen Schule.[26] Trotzdem ist dieser Lösungsversuch nicht ganz so harmlos, da sich gezeigt hat, daß er auch verwendet wird, um theologische Spannungen durch den Hinweis auf redaktionelle Bearbeitung zu entschärfen. Zu schnell wird dabei der vorgegebene Text durch die Vorstellung des Auslegers vom Text ersetzt.

Schließlich könnte es auch sein, daß der Evangelist sein Werk nicht in einem Zuge niedergeschrieben hat. Er mußte seine Arbeit unterbrechen und nach einiger Zeit wieder neu beginnen. Er hielt Ergänzungen für wichtig, ohne den bereits geschriebenen Text noch einmal schreiben zu wollen. Vielleicht hatte er auch keine Zeit, die Unebenheiten zu beseitigen. Jedenfalls hat nach Meinung von WWilkens[27] das Evangelium in der Hand des Evangelisten einen Wachstumsprozeß durchlaufen. Denkbar ist das, aber historische Anhaltspunkte dafür gibt es nicht. Darum wird diese Lösung von vielen als spekulativ empfunden.

Wenn man die verschiedenen Lösungsversuche betrachtet und wertet, erscheint in Anlehnung an RSchnackenburg folgendes zuzutreffen:

Das Evangelium nach Johannes ist literarisch nicht auf verschiedene selbständige Schichten zurückzuführen, sondern im wesentlichen das Werk des Evangelisten. Er stützt sich auf Überlieferungen, die sich kaum auf schriftliche Quellen zurückführen lassen. An einigen Stellen läßt sich Verwandtschaft mit dem Überlieferungsgut der Synoptiker nachweisen. Für seine besonderen Überlieferungen standen dem Evangelisten eigene Eindrücke, mündliche Erzählungen und geprägtes Redegut zur Verfügung, die Anspruch auf hohes Alter und zuverlässige Information haben. An einigen Stellen greift der Evangelist vermutlich auf liturgisches Gut (Prolog) zurück. Der Evangelist konnte seinem Werk nicht mehr die letzte Gestalt geben. Deshalb war eine redaktionelle Bearbeitung nötig, die in Kapitel 21 vorliegt, aber vielleicht auch Unebenheiten an anderen Stellen erklären kann.

7. Verfasser

Die ausführliche Behandlung der Verfasserfrage ist notwendig, weil damit oft Urteile über den historischen Wert des vierten Evangeliums verbunden sind.

Im vierten Evangelium erhalten wir folgende Auskünfte: Es ist von dem Jünger geschrie-

---

25 RBultmann, Evangelium des Johannes z.St.
26 RSchnackenburg, Johannesevangelium, IV/1, S. 59-60
27 WWilkens, Die Entstehungsgeschichte des vierten Evangeliums, Zürich, 1958

ben, den Jesus liebhatte (Joh 21,20-24). Dieser Jünger war bei der letzten Mahlzeit Jesu mit seinen Jüngern der Tischnachbar Jesu (Joh 13,23). Er ist der Jünger, der bei dem Kreuz Jesu gestanden und dem Jesus seine Mutter anvertraut hat (Joh 19,26). Wahrscheinlich ist er auch der Jünger, der den wirklichen Tod Jesu bezeugt (Joh 19,35). Mit Petrus zusammen läuft er am Ostermorgen zum Grab und überzeugt sich davon, daß es leer ist (Joh 20,2). Als der Auferstandene seinen Jüngern und vor allem Petrus noch einmal einen wunderbaren Fischfang bereitet, erkennt dieser Jünger ihn zuerst (Joh 21,7).

Aus diesen Hinweisen ergibt sich: Der Verfasser wird – vermutlich von seinen Schülern (Joh 21,24) – als Augenzeuge und enger Vertrauter Jesu vorgestellt. Ein Name wird nicht genannt. Er kann nur aus den Angaben der anderen Evangelien und anderen neutestamentlichen Schriften gefolgert werden.

An mehreren Stellen wird innerhalb des Jüngerkreises eine Gruppe besonderer Vertrauter Jesu erwähnt (Mk 5,37; 9,2; 14,33). Es sind Petrus, Jakobus und Johannes. Petrus und Johannes haben nach Lk 22,8 das letzte Mahl vorbereitet. Jakobus und Johannes sind nach Lk 5,1-11 Teilhaber des Simon, die ausdrücklich von den übrigen Mitarbeitern unterschieden werden. Auch nach Pfingsten stehen Petrus und Johannes miteinander in Verbindung (Joh 3,11; 4,13; 8,14). Paulus nennt als ,,Säulen" der Urgemeinde Jakobus, Kephas und Johannes (Gal 2,9).

Daraus läßt sich folgern: Wenn man in diesem Kreis der engsten Vertrauten Jesu den Jünger sucht, den Jesus liebhatte, scheiden Jakobus und Petrus aus. Jakobus hat bereits 44 n.Chr. den Märtyrertod erlitten. Petrus steht in Joh 21 diesem Jünger gegenüber. Dann bleibt von den dreien Johannes der Zebedaide übrig.

Gestützt wird dieses Ergebnis durch die Beobachtung im Evangelium nach Johannes, daß der Zebedaide Johannes trotz der großen Nähe zu Jesus nie namentlich erwähnt wird. Hat der Verfasser sich vornehm zurückgehalten?

Für einen Augenzeugen als Verfasser des vierten Evangeliums sprechen folgende Beobachtungen: Der Verfasser kennt jüdische Sitten genau: die Reinigungsriten (Joh 2,6), verschiedene jüdische Feste, darunter auch das Laubhüttenfest (Joh 7,37). Als einziger Evangelist macht er Angaben zur jüdischen Geschichte, indem er Namen von Hohenpriestern nennt (Joh 11,49; 18,13ff). Viele geographische und topographische Einzelheiten aus dem Wirken Jesu weiß er zu berichten. Genauigkeit in Einzelangaben zeigt sich an auffallend vielen Stellen: Joh 2,6; 4,5.6; 5,2; 6,9.19; 12,3; 13,24; 18,6.10; 19,39; 21,8.11. Daraus ergibt sich: Beobachtungen am Evangelium stützen die Auskunft des Evangeliums, daß ein Augenzeuge das vierte Evangelium geschrieben habe.

Verstärkt wird dieses Ergebnis durch die altkirchliche Überlieferung. Am Ende des 2. Jahrhunderts steht fest, daß der Zebedaide Johannes der Verfasser des vierten Evangeliums ist. Dafür einige Beispiele:

Irenaeus schreibt in seiner Schrift ,,Adversus haereses" um 180 n.Chr.: ,,Danach gab Johannes, der Herrenjünger, der auch an seiner Brust gelegen hatte, selbst das Evangelium heraus, als er in Ephesus in Asien weilte."[28]

Polykrates, Bischof von Ephesus, beruft sich um 190 n.Chr. in einem Brief an den römischen Bischof Viktor auf die Zeugen der kleinasiatischen Tradition: ,,... ferner auch Johannes, der an der Brust des Herrn gelegen hat ..., dieser ist in Ephesus begraben."[29]

---

28 Irenaeus, Adversus Haereses III, 1,2 nach Euseb, KirchengeschichteV, 8,4
29 Euseb, Kirchengeschichte III, 31,3

Im **Kanon Muratori** kann man lesen: „Das vierte der Evangelien, des Johannes, aus den Jüngern. Als ihn seine Mitjünger und Bischöfe aufforderten, sagte er: Fastet mit mir von heute ab drei Tage, und was einem jeden offenbart werden wird, wollen wir einander erzählen. In derselben Nacht wurde dem Andreas, einem der Apostel, offenbart, daß Johannes in seinem Namen, indem alle (es) überprüfen sollten, alles aufschreiben sollte ...“[30]
Alle diese Äußerungen stammen vom Ende des 2. Jahrhunderts. Bis dahin war die Verfasserschaft des Zebedaiden Johannes noch nicht allgemein anerkannt, da das vierte Evangelium von einigen Gruppen auch dem Gnostiker Kerinth zugeschrieben wurde. Auf wen beruft sich Irenaeus mit seinen Informationen?

In seinem Brief an den Gnostiker Florinus erwähnt Irenaeus als Informanten **Polykarp**: „Diese Lehren haben die Älteren vor uns, die mit den Aposteln verkehrt hatten, dir nicht überliefert. Ich sah dich nämlich, als ich noch ein Kind war, im unteren Kleinasien bei Polykarp ... wie der selige Polykarp von dem Verkehr erzählte mit Johannes und mit den übrigen, die den Herrn gesehen haben, und wie er sich ihrer Worte erinnerte und was das war, was er von jenen über den Herrn gehört hatte, über seine Wunder und seine Lehre.“[31] Außerdem beruft er sich auf Presbyter in Asien: „Alle die Presbyter, die in Asien mit Johannes, dem Herrenjünger, zusammengetroffen waren ... Einige von ihnen aber sahen nicht nur Johannes, sondern auch andere Apostel.“[32]

Nehmen wir alles bisher Besprochene zusammen, so läßt sich folgendes Zwischenergebnis festhalten: Andeutungen des vierten Evangeliums und des übrigen NT werden in der altkirchlichen Überlieferung zu der feststehenden Ansicht verdichtet, daß der Zebedaide Johannes der Verfasser dieses Evangeliums ist.

Dieses Ergebnis wird aber von der historisch-kritischen Forschung in Frage gestellt. Als Argumente werden geltend gemacht:

Es spricht angeblich einiges dafür, daß Irenaeus keine genauen Kenntnisse über die geschichtlichen Zusammenhänge hatte. Er redet vom Herrenjünger Johannes, meint wohl auch den Zebedaiden, ohne das aber ausdrücklich zu sagen. Dazu kommt, daß die Erinnerung an Polykarp in seine Kindheitszeit fällt. Hat er alles, was damals gesprochen wurde, richtig verstanden? Immerhin sprach Polykarp nur von Johannes, der den Herrn gesehen hatte. War das der Zebedaide? Die Frage liegt nahe, weil **Papias** im Vorwort seiner „Auslegung der Herrenworte“ zwei Herrenjünger mit dem Namen Johannes erwähnt: den Zebedaiden und den Presbyter.[33] Sollte hier eine Verwechslung geschehen sein?

Gestützt werden die kritischen Anfragen durch Beobachtungen am Evangelium selbst: Die Sprache weist viele Parallelen mit der Gnosis auf. Paßt das zu einem Augenzeugen Jesu aus Palästina? Allerdings ist diese Sprache mindestens auch in der Sekte von Qumran zu finden. Wie kann es geschehen, daß ein Mitglied des Zwölferkreises sich an bestimmten Stellen seines Evangeliums von Markus abhängig macht? Wenn Markus selber von der apostolischen Tradition abhängig ist, wie FGodet [34] meint, erübrigt sich die Frage. Wie kann ein Augenzeuge des Wirkens Jesu die Auseinandersetzungen mit den Juden so schematisieren? Das hat übrigens Paulus auch getan (Röm 2,17; 3,1; 1Thess 2,14.15). Offensichtlich hängt es vom

30 Deutsch nach EHennecke/WSchneemelcher, Neutestamentliche Apokryphen Bd. I, 3, S.19
31 Euseb, Kirchengeschichte V, 20,4
32 Irenaeus, Adversus Haereses II, 33,3 = Euseb, Kirchengeschichte III, 23,3
33 Vgl.WGKümmel, Einl., S. 207
34 Vgl. S. 24ff

Leserkreis ab, ob das geschieht. Alle Ereignisse, an denen nach den Synoptikern der Zebedaide entscheidend beteiligt war, fehlen bei Johannes. Das ist merkwürdig, wird aber verständlich, wenn diese Evangelien bereits vorliegen und deshalb vom Verfasser vorausgesetzt werden.

Schließlich wird eingewandt, daß nach Apg 4,13 Petrus und Johannes „ungelehrte Leute" waren. Wie ist dann ein so durch und durch theologisches Werk möglich gewesen? Wenn man in Rechnung stellt, daß das Urteil von Apg 4 etwa in das Jahr 30 n.Chr. fällt, die Abfassung des Evangeliums in der Regel aber auf das Ende des 1. Jh. datiert wird, so liegen dazwischen 60 Jahre apostolischer Lehrtätigkeit. Sollte das nicht reife theologische Früchte tragen können?

Ungeachtet aller notwendigen kritischen Rückfragen zur Kritik folgert WGKümmel: „Die Abfassung des Johannes-Evangeliums durch den Zebedaiden Johannes ist daher ausgeschlossen."[35]

Diesem Ergebnis kann sich RSchnackenburg nicht anschließen.[36] Er trägt darum einen anderen Lösungsversuch vor, der den neutestamentlichen Befunden, der altkirchlichen Überlieferung wie auch den kritischen Anfragen gerecht zu werden versucht: Der Grundbestand des Evangeliums geht auf den Zebedaiden Johannes zurück, der von den Ereignissen um Jesus berichtet und sie im Licht der Auferstehung gedeutet hat. Diese Überlieferung ist durch einen Schüler des Apostels in die Form gebracht worden, die wir heute im Evangelium vorliegen haben. Auf diesen Schüler geht dann auch die Bezeichnung für den Apostel zurück: „Der Jünger, den Jesus liebhatte". Er verbürgt sich für die korrekte Überlieferung – auch im Namen der anderen Schüler, nachdem der Apostel bereits verstorben ist (Joh 21,23). Durch diesen Überlieferungsprozeß wären auch die Brüche im Evangelium zu erklären. Dieser Lösungsversuch Schnackenburgs überzeugt mich am meisten.

Noch eindeutiger spricht sich JATRobinson für die Verfasserschaft des Zebedaiden aus: „Ich finde es viel einfacher zu glauben, daß die Rolle der Jünger des Johannes im Grunde auf das beschränkt war, wofür wir einen direkten Befund haben, nämlich zu bezeugen, daß dieser Jünger selbst ,all das aufgeschrieben' (21,24) hat und daß dieses Zeugnis, das in seiner Gegenwart abgegeben wurde ..., wahr ist."[37]

8. Empfänger

Angaben dazu finden wir im Evangelium nach Johannes nur andeutungsweise. Wir können daraus und aus dem historischen Zusammenhang, der dargestellt wurde, nur Folgerungen ziehen.

Die Empfänger sind in Kreisen zu suchen, die mit der gnostisch-jüdischen Irrlehre in Berührung gekommen sind. Nach Joh 20,31 sollen die Leser durch dieses Evangelium zum Glauben daran finden, „daß Jesus der Christus ist, der Sohn Gottes".

Es handelt sich also wohl um Menschen, die noch keine Christen und im gnostisch beeinflußten Umfeld des Judentums zu Hause sind. Ob dieses Umfeld im hellenistischen Diaspora-

---

35 WGKümmel, Einl., S. 210
36 RSchnackenburg, Johannesevangelium, IV/1, S. 185-188
37 JATRobinson, Wann entstand das NT?, S. 321

judentum oder im palästinischen Judentum der Sekte von Qumran zu suchen ist, wird erst durch die weitere Qumran-Forschung zu erhellen sein.

Freilich gibt es auch einen beachtenswerten Einwand gegen diese Folgerungen. Im Evangelium nach Johannes wird pauschal von der Gegnerschaft „der Juden" gegen Jesus berichtet, während die synoptischen Evangelien die verschiedenen jüdischen Gruppierungen unterscheiden. Läßt das nicht eher auf eine heidnische Leserschaft schließen, die sich weniger mit Einzelfragen des Judentums als vielmehr mit gnostischen Erlösungsvorstellungen auseinandersetzt?

Eine historisch gesicherte Entscheidung zwischen den beiden Folgerungen erscheint aufgrund der vorliegenden Quellen nicht möglich. Man wird deswegen die Empfänger des vierten Evangeliums in gnostisch beeinflußten jüdischen oder heidnischen Kreisen zu suchen haben, die für den Glauben an Jesus Christus gewonnen werden sollen.

9. Abfassungsort und -zeit

Wer der altkirchlichen Tradition mit Vertrauen begegnet, wird Kleinasien oder genauer Ephesus als Abfassungsort ansehen. Wer dieser Tradition kritisch gegenübersteht, wird andere Überlegungen heranziehen, wie die sprachliche Nähe zu den Oden Salomos und überhaupt zum semitischen Sprachraum. Aufgrund dieser Beobachtungen kommt WGKümmel zu der Vermutung, daß das Evangelium in Syrien geschrieben sei.[38]

In der zweiten Hälfte unseres Jahrhunderts sind sich die Ausleger des NT weitgehend darin einig, daß das vierte Evangelium mit hoher Wahrscheinlichkeit am Ende des 1. Jahrhunderts n.Chr., wahrscheinlich zwischen 90 und 100 geschrieben wurde. Das war nicht immer so. Im vorigen Jahrhundert gab es einen heftigen Streit zwischen konservativen und liberalen Theologen über diese Frage.

Ein besonders profilierter Vertreter der radikal kritischen Sicht der Abfassungszeit war FCBaur. Er hielt das vierte Evangelium für eine Schrift, die um 170, frühestens aber 160 nach Christus entstanden sei. Zu diesem Ergebnis kam er aufgrund der sprachlichen und inhaltlichen Übereinstimmungen zwischen diesem Evangelium und der Gnosis, deren Wirkung auf die Alte Kirche in der zweiten Hälfte des 2. Jahrhunderts n.Chr. ihren Höhepunkt erreichte. FCBaur verstand das vierte Evangelium als einen Versuch, die von Spaltung bedrohte Kirche zusammenzuhalten, indem es die Sprache der Gnosis aufnahm, die christliche Botschaft aber antignostisch deutete. Ebenso schien ihm das Evangelium hervorragend geeignet, aus der spiritualistischen Bewegung der Montanisten die Elemente aufzunehmen, die für die ganze Kirche wichtig waren. Natürlich mußte FCBaur in Kauf nehmen, daß aufgrund dieser Datierung das vierte Evangelium nicht das Werk eines Apostels sein konnte. Deswegen erntete er von konservativen Theologen heftigen Widerspruch.

Der Streit zwischen den Theologen blieb unentschieden, bis CHRoberts 1935 den Papyrus Rylands (p 52) veröffentlichte. Es handelt sich um ein Bruchstück aus einer Papyrus-Handschrift, die auf der Vorderseite mit Joh 18,31-33 und auf der Rückseite mit Joh 18,37-38 beschriftet ist. Es besteht kein Zweifel, daß diese Papyrus-Handschrift um 125 n.Chr. geschrieben wurde. Man hat sie in Ägypten gefunden. Im 1. Viertel des 2. Jahrhunderts war

---

38 WGKümmel, Einl., S. 212

also das Evangelium nach Johannes bereits in Ägypten bekannt. Deswegen muß es bis zum Ende des 1. Jahrhunderts geschrieben worden sein. Das ist seitdem allgemeine Überzeugung bei den Auslegern des NT.

Aber wann im 1. Jahrhundert n.Chr. wurde das vierte Evangelium geschrieben? Für die 90er Jahre wird als Grund angeführt, daß der Verfasser des Evangeliums wahrscheinlich das Evangelium nach Lukas kannte und benutzte, das nach Auffassung vieler Neutestamentler in der Jahren 80-90 geschrieben wurde.[39]

Allerdings ist eine literarische Abhängigkeit des Johannes von Lukas wohl kaum nachzuweisen. Die inhaltliche Übereinstimmung in einzelnen Passagen läßt sich auch durch das gleiche Überlieferungsgut erklären. Wer das Evangelium nach Lukas anders datiert, kann dieser Argumentation ohnehin nicht folgen.

Einen völlig abweichenden Weg beschreitet JATRobinson.[40] Er macht darauf aufmerksam, daß im Evangelium nach Johannes die Zerstörung Jerusalems in keiner mit den Synoptikern vergleichbaren Weise angekündigt wird. Das Evangelium schweigt zu einem Thema, das in jeder jüdischen und christlichen Literatur vorkommt, die mit einiger Sicherheit auf die Jahre 70-100 datiert werden kann. Dabei hätte aufgrund des Inhalts des vierten Evangeliums der Hinweis auf die Zerstörung Jerusalems so nahe gelegen. Robinson beschränkt sich aber nicht auf diesen „Schluß aus dem Schweigen", der allein fragwürdig wäre. Er ergänzt ihn durch zwei Beobachtungen am Text.

Nach Joh 2,20 ist der Tempel des Herodes seit 46 Jahren im Bau. Das entspricht der Zeit, in der Jesus geredet hat. Der Evangelist gibt dieses Wort wieder, ohne es in irgendeiner Weise zu kommentieren, wozu er sich sonst an vielen Stellen die Freiheit nimmt. Nach Joh 5,2 „sind" am Teich Bethesda fünf Hallen. Der Evangelist schreibt nicht „waren". Also stehen die Hallen noch, als er schreibt. Aufgrund dieser Beobachtungen kommt Robinson zu dem Schluß, daß das vierte Evangelium in den 50er Jahren in seinem Hauptbestand geschrieben worden sein muß; seine endgültige Gestalt habe es Mitte der 60er Jahre erhalten.

Bisher ist diese ungewöhnliche Datierung in der deutschen Forschung nicht aufgenommen worden. Ihre Begründung zwingt aber dazu, die Zeit der Abfassung des vierten Evangeliums im ersten Jahrhundert mindestens als offen ansehen zu müssen. Eine Frühdatierung in die 50er bis 60er Jahre kann nicht ausgeschlossen werden.

10. Kommentare

C.K. Barrett, Das Evangelium nach Johannes, KEK Sonderbd., 1990; R. Bultmann, Das Evangelium des Johannes, KEK II. Abt., [20]1978; F. Godet, Das Evangelium des Johannes, (Hannover, [4]1903) Gießen/Basel, 1987; A. Schlatter, Der Evangelist Johannes, Stuttgart, [4]1975; R. Schnackenburg, Das Johannesevangelium, HThK Bd. IV/1, [6]1986, Bd. IV/2, [5]1990, Bd. IV/3, [5]1986, Bd. IV/4, [2]1990; S. Schulz, Das Evangelium nach Johannes, NTD Bd. 4, [16]1987; H. Strathmann, Das Evangelium nach Johannes, NTD Bd. 4, [11]1968; Th. Zahn, Das Evangelium des Johannes, (Leipzig-Erlangen, [5/6]1921) Wuppertal, 1983.

---

39 Vgl. WGKümmel, Einl., S. 211
40 JATRobinson, Wann entstand das NT?, S. 287-290

Die Apostelgeschichte

1. Inhalt

Die Apostelgeschichte ist ein literarisches Werk eigener Art. Der Verfasser hatte dafür kein Vorbild. Zwar gab es im Hellenismus Schilderungen von sogenannten Gottesmännern. Aber diese Werke haben doch wenig gemeinsam mit der Apostelgeschichte, denn in ihnen stehen die Gottesmänner im Mittelpunkt, während es in der Apostelgeschichte um das Wirken des Herrn Jesus Christus durch den Heiligen Geist geht. Auch die später verfaßten apokryphen „Apostelgeschichten" sind eher Legendensammlungen; sie haben mit dem Buch des Lukas wenig Berührungspunkte.

Der erste Teil der Apostelgeschichte schildert, wie das Evangelium zunächst in Jerusalem Vertrauen bei den Menschen fand, wie Gemeinde entstand und wie diese Gemeinde lebte. Der zweite Teil beschreibt den Durchbruch des Evangeliums nach Samaria und Antiochien in Syrien. Nun finden auch Heiden in größerer Zahl zum Glauben an Jesus Christus und ausgerechnet Petrus hilft ihnen dabei. Schließlich zeigen die drei Missionsreisen des Paulus, wie Schritt für Schritt das römische Weltreich mit dem Evangelium durchdrungen wird. Fast in der Mitte der Apg steht das Kapitel 15, das die heftigen Auseinandersetzungen um die Frage beschreibt, ob Heiden zum Volk Gottes gehören können, ohne Juden zu werden. Die Urgemeinde bejaht das und stimmt damit der Missionsstrategie und -praxis des Apostels Paulus zu. Dem Aufbau von heidenchristlichen Gemeinden steht nichts mehr im Wege. Trotz der Verhaftung des Paulus, trotz seiner Gefangenschaft und Reise nach Rom zum Verhör vor dem Kaiser schließt die Apg mit den siegreichen Worten: Paulus „predigte das Reich Gottes und lehrte von dem Herrn Jesus Christus mit allem Freimut ungehindert" (Apg 28,31). Das Evangelium hat die Hauptstadt des römischen Reiches erreicht.

2. Gliederung, Merkverse, Kernaussagen

Kapitel	Perikopen	Merkverse
1,1-12	**Einleitung**	
	Auferstehung – Verheißung – Himmelfahrt	**1,8**
1-8	**1. Teil: Urgemeinde in Jerusalem**	
1,13-26	Vor Pfingsten	
2,1-41	Pfingsten	
2,42-47	Sammelbericht: *Gemeindeleben*	**2,42**
3,1-4,31	Heilung – Anklage – Bekenntnis	**4,12.20**
4,32-37	Sammelbericht: *Gemeindeleben*	
5,1-11	Ananias und Saphira	
5,12-16	Sammelbericht: *Zeichen und Wunder*	
5,17-42	Der Rat des Gamaliel	**5,29**
6,1-6	Diakonat	
6,7	Sammelbericht: *Ausbreitung*	
6,8-8,1	Stephanus	
8,2-4	Sammelbericht: *Verfolgung*	

8-12	**2. Teil: Anfang der Heidenmission**	
8,5-25	Erweckung in Samarien	
8,26-40	Finanzminister aus Äthiopien	
9,1-30	Bekehrung des Paulus	
9,31	Sammelbericht: *Friede der Gemeinde*	
9,32-43	Wunder des Petrus	
10,1-11,8	Petrus als Heidenmissionar	
11,9-30	Heidenchristen in Antiochien	
12,1-25	Gefangennahme und Befreiung des Petrus	
13-28	**3. Teil: Mission bei den Heiden**	
13,1-14,28	1. Missionsreise: Kleinasien Antiochien – Cypern – Perge- Antiochien - Ikonion – Lystra – Derbe und zurück nach Antiochien	
15,1-43	Das sogenannte Apostelkonzil	
15,35-18,22	2. Missionsreise: Kleinasien und Europa Trennung von Barnabas – Kleinasien – Troas – Philippi – Thessalonich – Beröa – Athen – Korinth – Ephesus – Caesarea – Jerusalem – Antiochien	**16,30f**
18,23-21,17	3. Missionsreise: Kleinasien/Europa Kleinasien – Ephesus – Mazedonien – Achaja – Mazedonien – Troas – Milet – Caesarea- Jerusalem	**20,28**
21,18-26,32	Die Gefangenschaft des Paulus Anlaß – Verteidigung vor dem Volk, dem Hohen Rat, Felix, Festus, Agrippa	
27,1-28,31	Paulus auf dem Weg nach Rom	**28,31**

Kernaussagen

Ihr werdet die Kraft des heiligen Geistes empfangen, der auf euch kommen wird, und werdet meine Zeugen sein in Jerusalem und in ganz Judäa und Samarien und bis an das Ende der Erde.
Apg 1,8

Sie blieben aber beständig in der Lehre der Apostel und in der Gemeinschaft und im Brotbrechen und im Gebet.
Apg 2,42

Was muß ich tun, daß ich gerettet werde? Sie sprachen: Glaube an den Herrn Jesus, so wirst du und dein Haus selig.
Apg 16,30b.31

3. Literarische Eigenart

Der Verfasser gibt einen „tendenziösen" Bericht über die Urchristenheit. Er idealisiert nicht, aber er erzählt auch nicht alles, was geschehen ist. Noch nicht einmal alle wichtigen Ereignisse werden behandelt. Der Verfasser wählt aus, was ihm wichtig ist, um sein Ziel zu erreichen; er läßt weg, was ihm aus dem gleichen Grund entbehrlich erscheint. Er wird ausführlich, wo für die Zielsetzung Wichtiges verhandelt wird. Er wiederholt, was er besonders betonen möchte.[1]

Dementsprechend fallen die Nachrichten über die Urgemeinde ziemlich knapp aus. Wie die Gütergemeinschaft funktioniert hat, wird angedeutet, aber nicht näher beschrieben. Der Beginn der Heidenmission durch Petrus wird in aller Breite behandelt: Kapitel 10 und 11. Die Verfolgung durch Herodes Agrippa I. wird nur gestreift, obwohl der Apostel Jakobus ihr zum Opfer fällt (Apg 12,1ff). Die Geschichte von Petrus und Cornelius wird zweimal erzählt (Apg 10,9ff; 11,5ff), die Bekehrung des Paulus sogar dreimal (Apg 9,3ff; 22,5ff; 26,12ff). In all dem zeigt sich, daß der Verfasser zielbewußt gestaltet.

Das ist auch bei den Sammelberichten zu spüren. Sie haben eine ähnliche Funktion wie im Evangelium nach Markus. Dort dienten sie dem Ziel, einen Eindruck vom umfassenden Wirken Jesu zu vermitteln. In der Apostelgeschichte spiegeln sie das umfangreiche Leben in der Urgemeinde wider, das er nur dann in Einzelzügen schildert, wenn das für den weiteren Gang seiner Darstellung wichtig ist (z. B. Apg 4,32-37 das mutige Gebet der bedrängten Urgemeinde).

Ein wichtiges Darstellungsmittel sind für den Verfasser die Reden. Wie manche antike Geschichtsschreiber[2] baut er sie ein, um seine Leser zu fesseln. Er bringt sie an wichtigen Wendepunkten seiner Darstellung. Er benutzt die unterschiedlichen christlichen Redetypen: Die Stephanusrede ist eine christliche Deutung der Geschichte Israels (Apg 7). Von Petrus sind verschiedene Missionsreden überliefert: Apg 2,14ff; 3,12ff; 4,9ff; 5,30ff; 10,34ff. Auch von Missionsreden des Paulus weiß der Verfasser zu berichten, gehalten vor Juden (Apg 13,16ff) und vor Heiden (14,15ff). Die Rede des Paulus auf dem Areopag hat immer wieder besondere Aufmerksamkeit gefunden (Apg 17,22ff). Sie wird bei der Frage nach dem Verfasser noch beachtet werden müssen. Dazu kommen die Reden des Paulus vor den Ältesten von Ephesus in Milet (Apg 20,18ff), nach seiner Verhaftung in Jerusalem (Apg 22,1ff), vor dem Hohen Rat (Apg 23,1ff) und vor Festus und Agrippa (Apg 26,2ff).

Für viele historisch-kritische Ausleger gilt als ausgemacht, daß die Reden dem Vorstellungsvermögen des Verfassers entsprungen sind, aber wohl kaum wirklich gehaltene Reden wiedergeben.[3] Die Reden sind angeblich nur literarisches Stilmittel. Dem widerspricht der Hinweis von DGuthrie [4] auf die antike Geschichtsschreibung nach Thucydides, der die Reden in seinem Werk gestaltet hat, weil er sie nicht Wort für Wort wiederholen konnte. Aber er hat sich bemüht, den Sinn dessen, was wirklich gesagt worden ist, so genau wie möglich wiederzugeben.[5] Das könnte sinngemäß auch für die Reden der Apg gelten. Denn wahrscheinlich hat niemand die Reden schriftlich aufgezeichnet, als sie gehalten wurden. Das ist bei den Re-

---

1   Vgl. CHemer, The Book of Acts (Rezension von HBayer in Jahrbuch für evangelikale Theologie (JET), 1990, S. 158ff
2   Zur Vielfalt antiker Darstellung von Reden vgl. CHemer, The Book of Acts, S. 63ff
3   Anders RPesch, Die Apostelgeschichte, S. 42-45
4   DGuthrie, Introduction, S. 360
5   Thucydides, Geschichte des Peloponnesischen Krieges, I.22.1

den Jesu aufgrund jüdischer rabbinischer Sitte denkbar, bei den Reden der Apg wohl kaum möglich gewesen. Lukas kommt auch als Augenzeuge für viele Reden nicht in Betracht. Es blieb deswegen kein anderer Weg als der, den er in Lk 1,1-4 beschreibt: Er mußte allem genau nachgehen, um es dann aufzuschreiben und damit zu gestalten. Es ist denkbar, daß die Reden der Apostel durch mündliche Überlieferung weitergegeben wurden. Dabei ist das Bemühen um historische Genauigkeit deshalb vorauszusetzen, weil er das ausdrücklich betont.

4. Historischer Zusammenhang

Da die Apostelgeschichte der zweite Teil eines Gesamtwerkes ist, genügt an dieser Stelle der Hinweis auf das Evangelium nach Lukas, bei dessen Darstellung der historische Zusammenhang bereits beschrieben wurde.

5. Theologische Schwerpunkte

Welches Ziel verfolgt der Verfasser mit seinem zweiten Buch, das er offensichtlich als Fortsetzung des ersten versteht (Apg 1,1)? Darauf sind manche Antworten gegeben worden. Einige sind fragwürdig. Andere lassen sich sehr gut am Text erhärten.

5.1 Fragwürdige Zielbeschreibungen

Die Apostelgeschichte trägt im griechischen NT die Überschrift „Taten der Apostel" (*praxeis apostolōn*; lat. acta apostolorum). Daraus könnte man den Schluß ziehen, daß die Apostelgeschichte das erste Dokument der Kirchengeschichtsschreibung ist mit dem Schwerpunkt, Taten und Leben der Apostel darzustellen. Fragwürdig ist diese Zielbeschreibung, weil von den zwölf Aposteln nach Kapitel 1 nur noch drei namentlich erwähnt werden: Jakobus, Johannes und Petrus, wobei nur über Petrus ausführlicher berichtet wird. Hinzu kommt Paulus, der sich selbst auch als Apostel verstand, obwohl er kein Augenzeuge des irdischen Wirkens Jesu war. Sein Grund: Der Auferstandene war ihm sichtbar erschienen und hatte ihm sein Evangelium anvertraut (1Kor 15,8-11; Gal 1,11f). Aber selbst über Paulus und Petrus finden wir in der Apostelgeschichte keinen umfassenden Lebensbericht. Wir erfahren zum Beispiel nichts über den Märtyrertod der beiden Apostel. Daraus können wir nur den Schluß ziehen, daß der Verfasser kein umfassendes Geschichtswerk über die frühe Christenheit, noch nicht einmal über die Taten der Apostel Paulus und Petrus geschrieben hat.

Im letzten Teil der Apostelgeschichte wird die Verhaftung und die Gefangenschaft des Apostels Paulus ausführlich dargestellt. Das Buch endet mit dem Transport des Gefangenen nach Rom und seiner Ankunft dort. Sollte es vielleicht als Verteidigungsschrift für den Apostel einem einflußreichen Mann vor dem Prozeß in Rom zugänglich gemacht worden sein? Ausgeschlossen ist das nicht. Aber dann müßte man voraussetzen, daß der Verfasser nicht nur Paulus verteidigen, sondern bei dieser Gelegenheit die römischen Behörden auch umfassend über die Bewegung der Christen informieren wollte. Denn mit Ausnahme von Kapitel 9 sagen die ersten zwölf Kapitel nichts aus, was für den Prozeß des Paulus wichtig gewesen wäre. Offen bleibt auch, ob das Evangelium nach Lukas als erstes Buch für diesen Zweck allein notwendig gewesen wäre. Obwohl das Verhältnis zwischen den Christen und dem römischen Staat in der Apostelgeschichte eine wichtige Rolle spielt, erscheint die Beschreibung der Apostelgeschichte als Verteidigungsschrift doch fragwürdig.

Manchmal wird behauptet, die Apostelgeschichte zeichne ein idealisiertes Bild der Anfangszeit. Wer genau liest, spürt sehr bald, daß der Verfasser die Konflikte in der frühen Christenheit nicht verschweigt. Wollte er ein Dokument innerkirchlicher Auseinandersetzungen schreiben? Das wäre eine ausgesprochen negative Zielsetzung, die sich nicht mit der Ankündigung in Apg 1,8 und der Schlußbemerkung in Apg 28,31 vereinbaren läßt. Es gehört zur genauen Berichterstattung des Verfassers, daß er die Konflikte nicht verschweigt. Ihre Darstellung steht jedoch nicht im Mittelpunkt.

5.2 Überzeugende Zielbeschreibungen

Das Hauptziel der Apostelgeschichte ist zu zeigen, wie die Botschaft von Jesus Christus zu einer guten Nachricht für alle Völker wurde. Schon die Verheißung des Auferstandenen vor der Himmelfahrt kündigt diese Entwicklung an (Apg 1,8). Der Verfasser hatte bereits sein erstes Buch mit dieser Perspektive abgeschlossen (Lk 24,26f).

Wichtig scheint dem Verfasser auch zu sein, daß es auf diesem Weg des Evangeliums zwar Konflikte mit römischen Behörden gegeben hat. Immer wieder wurde der Vorwurf erhoben, die Christen gefährdeten die Ordnung des römischen Staates. In vielfältigen Variationen beschreibt der Verfasser, daß die Behörden letztlich auf der Seite des Apostels Paulus standen, der als römischer Bürger besondere Vorrechte genoß. In vielen Fällen bestätigten sie seine Unschuld (Apg 16,39; 18,15f; 19,37; 23,29; 25,25; 26,32). Jedenfalls wird Paulus von römischen Behörden bei der Verkündigung des Evangeliums nicht behindert (Apg 28,30f). Diese Tendenz war auch schon im Evangelium nach Lukas zu beobachten. Der Verfasser zeigt also nebenbei, daß die Christen und vor allem Paulus politisch ungefährlich sind.

Schließlich kann man noch ein Teilziel beobachten: Bei mehreren Gelegenheiten wird deutlich, daß Petrus und Paulus miteinander vergleichbar sind. Das könnte für Kreise wichtig gewesen sein, die das Apostelamt des Paulus kritisch hinterfragten. Beide erwecken Tote auf (Apg 9,36ff; 20,9f). Beide heilen einen lahmen Menschen (Apg3,1ff; 14,8ff). Beide werden gefangen gesetzt und auf wunderbare Weise befreit (Apg 5,19ff; 12,7ff; 16,26ff). Beide vermitteln durch Handauflegung die Gabe des Heiligen Geistes (Apg 8,14ff; 19,6f). Beide legen einem Magier das Handwerk (Apg 8,18ff;13,6f). Die Botschaft, die den Lesern vermittelt werden soll, ist klar: Paulus ist wie Petrus ein von Jesus Christus berufener Apostel.

6. Einheitlichkeit

Während Lukas sich bei seinem Evangelium auf viele Quellenschriften beziehen konnte, gilt das nicht für die Apostelgeschichte. Vielleicht gab es einen Reisebericht, der seinen Niederschlag in den sogenannten ,,Wir-Berichten'' gefunden hat. Aber weitere Quellen lassen sich nicht nachweisen.

So können wir die Apostelgeschichte als ein einzigartiges und einheitliches Werk eines Verfassers betrachten.

Allerdings gibt es bei der Überlieferung dieses Werkes in den Handschriften Probleme. Die Apostelgeschichte liegt uns in zwei unterschiedlichen, zum Teil erheblich voneinander abweichenden griechischen Textfassungen vor. Auf der einen Seite gibt es die sogenannte alexandrinische Textform, die von den Handschriften Vaticanus, Sinaiticus, Alexandrinus und Kodex Ephraemi sowie von den Papyrushandschriften p45 und p74 vertreten wird. Sie reicht bis ins dritte Jahrhundert zurück und gilt im übrigen NT als die verläßlichste Textform. Auf der anderen Seite gibt es die sogenannte westliche Textform, die von der Handschrift Kodex Bezae Cantabrigiensis, der altlateinischen und syrischen Übersetzung sowie von den Kirchenvätern Irenaeus und Tertullian vertreten wird. Sie reicht bis ins zweite Jahrhundert zurück, gilt aber nicht als besonders zuverlässig, weil sich an vielen Stellen zeigen läßt, daß sie zu sachlichen Ergänzungen neigt, die sich als bewußte Bearbeitung des alexandrinischen Textes erweisen (vgl. Apg 8,37; 15,29). Deshalb ist der alexandrinische Text in der Regel als der ursprüngliche anzusehen. Gelegentlich kann es Ausnahmen geben, die einer sorgfältigen Begründung bedürfen.[6]

7. Verfasser

An keiner Stelle nennt die Apostelgeschichte den Namen ihres Verfassers, aber an einigen Stellen meldet sich der Verfasser in den sogenannten Wir-Berichten (Apg 16,10-17; 20,5-15; 21,1-18; 27,1-28,16) zu Wort. Diese Abschnitte beginnen und enden völlig unerwartet. Auch der Wechsel vom sachlich berichtenden in den persönlich erzählenden Stil wird nicht näher begründet. Er erfolgt ganz überraschend. Inhaltlich handeln die Wir-Berichte von Seereisen. MDibelius hat sie als Teile eines Reisetagebuches (Itinerar) verstanden, das Lukas benutzt und zitiert. Dibelius war der Auffassung, daß in dem ursprünglichen Reisetagebuch das ,,wir" nicht stand. Der Verfasser habe das ,,wir" eingefügt, um damit anzudeuten, daß er an diesen Stellen zu den Reisebegleitern des Paulus gehörte.[7] Damit hat Dibelius die Überlieferung der Alten Kirche für zuverlässig gehalten, daß Lukas als Reisebegleiter des Paulus Verfasser der Apostelgeschichte war.

Gerade dagegen erheben aber manche historisch-kritische Forscher seit MDibelius entschiedenen Widerspruch. Sie machen dafür folgende Gründe geltend[8]:

1) Die Angaben über den Aufenthalt des Paulus in Jerusalem nach seiner Bekehrung in der Apg und in Gal 1 u. 2 stimmen nicht überein.

2) Die Berichterstattung über das sogenannte Apostelkonzil in Apg 15 deckt sich nicht mit den Angaben des Paulus in Gal 2.

3) In seinen Briefen nennt sich Paulus betont Apostel (1Kor 9,1f; 5,9; 2Kor 12,11f; Röm11,13). In der Apostelgeschichte aber wird Paulus nur in Apg 14,4.14 zusammen mit Barnabas Apostel genannt, sonst aber den Aposteln gegenübergestellt (Apg 9,26-31; 15,2.6.22f; 16,4).

4) Wenn man die Rede des Paulus auf dem Areopag liest, gewinnt man den Eindruck, daß der Verfasser der Apostelgeschichte die Lehre des Paulus von der radikalen Verlorenheit aller Menschen nicht kennt.

5) Der Verfasser läßt nicht erkennen, daß er die Mitte der paulinischen Heilslehre, die Botschaft vom Gekreuzigten, verstanden hat.

Das sind massive Einwände, die gründlich bedacht und überprüft werden müssen.

---

6   So auch DACarson/DJMoo/LMorris, Introduction, S. 201
7   Vgl. WGKümmel, Einl., S. 142-145
8   Vgl. zum folgenden WGKümmel, Einl., S. 147-153

Zum 1. Einwand kann der folgende Vergleich zwischen den Angaben von Gal 1 u. 2 und der Apostelgeschichte zu einer Klärung führen:

Aufenthalte des Paulus in Jerusalem

nach Gal 1 u. 2		nach der Apostelgeschichte
Verfolger der Gemeinde	9,1ff	Verfolger der Gemeinde
Bekehrung		Bekehrung
Berufung zum Apostel		Berufung zum Apostel
kein Gespräch mit Menschen		*Gespräch mit Ananias*
Arabien		
Damaskus	9,19	Damaskus
nach 3 Jahren Jerusalem	**9,26ff**	**Jerusalem**
Petrus und Jakobus		Apostel
Syrien und Cilicien		Caesarea – Tarsus
	11,30	**Barnabus u. Paulus**
		in Jerusalem
		mit Kollekte
	12,25	Antiochien
	13 u.14	1. Missionsreise
„Apostelkonzil" in Jerusalem	**15**	**„Apostelkonzil"**
		in Jerusalem

Der Vergleich der Angaben ergibt: Im Galater-Brief betont Paulus, daß er sein Evangelium unmittelbar von dem Herrn Jesus Christus und nicht von Menschen empfangen hat. Dafür führt er als Beweis an, daß er erst drei Jahre nach seiner Bekehrung in Jerusalem mit dem Apostel Petrus und Jakobus zusammengetroffen ist. Auch nach der Apg ist Paulus nicht unmittelbar nach seiner Bekehrung nach Jerusalem gereist. Aber von einem Aufenthalt in Arabien und einer Frist von drei Jahren erwähnt sie nichts; sie schließt das aber auch nicht aus.

Im Galaterbrief erwähnt Paulus einen zweiten Aufenthalt in Jerusalem nach 14 Jahren, bei dem es zu dem sogenannten Apostelkonzil kam, von dem auch Apg 15 berichtet.

Darüber hinaus erwähnt die Apg einen dritten Aufenthalt des Paulus in Jerusalem, bei dem er die Kollekte überbrachte. Der Galaterbrief schweigt dazu. Es bestand auch kein Anlaß, diesen Aufenthalt zu erwähnen, da für die Argumentation des Galaterbriefes nur der 1. und 3. Aufenthalt wichtig waren.

Es ist nicht ganz einfach, die Angaben des Galaterbriefes und der Apostelgeschichte über die Aufenthalte des Paulus in Jerusalem miteinander zu harmonisieren, aber sie stehen auch nicht in einem sich ausschließenden Gegensatz zueinander.

Zum 2. Einwand wird behauptet, nach Apg 15,7ff hätten Petrus und Jakobus aufgrund der Erfahrungen von Apg 10 u. 11 Paulus vor der Gemeinde verteidigt, während Paulus sich nach Gal 2 vor Petrus, Jakobus und Johannes hätte verteidigen müssen. Tatsache ist, daß Gal 2 von einer Verteidigung vor den genannten Aposteln kein Rede ist, im Gegenteil! Diese Apostel machten Paulus keine Auflagen.

Unterschiedlich wird das Ergebnis des Apostelkonzils dargestellt: Während nach Apg 15 den Heidenchristen bestimmte Ratschläge erteilt werden, aber über die Aufteilung der Missionsgebiete keine Angaben gemacht werden, erwähnt Paulus im Galaterbrief gerade diese

Aufteilung der Missionsgebiete und schweigt über die Ratschläge an die Heidenchristen. In seiner Missionspraxis hat er sich aber an beides gehalten: Er hat sich als Apostel für die Heidenchristen zuständig gewußt (Röm 11,33) und diesen die Rücksichtnahme auf die jüdischen Mitchristen nahegelegt (Röm 14 u.15; 1Kor 8-10).

Zum 3. Einwand ist zu bemerken, daß die Grundlage für die Behauptung folgende Belegstellen sind: Apg 9,26-31; 15,2.6.22f; 16,4. Bei näherer Betrachtung ergibt sich, daß der Verfasser in Apg 15,2;16,4 ausdrücklich von den Aposteln in Jerusalem spricht. Es ist denkbar, daß er auch an den anderen Stellen den Titel in diesem Sinne gebraucht hat. Auch WGKümmel[9] stellt fest, daß die Apg eine Unterordnung des Paulus unter die anderen Apostel nicht erkennen läßt.

Der 4. Einwand erscheint überzeugend, weil Röm 3,21ff von der radikalen Verlorenheit und Trennung aller Menschen von Gott handelt, während Apg 17,22ff von der Nähe aller Menschen zu Gott redet, auch wenn die Menschen das nicht ahnen. WGKümmel kommt deswegen zu dem Schluß: „Auch wenn wir die Möglichkeit zugestehen müssen, daß Paulus in einer Missionspredigt vor Heiden an deren Vorstellungswelt angeknüpft hat, so ist es undenkbar, daß er an die Stelle der für ihn grundlegenden eschatologischen Rettungspredigt die stoische Lehre von der Gottverwandtschaft des Menschen gestellt hätte."[10]

Tatsache ist, daß auch Apg 17 die eschatologische Rettungspredigt des Paulus kennt (Apg 17,30f); denn in ihr ruft Paulus zur Umkehr auf. Sicher käme man auch zu einer anderen Beurteilung der Areopagrede, wenn man sie Röm 1,18-21 gegenüberstellte. Dort ist nämlich von der Offenbarung Gottes vor allen Menschen in ähnlicher Weise die Rede wie in Apg 17. Im übrigen sollte man die Anpassungsfähigkeit des Apostels an eine besondere missionarische Situation nicht zu gering einschätzen. Das Evangelium von Jesus Christus hat er trotzdem klar formuliert.

Der 5. Einwand hält einer genauen Überprüfung nicht stand, da an folgenden Stellen die Botschaft vom Gekreuzigten überliefert wird: Apg 2,22f.36; 3,14f.17-20; 4,10-12; 7,51f; 10,39f; 13,27-30; 20,28. Freilich wird vom Kreuzesgeschehen in einer frühchristlichen, vorpaulinischen Art geschrieben. Das spricht für die historische Genauigkeit des Verfassers. Daß nur in einer Missionspredigt des Paulus der Tod Jesu erwähnt wird, hängt damit zusammen, daß nur zwei Missionspredigten des Paulus überliefert werden. Man kann nicht in jeder Missionspredigt alles sagen.

Ergebnis der Überprüfung der Einwände:

Die genaue Untersuchung der Einwände gegen einen Reisebegleiter des Paulus zeigt, daß dabei vielfach vorgefaßte Meinungen das Ergebnis bestimmt haben. Als zwingender Beweis kann keiner der vorgelegten Einwände angesehen werden. Deswegen ist die Überlieferung der Alten Kirche nicht erschüttert, daß es sich bei dem Verfasser der Apg um einen Reisebegleiter des Paulus gehandelt hat. Es kann – nach der Tradition – durchaus der Arzt Lukas gewesen sein, was sich freilich am Text der Apg nicht erhärten läßt.[11]

---

9   WGKümmel, Einl., S. 149
10 WGKümmel, Einl., S. 150
11 So mit ähnlichen Begründungen DACarson/DJMoo/LMorris, Introduction, S. 188-190

8. Empfänger

Die Apostelgeschichte ist wie das Evangelium nach Lukas für Theophilus geschrieben. Wer damit gemeint sein kann, wurde bereits bei der Darstellung des Evangeliums nach Lukas erläutert.

9. Abfassungsort und -zeit

Während über den Abfassungsort keine genauen Angaben gemacht werden können[12], sind einige Überlegungen zur Abfassungszeit möglich.

Es fällt auf, daß die Apostelgeschichte über drei Ereignisse schweigt, die für die frühe Christenheit von besonderer Bedeutung waren: den Märtyrertod des Herrnbruders Jakobus (62), die Christenverfolgung unter Nero (64) und die Zerstörung Jerusalems (70). Daraus ergibt sich der naheliegende Schluß, daß die Apostelgeschichte vor diesen Ereignissen geschrieben wurde. Dazu kommen noch folgende Beobachtungen: Der Verfasser hat besonderes Interesse an der Darstellung des Urchristentums, dessen Theologie er beschreibt. Jesus wird als Messias, als Knecht Gottes, als Menschensohn vorgestellt. Der Sonntag wird noch der erste Tag der Woche genannt. Zwischen der urchristlichen Gemeinde und dem römischen Staat gibt es noch keine grundsätzlichen Konflikte. Auf die Sammlung der Paulusbriefe wird kein Bezug genommen; sie scheint noch nicht vorzuliegen. Das führt zu einer Abfassungszeit, die deutlich vor 64 n.Chr. liegt.

Dagegen wird angeführt, daß es sich ja um das zweite Buch handelt, das nach dem Evangelium nach Lukas geschrieben wurde. Wenn dieses erheblich nach 70 datiert wird, muß auch die Apostelgeschichte mindestens in das Ende der 70er Jahre datiert werden. Aber eben das ist auch beim Evangelium fragwürdig.[13] Deswegen spricht einiges für eine frühe Datierung der Apostelgeschichte.[14]

10. Kommentare

M. Baumgarten, Die Apostelgeschichte, 1. Bd., [2]1859, 2. Bd., [2]1859; F.F. Bruce, The Acts of the Apostles, 1951, Neuaufl. 1991; ders. The Book of the Acts, 1954; E. Haenchen, Die Apostelgeschichte, KEK III. Abt., [17]1977; I.H. Marshall, Acts, TNTC, 1980; H.W. Neudorfer, Die Apostelgeschichte des Lukas, I, 1986; R. Pesch, Die Apostelgeschichte, EKK Bd. V/1, 1986, Bd. V/2, 1986; J. Roloff, Die Apostelgeschichte, NTD Bd. 5, [17]1981; G. Schneider, Die Apostelgeschichte, HThK Bd. V/I, 1980, Bd. V/2, 1982; G. Stählin, Die Apostelgeschichte, NTD Bd. 5, [10]1962.

---

12   Vgl. zum Evangelium nach Lukas, S. 54
13   Vgl. S. 54
14   So auch DACarson/DJMoo/LMorris, Introduction, S. 194

Einführung in die Briefe des Neuen Testamentes

1. Die literarische Eigenart der neutestamentlichen Briefe

Von den 27 Schriften des Neuen Testamentes gelten 21 als Briefe. Die meisten von ihnen enthalten Absender- und Empfängerangaben sowie Anrede und Grüße. Sind sie Briefe an bestimmte Empfänger oder ist der Brief eine Stilform, in der Themen verhandelt werden sollen? Die Antike kennt neben dem Privatbrief solche Stilformen. In Frage kommen Epistel und Mandat.

1.1 Privatbrief

Nach Roller[1] umfaßte der durchschnittliche Privatbrief in der Antike weniger als eine Seite im Griechischen Neuen Testament.[2] Ein Muster eines solchen Briefes liegt in Apg 23,26-30 vor.

Vergleicht man diese Tatsache mit den Briefen des NT, so zeigt sich, daß selbst die kürzesten Briefe (2. u. 3. Johannes) diese Länge überschreiten. Auch der Philemonbrief ist länger (fast zwei Seiten). Alle anderen Briefe des NT sind unvergleichlich länger. Wenn sie dennoch als Briefe angesehen werden, gehören sie zu den längsten Erzeugnissen der antiken Privatschriftstellerei.

Die Frage ist allerdings, ob sie überhaupt als Privatbriefe zu verstehen sind. Zwei andere literarische Formen bieten sich an:

1.2 Epistel

Im Altertum wurden philosophische Abhandlungen in Briefform gekleidet. Es handelte sich nicht um wirkliche Briefe; vielmehr war der Brief eine literarische Kunstform. Ein Beispiel dafür sind die philosophischen Briefe des Seneca oder Cicero. Für diese literarische Form hat sich die Bezeichnung Epistel eingebürgert. Sie ist von dem griechischen Wort *epistolē* abgeleitet, das Brief bedeutet. Als literarische Form meint aber Epistel nicht einen wirklichen Brief, sondern einen fingierten Brief.

Im Rahmen dieses antiken Schrifttums gibt es Abhandlungen, die sich an Länge mit den großen Paulusbriefen (Römer, 1. und 2. Korinther) vergleichen lassen. Sind die Paulusbriefe Episteln?

Das ist nicht zutreffend. Wer sie im Zusammenhang liest, kann nicht auf den Gedanken kommen, es handele sich um Abhandlungen in Briefform. Zu viele konkrete Bezüge gibt es zwischen dem Autor und den Lesern. Zu sehr sind diese Schriften in ihre gemeinsame Lebensgeschichte verwoben. Die Paulusbriefe sind nicht fingiert; sie sind wirkliche seelsorgliche Schreiben.

Was für die Paulusbriefe einleuchtend ist, bedarf bei den übrigen neutestamentlichen Briefen einer sorgfältigen Klärung in jedem einzelnen Fall. Es könnte sein, daß sich die eine oder andere Schrift (z.B. der Hebräerbrief oder der 1. Johannesbrief) doch als eine theologische

---

1   ORoller, Das Formular der paulinischen Briefe
2   Novum Testamentum Graece, Hrsg. KAland, [26]1979

Abhandlung in Briefform herausstellt, so daß man sie als Epistel bezeichnen könnte. Das wird bei der Besprechung der einzelnen Briefe neu aufgegriffen. Es ist aber noch eine weitere literarische Form zu erwägen:

1.3 Mandat

So bezeichnet man die amtlichen Schreiben der jüdischen Behörden von Jerusalem an die Juden in der Diaspora. Beispiele gibt es in 2Makk 1,10ff; syr Bar 78-86. Dies sind amtliche Schreiben zur Klärung theologischer und ethischer Fragen. Mit ihnen erteilten die jerusalemer Behörden den Synagogen in der Diaspora verbindliche Weisungen.

Es ist gut denkbar, daß diese Schreiben für den Apostel Paulus ein Vorbild waren, als er seine Schreiben an die heidenchristlichen Gemeinden verfaßte. WGKümmel meint, sie seien auf dem Wege, ,,Texte mit offiziellem Charakter zu werden".[3]

Da die Paulusbriefe in Länge, Absenderangaben (Titel in der Absenderangabe und mehrere Absender) und großem Empfängerkreis den Schreiben der jerusalemer Behörden entsprechen, handelt es sich bei den Paulusbriefen wohl um apostolische Sendschreiben. Das ist unterschiedlich stark ausgeprägt: am deutlichsten im Galaterbrief, am meisten persönlich gehalten im Philemonbrief.

Dabei verwendet der Autor auch die Stilformen mündlicher missionarischer und paränetischer Rede: Predigt, Ermahnung, lehrhafte Darlegung, Dialog, prophetisches Zeugnis, ethische Unterweisung, Hymnus. An manchen Stellen greift er auf fest gefügte urchristliche Überlieferung zurück. So zitiert er in Röm 1,3f und 1Kor 15,3-5 urchristliche Bekenntnisse und verwendet sie für seine Argumentation; in Phil 2,6-11 und Kol 1,15-20 greift er auf urchristliche Lieder zurück, zitiert sie und zieht daraus Schlußfolgerungen für Lehre und Leben der Gemeinden.

1.4 Ergebnis zur literarischen Eigenart

Mindestens bei den Paulusbriefen spricht vieles dafür, daß sie keine Privatbriefe sondern vielleicht mit Ausnahme des Philemonbriefes apostolische Sendschreiben sind. Das mag auch für andere Briefe des NT zutreffen. Es muß aber jeweils im einzelnen geprüft werden, ob sie nicht als literarische Kunstformen im Sinne der antiken Episteln verstanden werden können.

2. Die Form

2.1 Das Formular

Wenn heute offizielle Briefe geschrieben werden, bedient man sich eines bestimmten Formulars. Ein solcher Brief enthält eine Absenderangabe, Namen und Adresse des Empfängers und in der Regel eine Anrede. Bei den Briefen des NT ist das nicht anders. Der Briefkopf besteht aus Absender-, Empfängerangabe und Gruß. Man nennt ihn auch Praeskript.

An diesen Briefkopf schließt sich in der Regel ein Vorwort an, das meistens ein Dankeswort ist. In der Fachsprache wird es Proömium genannt.

---

3   WGKümmel, Einl., S. 214

Danach wird der Inhalt des Briefes entfaltet. Die Gestaltung hängt von den verhandelten Themen und dem Anlaß des Briefes ab. Manchmal ist eine deutliche Gliederung erkennbar wie beim Römerbrief; in anderen Fällen werden Fragen beantwortet wie beim 1. Korintherbrief. Zum Teil gibt es auch nicht gegliederte Ausführungen zu verschiedenen Themenbereichen wie beim Philipperbrief.

Am Schluß der Briefe finden wir eine mehr oder weniger lange Grußliste. In ihr werden Namen von Personen erwähnt, zu denen der Verfasser eine besondere Beziehung hat. Der Brief schließt mit einem Segenswunsch, der manchmal vom Verfasser ausdrücklich als eigenhändig bezeichnet wird (vgl. Gal 6,11ff). Das erlaubt den Rückschluß, daß der übrige Brief von einem Sekretär geschrieben wurde, was gelegentlich auch bestätigt wird (vgl. Röm 16,22).

2.2 Das griechische und das orientalische Briefformular

Beide unterscheiden sich in der verwendeten Grußformel.

Im griechischen Sprachraum finden wir Briefe mit knappen Absender- und Empfängerangaben, an die sich ein Gruß mit dem griechischen Wort *chairein* anschließt. Die Lutherbibel von 1984 übersetzt dieses Wort mit „Gruß zuvor", die Gute Nachricht mit „Sei gegrüßt!" Ein Beispiel für einen solchen Briefkopf steht in Apg 23,26.

Im Orient können die Absender- und Empfängerangaben ausführlicher ausfallen. Vor allem der Gruß ist umfangreicher gestaltet. In ihm lautet das Schlüsselwort auf Hebräisch *schalom* und auf Griechisch *eirēnē*. Es ist der für den Orient typische Friedensgruß. Ein Beispiel für einen solchen Briefkopf liegt in Jud 1f vor.

Der Apostel Paulus folgt in seinen Briefen dem orientalischen Briefformular, wie aus 1Thess 1,1 ersichtlich ist. Aber er erweitert den Gruß durch den für ihn typischen Begriff *charis*, das heißt Gnade. Das ist die Grundform in den Briefen des Apostels Paulus. Sie wird entsprechend der jeweiligen Situation der Briefempfänger erweitert. Meistens läßt sich am Briefkopf schon die im Brief verhandelte Problematik erkennen.

2.3 Traditionsgut

In den Briefen des NT begegnen uns an vielen Stellen Bekenntnisse, Lieder, Formeln, gottesdienstliche Äußerungen, Ermahnungen, die der Verfasser aus dem Leben der Gemeinden des NT zitiert. Das nennen wir das Traditionsgut. Im einzelnen finden wir folgende Überlieferungsformen:

Hymnen: Es sind Lieder der frühchristlichen Gemeinden. Man erkennt sie an ihrer strophischen Gliederung und ihrem rhythmischen Aufbau. Leider fehlen uns die Melodien, um sie als Lieder erleben zu können.
Beispiele: Phil 2,6-11; Kol 1,15-20; Eph 1,3-14; 5,14; 1Tim 3,16; 1Petr 2,22-24.

Bekenntnisse: In kurzen prägnanten Sätzen werden die Grundaussagen des christlichen Glaubens zusammengefaßt. Die Menschwerdung, das stellvertretende Sterben und die Auferstehung Jesu Christi werden bekannt.
Beispiele: Röm 1,3f; 1Kor 15,3-5; 1Petr 1,18-21; 3,18-22.

Abendmahlsworte: In kurzen prägnanten Sätzen wird die Deutung, die Jesus dem Abend-

mahl gegeben hat, zusammengefaßt. Sie sind in der Regel verbunden mit einem Bericht über die Einsetzung des Abendmahls.
Beispiele: Mk 14,22-25; Mt 26,26-28; Lk 22,15-20; 1Kor 11,23-25.
In den frühchristlichen Gemeinden hat es deutliche Unterweisung für ein Leben aus dem Glauben gegeben. Sie findet in den Briefen ihren Niederschlag in festen Überlieferungsformen. Dazu zählen:

Tugend- und Lasterkataloge: Sie gibt es nicht nur in den christlichen Gemeinden. Das Frühjudentum, besonders die Sekte von Qumran, kennt sie. Aber auch in der griechischen Philosophie der Stoa kommen sie vor. Die Verfasser der neutestamentlichen Briefe haben sie nicht einfach übernommen, sondern sie mit der Botschaft von Jesus Christus verbunden.
Beispiele für Lasterkataloge: Röm 1,29-31; 13,13; 1Kor 5,10f; 6,9f; Gal 5,19-21; Eph 4,31; 5,3-5; Kol 3,5-8; 1Tim 1,9f; 2Tim 3,24.
Beispiele für Tugendkataloge: Gal 5,22f; Phil 4,8; Kol 3,12-14; 6,11; 2Tim 2,22; 1Petr 3,8; 2Petr 1,5-7.

Haustafeln: Damit bezeichnen wir Handlungsanweisungen für bestimmte Personengruppen: Eheleute, Eltern und Kinder, Sklaven und Herren. Auch dafür gibt es manche Parallelen im Judentum griechischer Prägung (z.b. bei Josephus und Philo) und in der stoischen Philosophie (z.b. bei Epictet und Seneca). Auch hier werden die Haustafeln nicht einfach übernommen, sondern aufgrund der christlichen Botschaft neu gedeutet.
Beispiele: Eph 5,22-6,9; Kol 3,18-4,1; 1Tim 2,8-15; Tit 2,1-10; 1Petr 2,13-3,12.

Pflichtenkataloge: In ihnen werden die Eigenschaften und Pflichten von Mitarbeitern der christlichen Gemeinden festgelegt. Ähnliches gibt es in der Antike für staatliche Amtsträger.[4] Diese Pflichtenkataloge werden im NT auf die Dienstträger in der christlichen Gemeinde angewandt.
Beispiele: 1Tim 3,1-7; Tit 1,7-9; 1Tim 5,17-19; Tit 1,5f; 1Tim 3,8-13; 5,3-16.
Außer dem beschriebenen Traditionsgut, das mehr oder weniger ausführlich zitiert wird, gibt es kurze, geprägte Wendungen, die wir Formeln nennen. Im einzelnen unterscheiden wir:

Homologien sind Formeln, mit denen Gott oder Christus im Gottesdienst angerufen und bekannt wird. Sie bilden den Grundstock für die Bekenntnisse und Hymnen, die bereits dargestellt wurden.
Beispiele: 1Kor 8,6; Eph 4,5f; 1Tim 2,5; Phil 2,11; 1Kor 12,3; Röm 10,9.

Glaubensformeln sind fest gefügte Sätze, die das Heilsereignis in Jesus Christus formulieren: den stellvertretenden Tod Jesu (Röm 5,8; 14,15; 1Kor 8,11; Gal 2,20; 3,13), die Auferweckung Jesu von den Toten (Röm 8,11; 10,9; 1Kor 6,14; 2Kor 4,14; Gal 1,1; Eph 1,2; Kol 2,12; 1Thess 1,10; Apg 3,15; 4,10; 5,30; 10,40 u.a.) und Tod und Auferweckung Jesu (Röm 8,34; 14,9; 2Kor 5,15; 1Thess 4,14). Sie wurden vermutlich in den frühchristlichen Gemeinden in Predigt und katechetischer Unterweisung verwendet.

Doxologien sind kurze Sätze, mit denen Gott gelobt wird. Ihr Hintergrund sind die Gebete

---

4   Z. B. Onosander; De imperatoris officio

im AT und im Frühjudentum. Ihr christliches Merkmal ist die Bezeichnung Gottes als des Vaters Jesu Christi. Sie beginnen oft mit den Worten „Gelobt sei Gott ..."
Beispiele: 2Kor 1,3; Eph 1,3; 1Petr 1,3; Röm 1,25; 9,5; 2Kor 11,31.
Manchmal sind es Preisungen am Ende eines längeren Lobpreises oder eines Briefes.
Beispiele: Röm 11,36; Eph 3,21; Röm 16,27; Phil 4,20; 2Tim 4,18.
Die Doxologien vermitteln uns einen Einblick in urchristliche Gottesdienste.

3. Die Abfassung

Wie sind die Briefe zustande gekommen? Drei Verfahren sind in der Antike üblich und darum auch für die Briefe des NT denkbar:
– handschriftliche Abfassung durch den Verfasser,
– wörtliches Diktat durch den Verfasser und Niederschrift durch einen Sekretär,
– Stichwortangaben durch den Verfasser, wörtliche Formulierung durch den Sekretär und Genehmigung des Textes durch den Schlußgruß des Verfassers.
Beim Entstehen des NT ist zu berücksichtigen, daß das Schreibmaterial der Antike eigenhändiges Schreiben sehr erschwerte. Man schrieb auf Papyrusbogen, die durch ihre Herstellung uneben waren. Die Buchstaben mußten in dickflüssiger Tusche mit einer Rohrfeder aufgebracht werden, eine mühsame Tätigkeit, worauf die Bemerkung in Galater 6,11 wohl verweist. Nicht nur an dieser Stelle wird der eigenhändige Schlußgruß ausdrücklich erwähnt (vgl. 1Kor 16,21; Kol 4,18; 2Thess 3,17).

3.1 Belege für die verschiedenen Abfassungsweisen in den Briefen des NT

Offensichtlich ist der Brief an Philemon ein eigenhändiges Schreiben des Apostels Paulus (Phlm 19). Den Römerbrief hat er einem Sekretär diktiert, der sich am Schluß des Briefes zu Wort meldet (Röm 16,22). An den Schluß des Galaterbriefes setzt der Apostel einen eigenhändiges Schlußgruß (Gal 6,11).
In den Briefen an die Korinther, Philipper und Thessalonicher werden außer Paulus noch weitere Absender angegeben. Meistens gehört Timotheus dazu. Ob diese Mitarbeiter des Apostels aber auch Verfasser waren, ist fraglich. Zumindest beim Brief an die Philipper wirkt es merkwürdig, daß Timotheus sich dann selber ein Lob aussprechen würde (Phil 2,19-24).
Daß bei der Abfassung der Briefe Sekretäre mitgewirkt haben, ist also zu belegen. Wie aber wurden die Briefe diktiert: wörtlich oder stichwortartig?

3.2 Argumente für stichwortartiges Diktat

In seinem Buch „Das Formular der paulinischen Briefe" hat Roller die These vertreten, Paulus habe im wesentlichen durch Stichworte diktiert. Deswegen wichen seine Briefe zum Teil in Wortschatz und Stil erheblich voneinander ab. Sie trügen die Handschrift der jeweiligen Sekretäre.
Für diese These spricht der Umfang eines Teils der Briefe, der bei wörtlichem Diktat erhebliche Zeit in Anspruch genommen hätte (z.B. Römer- und Korintherbriefe), die Situation des Verfassers bei den Gefangenschaftsbriefen (bedrückende Verhältnisse in antiken Gefängnis-

sen) und die tatsächlichen Abweichungen in Wortschatz und Stil bei den Briefen an die Epheser und Kolosser sowie vor allem bei den Pastoralbriefen.
Aus diesen Gründen ist von JJeremias die Sekretärshypothese bei der Klärung der Verfasserfrage in den Pastoralbriefen übernommen worden.[5] Ähnlich wird die Abfassung der Pastoralbriefe von BReicke beurteilt, der von „literarischen Helfern" spricht.[6] JATRobinson geht über die Paulusbriefe hinaus, wenn er behauptet, daß alle fünfzehn Briefe, deren Absender Paulus oder Petrus sind, durch diese oder ihre Mitarbeiter geschrieben wurden.[7]

3.3 Argumente gegen stichwortartiges Diktat

ELohse verweist auf die schon erwähnte Schwierigkeit beim Philipperbrief: Wenn Timotheus der Sekretär sein sollte (vgl. Phil 1,1.2), der dem Brief durch eigene Fomulierung sein Gepräge gegeben hat, wirken die Ausführungen in Phil 2,19-24 peinlich. Darum komme Timotheus als mitgestaltender Sekretär nicht in Frage und deswegen sei Paulus auch für den Text aller anderen echten Paulusbriefe allein verantwortlich.[8] Für diese Schlußfolgerung fehlt allerdings der Beweis.
Gewichtiger sind zwei andere Beobachtungen: In den Briefen an die Römer und Korinther ist die innere Bewegung des Apostels und sein Ringen um den Inhalt deutlich zu spüren. Man erlebt mit, wie er sich mit seinen Gegnern auseinandersetzt. Dieser Briefstil kann kaum das Ergebnis einer Sekretärstätigkeit sein. Außerdem fällt auf, wie sorgfältig die Einheitlichkeit der Theologie des Apostels bis in die Wortwahl in seinen Briefen durchgehalten ist. Das Stichwortdiktat hätte schon sehr ausführlich sein müssen, um dieses Ergebnis zu erreichen.

3.4 Stellungnahme

Nur der Philemonbrief ist eindeutig als eigenhändiges Schreiben erkennbar. Die anderen Briefe sind durch Sekretäre geschrieben worden. Die meisten sind wohl wörtlich diktiert worden, auch wenn das lange Zeit erforderte. Vor allem bei den Gefangenschafts- und Pastoralbriefen müssen wir aber auch mit stichwortartigem Diktat rechnen, da die äußeren Verhältnissen das nahelegen. Das führt dann notwendigerweise zu einem abweichenden Wortschatz und Stil.

4. Authentizität und Pseudonymität

Die meisten Briefe des NT beginnen mit der Angabe des Verfassers. Wie ist diese Verfasserangabe zu werten? Ist der oder sind die dort genannten Verfasser die Autoren dieser Briefe? Dann wären die Briefe authentisch. Oder sind die Briefe auf einen anderen Autor zurückzuführen, der dieses Schreiben durch die Verfasserangabe einem bekannten Autor gewidmet hat? Dann wären sie pseudonym.

5   JJeremias, Die Briefe an Timotheus und Titus, NTD 9, S. 4-8
6   BReicke, Chronologie der Pastoralbriefe, ThLZ 2/76
7   JATRobinson, Wann entstand das NT?
8   ELohse, Entstehung des NT, S. 29

4.1 Begriffsklärung

Authentisch nennen wir eine Schrift, die von dem Verfasser stammt, der in ihr selbst oder in der Tradition angegeben wird. Der Begriff stammt von dem griechischen Wort *authentikos*, das *ursprünglich* bedeutet.
Pseudonym nennen wir eine Schrift, die unter falschem Namen herausgegeben worden ist. Der wirkliche Verfasser bleibt unbekannt. Der Begriff stammt von dem griechischen Wort *pseudonymos, das fälschlich einen Namen führend* bedeutet (vgl. 1Tim 6,20).

4.2 Pseudonymität in der Antike

Viele Theologen sind der Auffassung, daß im Gegensatz zur modernen Einschätzung Pseudonymität in dem bisher beschriebenen Sinn in der Antike nicht als Fälschung empfunden worden sei. Die Autoren hätten vielmehr ihre Schriften unter dem Namen einer bekannten Persönlichkeit veröffentlicht, um diese dadurch zu ehren. Außerdem sollte der bekannte Name den Schriften auch ein besonderes Gewicht verleihen. Gerade in der Auseinandersetzung mit beginnender Irrlehre sei die Berufung auf einen Apostel besonders wichtig gewesen.
Nun hat es nachweislich in den ersten Jahrhunderten der christlichen Gemeinden eine Fülle von pseudonymen Schriften gegeben. Manche können heute sicher datiert und damit als pseudonyme Schriften erwiesen werden. Bei anderen erkennt man am Inhalt, daß sie keinesfalls auf einen Apostel zurückgehen.
Einige Beispiele sollen das belegen:
Aus dem Jahr 150 n.Chr. stammt das Petrusevangelium. Ebenfalls im 2. Jh. n.Chr. ist das Protevangelium des Jakobus entstanden, das die Geburt und die Kindheit Jesu in allen Einzelheiten schildert. Das Thomasevangelium wurde erst in unserem Jahrhundert gefunden, erweist sich aber leider als eine Schrift der gnostischen Irrlehrer des 2. Jahrhunderts.
Auch zur Apostelgeschichte gibt es Parallelen, die aus dem 2. und 3. Jh. stammen: Von den Petrusakten gibt es nur Bruchstücke. Die Paulusakten schildern ausführlich Fakten, die aus den Briefen und der Apostelgeschichte bekannt sind. Die Thomasakten schildern abenteuerliche Erlebnisse der Apostel.
Ein Brief des Barnabas stammt aus dem Jahr 130 n.Chr. Der in Kol 4,15ff erwähnte Brief des Apostels Paulus an die Laodicener liegt uns angeblich vor, erweist sich aber bei näherem Zusehen eindeutig als Pseudonym.
Das gilt auch für die Apokalypse des Petrus und die des Paulus, die aus dem 2. Jh. stammen. Alle diese Schriften sind veröffentlicht und können bei EHennecke/WSchneemelcher [9] eingesehen werden.
Das Ergebnis ist beunruhigend: Es hat beweisbar in der frühen Christenheit Pseudonymität gegeben. Die Frage ist nur, ob das auch für das NT zutrifft.

4.3 Stellungnahme zur Pseudonymität

Jedem Forscher muß auffallen, wie sorgfältig die frühen christlichen Gemeinden unter Leitung des Heiligen Geistes zwischen kanonischen Schriften (die in die Heilige Schrift aufgenommen wurden) und apokryphen Schriften (die nicht den Rang von verbindlicher Heiliger

---

9 EHennecke/WSchneemelcher, Neutestamentliche Apokryphen, Bde. I u. II

Schrift hatten) unterschieden haben. Legendenhafte Ausmalungen und Verzerrungen der christlichen Lehre wurden dadurch ausgeschieden. Dabei war für die Gemeinden ein wichtiges Kriterium, daß eine Schrift von einem Apostel stammte oder sich auf ihn zurückführen ließ.

Sollte für den Heiligen Geist bei diesem Vorgang die Pseudonymität wirklich bedeutungslos gewesen sein? Jedenfalls hat der Apostel Paulus Schriften gekannt, die fälschlich unter seinem Namen erschienen. Er fühlte sich dadurch keinesfalls geehrt, sondern hat vor ihnen ausdrücklich gewarnt (2Thess 2,2). Es spricht deswegen alles dafür, daß die Autoren des NT kein anderes Wahrheitsempfinden als wir hatten und eine pseudonyme Schrift als Fälschung einschätzten. Ich gehe darum bei der Besprechung der Briefe davon aus, daß die angegebenen Verfasser auch die Autoren sind.[10]

Wer die Echtheit einer neutestamentlichen Schrift bestreitet, trägt die Beweislast; wer an der Echtheit festhält, hat die Heilige Schrift mit ihrem Wahrheitsanspruch für sich. Seine Position kann nicht durch Behauptungen, nicht durch Hypothesen, sondern nur durch Beweise erschüttert werden.

Die Anfragen der historisch-kritischen Forschung an die Echtheit der neutestamentlichen Schriften sollen bei jedem einzelnen Brief auf ihre Beweiskräftigkeit geprüft werden. Dann wird sich auch in dieser Frage erweisen, wie zuverlässig die Heilige Schrift ist. Wir haben allen Grund, ihr zu vertrauen.

Literatur:

O. Roller, Das Formular der paulinischen Briefe, 1933; W.G. Kümmel, Einleitung in das NT, §11; H. Zimmermann, Neutestamentliche Methodenlehre, S. 140-142.

---

10 So auch DACarson/DJMoo/LMorris, Introduction, S. 367-371

Die Chronologie des Lebens des Apostels Paulus

Bei der Darstellung der einzelnen Briefe wird die Abfassungszeit immer eine besondere Rolle spielen. So gilt zum Beispiel unbestritten der 1. Thessalonicher-Brief als der älteste Brief des Apostels Paulus, den wir im NT haben. Seine Entstehung wird auf das Jahr 50 n.Chr. datiert. Wie kommt die neutestamentliche Forschung zu so exakten Daten?

Auf der einen Seite brauchen wir ein Datum aus der allgemeinen Geschichte, das sich mit der Geschichte der Paulus-Briefe verknüpfen läßt. Wir sprechen in diesem Zusammenhang von der absoluten Chronologie. Auf der anderen Seite lassen sich aus der Apostelgeschichte und den Briefen die zeitlichen Abläufe rekonstruieren. Wir nennen das die relative Chronologie.

1. Die absolute Chronologie

Grundlage für die Ermittlung eines sicheren Datums aus der antiken Geschichte ist die im vorigen Jahrhundert entdeckte und 1905 zum ersten Mal veröffentlichte Inschrift auf dem Apollo-Tempel in Delphi.[1]

Die Inschrift besteht aus vier Fragmenten, aus denen sich folgende Informationen entnehmen lassen:

Sie wurde von Kaiser Tiberius Claudius verfaßt, nachdem er seine 26. Akklamation als Imperator empfangen hatte. (Die römischen Kaiser wurden in unregelmäßigen Abständen als Herrscher des römischen Reiches durch den Senat bestätigt; das nannte man eine Akklamation.)

Die Inschrift ist verfaßt zu einer Zeit, als Gallio für Delphi zuständig war. Von eben diesem Gallio und seinem Amtsantritt handelt auch Apg 18,12. Hier berühren sich also allgemeine Geschichte und die Informationen des NT.

Nach den Angaben der Apostelgeschichte wurde Paulus vor Gallio verklagt, nachdem er 1 1/2 Jahre in Korinth evangelisiert hatte. Die Gallio-Inschrift vom Apollo-Tempel in Delphi kann deswegen dazu dienen, den Beginn des 1. Aufenthaltes des Apostels Paulus in Korinth zu datieren. Zu diesem absoluten Datum lassen sich dann alle weiteren Daten aus dem Leben des Apostels in Beziehung setzen.

Folgende Fragen müssen geklärt werden:
1) Wann fand die 26. Akklamation des Kaisers Tiberius Claudius statt?
2) Wann trat Gallio sein Amt als Prokonsul von Achaja an?
3) Wann kam Paulus nach Korinth?

Zu 1):
Die 22., 23. und 24. Akklamation hat Tiberius Claudius im 11. Jahr seiner Regierungszeit erhalten, wie wir von antiken Geschichtsschreibern wissen. Seine Regierungszeit begann am 25. Januar 41 n.Chr. Die drei genannten Akklamationen lagen also zwischen dem 25. Januar 51 und dem 24. Januar 52.

Die 26. Akklamation muß also nach dem 24. Januar 52 n.Chr. gelegen haben.

---

1 Material, Abbildung, Text und Erläuterung bei ADeißmann, Paulus, Tübingen, 1925, S. 203

Die 27. Akklamation hatte Tiberius am 1. August 52, wie wir ebenfalls aus antiken Geschichtsberichten wissen. Er hat sie spätestens im Juli 52 empfangen. Die 26. Akklamation muß also im ersten Halbjahr 52 n.Chr. gelegen haben.

Zu 2):
Gallio amtierte zur Zeit der 26. Akklamation, also im ersten Halbjahr 52. Er war Prokonsul in einer senatorischen Provinz (einer Provinz, die vom Senat besetzt wurde). Die Beauftragung durch den Senat galt immer nur für ein Jahr. Tiberius Claudius hatte angeordnet, daß die höheren Beamten Rom im April verlassen mußten. Die Prokonsulen trafen dann Anfang Mai in ihren Provinzen ein. Der Amtsantritt des Gallio muß also am 1. Mai 51 oder am 1. Mai 52 gelegen haben.

Zwischen diesen beiden Daten können wir ziemlich sicher entscheiden. Die Inschrift ist das Ergebnis eines langen Papierkrieges. Alle diese Ereignisse hätten also zwischen dem 1. Mai 52 und dem 31. Juli 52 gelegen haben müssen. Das ist unwahrscheinlich.

Daraus folgt, daß der Amtsantritt des Gallio wahrscheinlich am 1. Mai 51 n.Chr. erfolgte.

Zu 3):
Nach Apg 18,11 war Paulus 1 1/2 Jahre tätig, als Gallio nach Korinth kam. Paulus wird also Ende 49 n.Chr. nach Korinth gekommen sein.

Für dieses Datum gibt es eine zweite Begründung:
Der römische Geschichtsschreiber Orosius berichtet über die Vertreibung der Juden aus Rom im 9. Jahr des Kaisers Tiberius Claudius. Das wäre das Jahr 49 gewesen. Nach Apg 18,2 traf der Apostel Paulus bei seiner Ankunft in Korinth auf solche Juden, also im Herbst 49.

Die Gründung der Gemeinde in Korinth erfolgte mit großer Wahrscheinlichkeit im Herbst 49 n.Chr. Von diesem Datum hängt die Chronologie des Lebens des Apostels Paulus ab.

2. Die relative Chronologie

Die weiteren Daten ergeben sich aus den Angaben der Apostelgeschichte und den Briefen. Sie werden ohne Diskussion der einzelnen Datierungen aufgenommen und bilden die Grundlage der folgenden Tabelle.

Die Datierung der einzelnen Briefe erfolgt bei jedem Brief. Insofern sind die Angaben der Tabelle ein vorweggenommenes Ergebnis und bedürfen der Überprüfung anhand der einzelnen Briefe. Dem Leser soll vorab eine Übersicht gegeben werden.

LEBEN			BRIEFE	
Datum	Ereignisse	Beleg	Datum	Brief
+/- 0?	Geburt			
ca. 32	Bekehrung			
35	1. Besuch in Jerusalem	Gal 1,18		
45-48	**1. Missionsreise**	Apg 13-14		
48	„Apostelkonzil"	Apg 15; Gal 2,1		

49-51	**2. Missionsreise**	Apg 15-18		
Mai 49	Landreise Tauruspässe			
Ende 49	Ankunft in Korinth	Apg 18,1-18		
			50	1Thess
			51	2Thess
Herbst 51	Rückreise nach Antiochia	Apg 18,18-22		
52-55	**3. Missionsreise**	Apg 18-19		
Mai 52	Landreise Tauruspässe			
Sommer 52	Ankunft in Ephesus	Apg 19,8f	?	verl. Kor
			54	1Kor
Sommer 54	Zwischenbesuch in Korinth	2Kor 2,1ff		
			(52-54)	Philipper?
			(52-54)	Kolosser?
		2Kor 2,3f; 7,8		"Tränenbr."
			53-54	Galater
Herbst 54	Abreise aus Ephesus	Apg 20,1		
Ende 54-	Paulus in Mazedonien	Apg 20,2	54	2Kor
Anfang 55	und Griechenland		55	Römer
Ostern 55	Paulus in Philippi	Apg 20,3-6		
Pfingsten	Ankunft in Jerusalem	Apg 20,15ff		
55-60	**Römische Gefangenschaft**	Apg 20-28		
55	Gefangennahme in Jerusalem	Apg 21		
55-57	Paulus in Caesarea	Apg 23-26	(56)	Philipper?
			(56)	Kolosser?
57-58	Reise nach Rom	Apg 26-28		
58-60	Paulus in Rom	Apg 28,17ff	58	Philipper?
			59	Kolosser?
			58-60	Phlm
			59	Epheser
nach 60	Reise nach Spanien	Röm 15,24	60ff	Pastoralbr.
ca. 65	Hinrichtung in Rom			

Der Brief an die Römer

1. Inhalt

Dieser Brief des Apostels Paulus an die Gemeinde in Rom ist nicht nur das bedeutendste Dokument seiner Theologie. Er hat im Laufe der Kirchengeschichte gewaltige Wirkungen ausgelöst, z.b. die Bekehrung Augustins, die Entdeckung der Rechtfertigung des Sünders aus Gnade durch den Reformator Martin Luther, den durch Karl Barths Römerbrief-Auslegung eingeleiteten Umschwung von der liberalen zur dialektischen Theologie. Eine Einleitung in das Neue Testament kann die Aussagekraft eines solchen Dokuments nur andeuten. Sie kann aber Hilfen geben, seine Wirkungsgeschichte verständlich zu machen. Dafür ist der geschichtliche Hintergrund wichtig, auf dem der Brief entstanden ist.

Als Paulus diesen Brief verfaßte, hatte er den Eindruck, daß seine Missionsarbeit im Osten des Römischen Reiches abgeschlossen war. Nun wollte er den Westen, d.h. Spanien, erreichen. Dazu brauchte er einen Stützpunkt in Italien. Eine Gemeindegründung dort kam nicht in Frage, da es in Rom bereits eine Gemeinde gab. Da sie mehrheitlich heidenchristlich war, fühlte sich Paulus auch für sie zuständig. Er wollte diese Gemeinde, die ihn bisher persönlich nicht kannte, für seine Missionspläne im Westen des Römischen Reiches gewinnen (15,22-29). Dazu war zweierlei nötig:

Die Gemeinde mußte den Inhalt seiner Verkündigung kennenlernen. Darum der sorgfältig gegliederte, übersichtliche Aufbau dieses Briefes. Judenchristen und Heidenchristen sollen verstehen, was das Evangelium von Jesus Christus ist. Vor allem aber sollen Vorbehalte ausgeräumt werden, die Paulus bei Judenchristen vermutet. Er will mit der ganzen römischen Gemeinde zusammenarbeiten, nicht nur mit ihrem heidenchristlichen Flügel. Darum ist ihm das Thema der Erwählung des jüdischen Volkes so wichtig, daß er ganze drei Kapitel seines Briefes darauf verwendet. Denn darin erweist sich die Gerechtigkeit Gottes, daß er sein Volk Israel, das er erwählt hat, nicht verstößt, sondern es auf den Weg des Heils führt. Wer als Jude Heiden missionieren will, muß für sich und alle, die seine Missionsarbeit unterstützen sollen, diese Frage geklärt haben.

Das andere ist sicher ebenso wichtig: Die römische Gemeinde soll den Apostel persönlich kennenlernen. Er will in Rom das Evangelium verkündigen. Sie soll nicht nur durch einen Brief erfahren, wie er missioniert. Sie soll einen eigenen Eindruck bekommen (1,8-14). Denn er braucht die Unterstützung der Gemeinde noch in einer anderen Angelegenheit. Er hat eine schwierige Reise nach Jerusalem vor sich, bei der es noch nicht sicher ist, ob er dort freundlich aufgenommen wird. Er fleht die Gemeinde um geistliche Unterstützung an (Röm 15,30-32). Vielleicht soll sie aber auch, wie EKäsemann meint, eine „Mittlerfunktion" ausüben: „Paulus konnte hoffen, daß die römische Gemeinde seine Position auch in Jerusalem stärkte."[1]

Der Anlaß führt den Apostel dazu, ein theologisches Selbstbekenntnis abzulegen, ein Bekenntnis von gewaltiger Überzeugungskraft, wie die Wirkungsgeschichte zeigt.

Viele haben durch ihre Auslegung versucht, die Aussagen des Briefes an die Römer zu erschließen (vgl. 8.). Das gleicht dem Versuch von Bergsteigern, ein gewaltiges Alpenmassiv

---

1   EKäsemann, An die Römer, S. 386f

zu besteigen. Sie wählen unterschiedliche Routen, bekommen Teile des Massivs zu sehen. Manche Routen führen auf den Gipfel, andere müssen abgebrochen werden. Immer wieder stürzt auch jemand ab. Das Massiv ist aber immer größer als alle Versuche zu seiner Besteigung. So ist auch der Römerbrief des Apostels Paulus immer größer als alle Versuche zu seiner Auslegung. Er ist ein packendes Bekenntnis zum Evangelium von Jesus Christus.

2. Gliederung, Merkverse, Kernaussagen

Kapitel	Gliederung	Merkverse
1,1-17	Einleitung Briefkopf (Praeskript) Vorwort (Proömium) Thema: **Das Evangelium von Jesus Christus**	**1,16f**
1,18-5,21	1. Teil **Gottes Tat durch Jesus Christus rettet** Alle haben gesündigt	
1,18-31	– Heiden	
2,1-27	– Juden	
3,1-20	– alle	
3,21-31	Gottes Tat gilt allen zur Erlösung	**3,23f.28**
4,1-25	Annahme der Rettung durch den Glauben, zum Beispiel: Abraham	
5,1-11	Die Folge der Rettung ist Friede mit Gott	**5,1**
5,12-21	Gottes Rettungstat ist umfassend: Adam-Christus-Typologie	
6,1-8,39	2. Teil **Gottes Tat durch Jesus Christus befreit**	
6,1-23	von der Macht der Sünde	**6,23**
7,1-25	von der tödlichen Herrschaft des Gesetzes (beachte besonders 7,14-25)	
8,1-30	zum Leben aus dem Heiligen Geist	**8,1f.14.16.28**
8,31-39	LOBPREIS GOTTES	
9,1-11,36	3. Teil **Gottes Tat durch Jesus Christus gilt den Juden**	
9,1-5	Israel ist Gottes auserwähltes Volk	
9,6-33	Gott erwählt auch Heiden zu seinem Volk	
10,1-21	Israel bleibt beim Gesetzesweg und verliert das Heil	**10,4.14.17**
11,1-10	Gott hat Israel nicht verstoßen	
11,11-24	Rettung der Heiden als Ansporn für die Juden	
11,25-31	Israels künftige Bekehrung	
11,32-36	LOBPREIS GOTTES	

Kernaussagen

Ich schäme mich des Evangeliums nicht, denn es ist eine Kraft Gottes, die selig macht alle, die daran glauben, die Juden zuerst und ebenso die Griechen. Denn darin wird offenbart die Gerechtigkeit, die vor Gott gilt, welche kommt aus Glauben in Glauben; wie geschrieben steht: ,,Der Gerechte wird aus Glauben leben".
Röm 1,16f

So halten wir nun dafür, daß der Mensch gerecht wird ohne des Gesetzes Werke allein durch den Glauben.
Röm 3,28

So gibt es nun keine Verdammnis für die, die in Christus Jesus sind. Denn das Gesetz des Geistes, der lebendig macht in Christus Jesus hat dich frei gemacht von dem Gesetz der Sünde und des Todes.
Röm 8,1f

3. Literarische Eigenart

Der Brief an die Römer gehört zu den apostolischen Sendschreiben, die die Apostel in amtlicher Eigenschaft verfaßt haben.[2] Er zeichnet sich durch seinen dialogischen Charakter aus: Der Apostel teilt nicht nur seine Meinung mit, sondern bezieht seine Leser in die Überlegungen mit ein, indem er die Fragen formuliert, die er bei ihnen vermutet. So entsteht ein lebendiges Gespräch über den Inhalt des Evangeliums.

2 Vgl. S. 81ff

4. Historischer Zusammenhang

Es ist wahrscheinlich, daß es bereits im Jahr 49 n.Chr. in Rom eine christliche Gemeinde gegeben hat. Auf jeden Fall ist das Evangelium von Jesus Christus in der jüdischen Synagoge verkündigt worden. Das hat zu erheblicher Unruhe in der Judenschaft der Hauptstadt geführt. Jedenfalls sah sich der Kaiser Tiberius Claudius veranlaßt, im Jahr 49 n.Chr. die Juden aus Rom zu vertreiben.

Der römische Geschichtsschreiber Sueton schreibt im Jahr 120 n.Chr. in seiner Lebensbeschreibung des Kaisers Tiberius Claudius (Vita Claudii): Claudius ,,Iudaeos impulsore Chresto assidue tumultuantes Roma expulit" [3] (d.h. Claudius ,,hat die Juden aus Rom vertrieben, weil sie auf Betreiben von Chrestus ständig Aufruhr veranstalteten"). Es kann als sicher gelten, daß Chrestus gleich Christus ist. Die Situation wird in Rom nicht anders als in den Städten Griechenlands gewesen sein: Das Evangelium von Christus löst in der Judenschaft Proteste und heftige Gegenangriffe aus.

Für unseren Zusammenhang ist wichtig: Die Geschichte der Gemeinde in Rom hat begonnen, lange bevor Paulus Kontakt zu ihr aufnahm. Wer sie gegründet hat, wissen wir nicht. Die altkirchliche und römisch-katholische Tradition, daß der Apostel Petrus der Gründer der Gemeinde gewesen sei, ist fragwürdig, da Paulus sich entschlossen hat, dort nicht zu wirken, wo bereits ein anderer Apostel eine Missionsarbeit begonnen hat (Gal 2,7ff; Röm 15,20; 2Kor 10,15ff). Viel wahrscheinlicher ist, daß das Evangelium durch den regen Verkehr zwischen der Hauptstadt und Jerusalem nach Rom gekommen ist. Vielleicht waren daran auch die Libertiner (freigelassene Kriegsgefangene aus dem Feldzug des Pompeius gegen das jüdische Volk) beteiligt, die nach dem Bericht der Apostelgeschichte (2,10) am Pfingstfest in Jerusalem anwesend waren.

Wie auch immer der Anfang gewesen sein mag, die Vertreibung der Juden aus Rom hat auch den judenchristlichen Teil der Gemeinde betroffen. Aber schon bald müssen wieder christliche Missionare nach Rom gekommen sein, die bei den Menschen der Hauptstadt Gehör und Glauben fanden. Jedenfalls besteht einige Jahre später bereits eine Gemeinde mit verschiedenen Gruppierungen, an die sich Paulus mit seinem Brief wendet.

5. Theologische Schwerpunkte

Im Brief an die Römer wird ein Thema systematisch entfaltet: Das Evangelium von Jesus Christus. In ihm offenbart Gott seine Gerechtigkeit, wie Paulus schreibt (Röm 1,17). Doch was ist damit gemeint?

Wer den Begriff Gerechtigkeit Gottes hört, denkt in der Regel an eine Eigenschaft Gottes: Als gerechter Gott sorgt er dafür, daß jede Sünde bestraft und jeder Gehorsam belohnt wird. Unabhängig von Sympathie und Antipathie behandelt er jeden gleich. Er ist der gerechte Richter, der jeden Menschen einmal zur Verantwortung ziehen wird. Auch Luther hatte als Mönch die Gerechtigkeit Gottes so verstanden und von Angst getrieben versucht, diesem gerechten Gott mit seinem Leben zu gefallen – ohne Erfolg, wie er immer wieder feststellte.

3 WGKümmel, Einl., S. 269

Es war die größte Entdeckung seines Lebens, als er feststellte, daß in der Bibel Gerechtigkeit Gottes anders verstanden wird. Es geht schon im AT nicht um eine Eigenschaft Gottes, sondern um die Beziehung Gottes zu seinem erwählten Volk: Gott wird seinem Volk gerecht, indem er es in allen Wirrungen und Verirrungen seiner Geschichte nicht im Stich läßt, sondern es rettet. Darum werden Gerechtigkeit und Heil Gottes oft gleichzeitig erwähnt.

Von diesem Gott, der seine Menschen gerecht macht, damit sie mit ihm und nach seinem Willen leben können, handelt der Brief an die Römer. Er beschreibt, daß alle Menschen – Heiden und Juden – im Widerspruch zu Gott leben und darum Jesus Christus brauchen, der stellvertretend für sie eintritt. Das Vertrauen auf Jesus Christus öffnet den Weg zu einem heilen Leben.

Denn durch dieses Vertrauen kann die Macht der Sünde gebrochen und der verzweifelte Kampf, das Gesetz Gottes halten zu wollen und doch nicht halten zu können, überwunden werden. Dieses heile Leben wird ermöglicht durch die Gabe des Heiligen Geistes, der das in den Glaubenden bewirkt, wozu sie selber nicht in der Lage sind.

Nachdem Paulus so die verändernde Kraft des Glaubens beschrieben hat, scheint es so, als mache er, wie Luther schreibt, in den Kapiteln 9-11 „einen hübschen kleinen Umweg". Das trifft aber nicht zu. Viel eher ist es so, daß die ganze Argumentation des Apostels auf den Inhalt dieser Kapitel zielt. Denn er weiß sich als Jude berufen, den Heiden das Heil Gottes zu verkünden. Dafür will er die Unterstützung der Gemeinde in Rom gewinnen, auch ihres judenchristlichen Teils. Er muß diesem Teil erklären, wie er über die Erwählung und die Heilsaussichten des jüdischen Volkes denkt. Seine Botschaft ist eindeutig: Gott hat sein Volk Israel nicht verstoßen. Er wird auch diesem Volk gerecht werden.

Im letzten Teil des Briefes erläutert Paulus, wie das Vertrauen auf Jesus Christus das Leben der Menschen verändert: ihre Mitarbeit in der Gemeinde, ihre Beziehungen zueinander, ihr Verhältnis zum Staat, ihre Stellungnahme zu strittigen Themen.

Das Evangelium von Jesus Christus ist die heilende Kraft, die die Welt braucht.

6. Einheitlichkeit

Angesichts der klar gegliederten Gedankenführung des Briefes an die Römer erübrigt sich eigentlich die Frage, ob wir es wirklich mit einem einheitlichen Schreiben zu tun haben. Dennoch sind bei diesem Brief – wie bei vielen anderen – Überlegungen angestellt worden, ob nicht verschiedene Briefe nachträglich zu einem Brief zusammengefaßt wurden.[4] Sie konnten aber bisher die Ausleger nicht überzeugen, so daß eine eingehendere Beschäftigung damit an dieser Stelle nicht erforderlich ist.[5]

Schwierigkeiten bereitet allerdings allen Auslegern das letzte Kapitel aus zwei Gründen: Die Verse 24-27 sind uneinheitlich überliefert und die große Zahl der Bekannten des Apostels in einer ihm unbekannten Gemeinde irritiert. Die erste Schwierigkeit läßt sich leicht beheben, die zweite erweist sich bei näherer Betrachtung als nicht so schwerwiegend.

In der Luther-Übersetzung von 1984 steht nach dem Vers 23 in Kapitel 16 folgende Anmerkung: „Der Schluß des Römerbriefes ist uneinheitlich überliefert: Der Vers 24 und die

---

4   WSchmithals, Römerbrief, S. 180-211
5   Vgl. WGKümmel, Einl., S. 275

Verse 25-27 finden sich bei den Textzeugen an verschiedenen Stellen des Briefes. Vers 24 fehlt bei den ältesten Textzeugen an dieser Stelle; er lautet: 'Die Gnade unsers Herrn Jesus Christus sei mit euch allen! Amen.'"

Ein Blick in die griechische Ausgabe des Neuen Testamentes bestätigt diese Aussage: Die wichtigsten und ältesten Bibelhandschriften haben den Vers 24 nicht. Er kommt vor allem in der zweisprachigen (griechischen und lateinischen) Handschrift Claromontanus und damit zusammenhängenden lateinischen Übersetzungen vor. In der späteren Überlieferung taucht er dann immer häufiger auf. Aufgrund dieses Tatbestandes haben die Herausgeber des griechischen Neuen Testamentes den Vers 24 nicht zum ursprünglichen Text des Römerbriefes gerechnet.

Dagegen kommen die Vers 25-27 in fast allen Handschriften vor, aber an verschiedenen Stellen: in den wichtigsten alten Handschriften am Schluß von Kapitel 16, in anderen Handschriften aber auch nach 14,23, nach 15,33, nach 14,23 und 15,33, nach 14,23 und am Schluß von Kapitel 16. Ein solcher Handschriftenbefund weckt den Verdacht, daß es sich bei den Versen 25-27 um eine spätere Ergänzung handelt, die dann an verschiedenen Stellen eingefügt wurde. Verstärkt wird der Verdacht durch Formulierungen in diesen Versen, die so sonst im Römerbrief nicht vorkommen.[6]

Dennoch rechne ich damit, daß diese Verse auf Paulus zurückgehen, weil sie handschriftlich so gut bezeugt sind und die Formulierungen sich, wenn schon nicht im Römerbrief so doch in anderen Briefen des Apostels wiederfinden.[7]

Daß das Kapitel 16 so viele Grüße an Bekannte des Apostels enthält, hat manche Ausleger zu der Vermutung veranlaßt, daß es sich hier um ein Empfehlungsschreiben für die Diakonin Phöbe aus Kenchräa handeln könnte, mit dem diese nach Ephesus geschickt wurde, wo Paulus durch seine mehrjährige Tätigkeit viele mit Namen kannte. Dieses Schreiben sei dann an den Römerbrief angehängt worden. Der abgerundete Schluß von Kapitel 15 könnte für eine solche Deutung sprechen.

Dennoch folge ich ihr nicht, weil bisher antike Briefe, die nur aus Grüßen bestanden, nicht sicher nachgewiesen sind.[8] Vor allem aber macht die Kombination von zwei selbständigen Briefen an unterschiedliche Adressaten zu einem Brief keinen Sinn. In den Handschriften gibt es für diese Vermutung keinen Anhaltspunkt. Statt dessen gehe ich davon aus, daß im Laufe einiger Jahre viele Christen aus dem Orient in die Hauptstadt umgesiedelt sein können. Der Apostel nutzt die persönlichen Kontakte, um sein Ziel in Rom besser erreichen zu können.

Ich rechne also damit, daß das Kapitel 16 mit Ausnahme des Verses 24 zum ursprünglichen Brief an die Römer gehört.

7. Verfasser

Es gibt keinen Zweifel daran, daß der Apostel Paulus entsprechend der Absenderangabe Verfasser dieses ganzen Briefes ist.

6   WGKümmel, Einl., S. 277 Anm. 38 u. 39; so auch Lohse u. Wikenhauser
7   So auch Guthrie, Carson/Moo/Morris, Robert/Feuillet
8   WGKümmel, Einl., S. 279f

8. Empfänger

Was wir über die Zusammensetzung der römischen Gemeinde wissen, müssen wir aus dem Brief folgern. Andere Quellen stehen uns leider nicht zur Verfügung. Der Brief zeigt in allen seinen Teilen, daß Paulus, der sich als Apostel der Heiden versteht, ständig die Auseinandersetzung mit dem gesetzestreuen Judentum führt. Ob es um die Erlösungsbedürftigkeit und die tatsächliche Erlösung geht oder um die Befreiung von der Sünde zu einem neuen Leben oder um die Erwählung Gottes oder um die Gestaltung des Lebens aus dem Glauben: Immer sind beide Gruppen angesprochen: Juden und Heiden. Der Leser bekommt den Eindruck, daß Paulus ständig mit einem gesetzestreuen Juden über den Inhalt des Evangeliums im Gespräch ist. Sollte deswegen die römische Gemeinde mehrheitlich aus Judenchristen bestehen, vor denen Paulus sein Evangelium für die Heiden verantwortet?

Das ist unwahrscheinlich, weil Paulus sich als Apostel für die Heiden versteht und die Betreuung der Judenchristen bewußt Petrus überlassen hat (Gal 2,7ff). Er stellt sich darum im Brief an die Römer auch ausdrücklich als Heidenapostel vor (1,5f; 1,13; 15,15ff). Vor allem spricht er aber seine Leser als Heidenchristen an (11,13.17-24! vgl. 9,3ff; 10,1f). Es ist deutlich: Paulus spricht zu Nichtjuden über sein jüdisches Volk (11,23.28.31).

Deswegen rechne ich damit, daß die römische Gemeinde zur Zeit der Abfassung des Briefes mehrheitlich heidenchristlich war. Wahrscheinlich sind manche aus dem Osten nach Rom zugezogen, die schon Christen waren. Die lange Grußliste im Kapitel 16 spricht dafür, daß Paulus sie auf seinen Reisen durch Kleinasien kennengelernt hat.

Aber es muß auch einen judenchristlichen Flügel gegeben haben, wie die Auseinandersetzungen um Fleischverzicht oder Fleischgenuß und die Beachtung jüdischer Festtage zeigen (14,1ff). Paulus geht es darum, daß diese beiden Flügel einander annehmen und respektieren (15,7ff).

Dazu paßt auch gut, daß Paulus die Verantwortung von Juden und Heiden vor Gott betont (1,16; 2,9ff; 3,29; 10,12). Der dialogische Charakter des ganzen Briefes, vor allem aber die Kapitel 9-11, unterstreichen ebenfalls diese Zusammensetzung der Gemeinde.

9. Abfassungsort und -zeit

In 16,1 verweist Paulus auf Phoebe aus Kenchräa, was die Vermutung nahelegt, daß sie den Brief überbringen soll und sich am Abfassungsort des Apostels aufhält. Kenchräa ist die Hafenstadt von Korinth am Ionischen Meer. Nach Apg 20,2-16 ist Paulus nach seinem Ephesusaufenthalt drei Monate in Korinth gewesen. Vorher hat er die beiden Briefe an die Korinther geschrieben, wie sich aus diesen rekonstruieren läßt. Beide Briefe haben zu einer Entspannung des Verhältnisses zwischen Paulus und der Gemeinde in Korinth beigetragen, so daß bei seinem Aufenthalt von drei Monaten eine ruhige Zeit mit Muße für die Abfassung des Briefes an die Römer vorausgesetzt werden kann.

So kommt als Abfassungsort Korinth in Frage. Je nach Festlegung der absoluten Chronologie kommt als Abfassungszeit der Anfang des Jahres 55 oder 56 in Betracht. Nach Apg 20 war Paulus zum Passahfest wieder in Philippi, um von dort die Weiterreise nach Jerusalem anzutreten, wo er anläßlich des Pfingstfestes sein wollte.

10. Kommentare

P. Althaus, Der Brief an die Römer, NTD Bd. 6, [10]1966; E. Käsemann, An die Römer, HNT Bd. 8a, [4]1980; O. Kuss, Der Römerbrief (Röm 1-11), 1. Lfg., 1957, 2. Lfg., 1963, 3. Lfg., 1978; O. Michel, Der Brief an die Römer, KEK Bd. IV, (1955) [14]1978; A. Nygren, Der Römerbrief, [4]1965; A. Schlatter, Gottes Gerechtigkeit. Ein Kommentar zum Römerbrief, (1935) [6]1991; H. Schlier, Der Römerbrief, HThK Bd. VI, [3]1987; W. Schmithals, Der Römerbrief. Ein Kommentar, 1988; P. Stuhlmacher, Der Brief an die Römer, NTD Bd. 6, [14]1989 ([1]dieser neuen Fassung); U. Wilckens, Der Brief an die Römer, EKK Bd. VI/1, [2]1987; Bd. VI/2, [2]1987; Bd. VI/3, [2]1989.

Der 1. Brief an die Korinther

1. Inhalt

Zwei Begebenheiten haben den Apostel veranlaßt, diesen Brief zu schreiben:
Nach 1Kor 1,11 hat Paulus Besuch aus Korinth von den Chloe-Leuten bekommen. Sie haben ihm von den Auseinandersetzungen zwischen den verschiedenen Gruppen in Korinth berichtet und vor der Gefahr einer Spaltung der Gemeinde gewarnt. Außerdem wußten sie auch von einer Reihe weiterer Fehlentwicklungen in der Gemeinde zu erzählen. Paulus wäre am liebsten sofort nach Korinth gefahren, fühlt sich aber in Ephesus unabkömmlich (1Kor 16,1-11). Darum entschließt er sich, zu den angeschnittenen Fragen in einem Brief Stellung zu nehmen und Timotheus damit nach Korinth zu schicken. Die Stellungnahmen des Apostels zu diesem mündlichen Bericht der Chloe-Leute finden wir in den Kapiteln 1-6.

Noch während Paulus den Brief diktiert, kommt eine Abordnung der Gemeinde bei Paulus an, die ihm einen Brief aus Korinth überbringt. Die Abordnung besteht aus Stephanas, Fortunatus und Achaikus (1Kor 16,17). Da Stephanas zu dem Teil der Gemeinde gehört, der auf der Seite des Paulus steht, stammt der Brief wohl von diesem Teil. Folgende Fragen werden an Paulus gerichtet: Sollen wir in der Ehe enthaltsam leben? Sollen die Ehen aufgelöst werden? Sollen die jungen Mädchen unverheiratet bleiben? Dürfen wir auf dem Markt Fleisch kaufen? Wie beurteilst du die Geistesgaben? Muß jeder in fremden Sprachen beten können? Wie sollen wir es mit der Kollekte für Jerusalem halten? Kann Apollos nicht nach Korinth kommen?

In seinen Antworten in den Kapiteln 7-16 geht Paulus auf diese Fragen ein, indem er jedes neue Thema mit ,,betrifft" einleitet. Darüber hinaus geht Paulus auch auf den mündlichen Bericht der Abordnung über die Abendmahlspraxis und die Leugnung der Auferstehung der Toten in Korinth ein. So ist der 1. Korinther-Brief ein Schreiben aus aktuellem Anlaß, das die Probleme der wenige Jahre vorher vom Apostel Paulus gegründeten Gemeinde behandelt.

2. Gliederung, Merkverse, Kernaussagen

Kapitel	Gliederung	Merkverse
1,1-9	Einleitung: Briefkopf (Praeskript) Vorwort (Proömium)	
1,10-6,20	**1. Teil: Stellungnahmen zu mündlichen Berichten**	
1,10-17	Spaltungen in der Gemeinde	
1,18-25	Die Botschaft vom Kreuz	**1,18**
1,26-31	Die Zusammensetzung der Gemeinde	
2,1-16	Heiliger Geist und Weisheit	**2,14**
3,1-23	Paulus und Apollos in Korinth	**3,11**
4,1-21	Paulus – ein echter Apostel?	**4,20**
5,1-13	Paulus verordnet Gemeindezucht	
6,1-11	Christsein und Rechtsstreitigkeiten	
6,12-20	Christsein und Prostitution	

7,1-15,58	**2. Teil: Antwort auf schriftliche Anfragen**	
7	Fragen zur Ehe und zur Ehelosigkeit	
	Enthaltsamkeit in der Ehe? – Ehescheidung? –	
	Mischehe? – Ehelosigkeit?	
8,1-10,33	Fragen zum Götzenopfer	
	Wissen und Liebe – Brüderliche Rücksichtnahme –	
	Anpassungsfähigkeit des Apostels – Israels Beispiel –	
	Abendmahl und Götzenmahl –	**10,16f**
	Fleisch vom Markt und bei Gastgebern	
11,2-16	Auftreten von Frauen im Gottesdienst	
11,17-34	Liebesmahl und Herrnmahl	**11,23b-26**
12 – 14	Fragen zu den Geistesgaben	**12,26f**
15	Zur Leugnung der Auferstehung der Toten	**15,3f.10.55-57**
16,1-23	Schluß: Kollekte – Nachrichten – Gruß	

Kernaussagen

Das Wort vom Kreuz ist eine Torheit denen, die verloren werden; uns aber, die wir selig werden, ist's eine Gotteskraft.
1Kor 1,18

Wenn ein Glied leidet, so leiden alle Glieder mit; und wenn ein Glied geehrt wird, so freuen sich alle Glieder mit. Ihr aber seid der Leib Christi und jeder von euch ein Glied.
1Kor 12,26f

Denn als erstes habe ich euch weitergegeben, was ich auch empfangen habe: Daß Christus gestorben ist für unsre Sünden nach der Schrift; und daß er begraben worden ist; und daß er auferstanden ist am dritten Tage nach der Schrift; und daß er gesehen worden ist von Kephas, danach von den Zwölfen.
1Kor 15,3f

3. Literarische Eigenart

Es handelt sich um ein apostolisches Sendschreiben, mit dem der Apostel der durch ihn gegründeten Gemeinde Weisungen erteilt. Er geht auf die ihm mündlich geschilderte Situation und die schriftlich vorgelegten Fragen ein. Daraus entsteht nicht ein Dialog mit der Gemeinde in Korinth. Paulus versteht sich vielmehr als ihr Gründer und nimmt sich darum die Freiheit zu sagen, was in ihr gilt. Die Betroffenheit des Apostels über die jüngste Entwicklung prägt den Charakter des Briefes. Er spiegelt das Ringen des Gemeindegründers um seine Gemeinde wider.

4. Historischer Zusammenhang

Über die Stadt Korinth haben wir Informationen aus profanen Quellen; die Entwicklung der Gemeinde müssen wir aus den Angaben des 1. Korinther-Briefes und aus der Apostelgeschichte rekonstruieren.

Informationen über die Stadt Korinth: Das alte Korinth wurde 146 v.Chr. zerstört. Caesar hat die Stadt 44 v.Chr. als römische Kolonie neu gegründet. Seit 29 v.Chr. war Korinth als Hauptstadt der senatorischen Provinz Achaja Sitz eines Prokonsuls.

Als Hafenstadt war sie weltoffen. Ihre Bürger kamen aus allen Schichten, Kulturen und Religionen. Die Lasterhaftigkeit der Stadt war sprichwörtlich. Ob es allerdings die 1000 Tempeldirnen der Aphrodite gegeben hat, ist umstritten. Möglicherweise handelte es sich dabei um böswillige Unterstellungen der Nachbarn, wie HConzelmann belegt hat.[1]

In dieser Weltstadt entsteht durch die Missionstätigkeit des Apostels Paulus seit dem Jahr 49 n.Chr. eine christliche Gemeinde. Ihre Entwicklungsstufen lassen sich aus der Apostelgeschichte und aus dem 1. Korinther-Brief rekonstruieren.

Nach allem, was sich erkennen läßt, ist die Geschichte der Gemeinde in vier Phasen verlaufen:

1. Phase: Die Gründung der Gemeinde durch Paulus

Über den Anfang berichtet Apg 18,1-18. Nach seiner Ankunft in Korinth begegnet Paulus dem Ehepaar Aquila und Priszilla, beide von Beruf Zeltmacher wie auch er. Bei ihnen arbeitet er und verdient sich damit den Lebensunterhalt. In seiner freien Zeit besucht er die jüdische Synagoge und beteiligt sich an der Auslegung der Heiligen Schrift.

Nachdem seine Mitarbeiter Timotheus und Silas eingetroffen sind, kann er sich ganz der Wortverkündigung widmen, weil diese vermutlich Geldspenden aus Mazedonien mitgebracht haben. Er bezeugt Jesus als den Messias Israels. Das führt zum Bruch mit der Synagoge. Paulus zieht mit seinen Anhängern in das benachbarte Haus des Gottesfürchtigen Justus. Dort versammelt sich der Grundstock der Gemeinde, jüdische Familien, die zum Glauben an Jesus gekommen sind. Mit ihnen zusammen missioniert Paulus 1 1/2 Jahre. Es kommen Juden und Griechen zum Glauben.

Nachdem der neue Prokonsul Gallio sein Amt angetreten hat, kommt es zu einer Anklage gegen Paulus und seine Freunde, die von den leitenden Leuten der Synagoge veranlaßt wird. Der Anklage wird nicht stattgegeben. Statt dessen kommt es zu antisemitischen Ausschreitungen. Die christliche Gemeinde bleibt unangefochten. Vielleicht hatte sie deswegen wenig Verständnis dafür, daß Paulus in anderen Städten auf heftigen Widerstand stieß.

In ihrer Zusammensetzung trug die Gemeinde erheblichen Zündstoff in sich: Judenchristen und Heidenchristen, wohlhabende Leute (Apg 18,7; Röm 16,23) und viele aus den unteren sozialen Schichten (1Kor 1,26)

2. Phase: Die Wirksamkeit des Apollos

Etwa im Herbst 51 n.Chr. verläßt Paulus Korinth und reist über Mazedonien, Kleinasien nach Antiochien in Syrien. Auf dem ersten Teil der Reise begleiten ihn Aquila und Priszilla; sie bleiben in Ephesus. Dort begegnen sie einem Juden aus Alexandria namens Apollos (Apg

---

1   HConzelmann, Korinth und die Mädchen der Aphrodite. Zur Religionsgeschichte der Stadt Korinth, NAG 1967, S. 8

18,23-28). Dieser war über Jesus informiert und offensichtlich von ihm begeistert. Als begabter Theologe und Redner verbreitet er die Lehre von Jesus. Aquila und Priszilla merken aber bald, daß er noch nicht alles richtig verstanden hat. Er ist auch noch nicht auf den Namen Jesu Christi getauft, denn er kennt nur die Taufe des Johannes.

Das Ehepaar unterweist Apollos im Glauben an Jesus Christus und sendet ihn dann mit einem Empfehlungsschreiben nach Achaja, also auch nach Korinth. Dort zeigt sich seine theologische und rednerische Begabung. Er unterstützt die Mitglieder der jungen Gemeinde bei ihren Auseinandersetzungen mit Juden, indem er aus der Heiligen Schrift nachweist, daß Jesus der verheißene Messias ist. Ob es ihm dadurch gelungen ist, den Synagogenvorsteher Sosthenes, der vor dem Richterstuhl Gallios verprügelt worden war (Apg 18,17), für den Glauben an Jesus Christus zu gewinnen, kann wegen des 1. Korinther-Briefes vermutet (vgl. 1Kor 1,1), aber nicht bewiesen werden. Jedenfalls hat das Wirken des Apollos in der Gemeinde einen so nachhaltigen Eindruck hinterlassen, daß sich eine Gruppe der Gemeinde als „Apollos-Leute" bezeichnet (1Kor 1,12; 3,4). Dennoch hat Paulus in Apollos nicht einen Konkurrenten gesehen, sondern einen anders begabten und beauftragten Mitarbeiter Gottes (1Kor 3,5-15), wenn es für ihn auch schmerzlich sein mußte, daß im Vergleich mit Apollos seine eigene Redebegabung in der Gemeinde Korinth als gering eingestuft wurde (2Kor 10,10; 11,6).

3. Phase: Zuzug von Christen aus dem Orient

Die Lage in der Gemeinde wird dadurch noch komplizierter, daß Christen aus dem Orient eintreffen. Ob sie aus der Urgemeinde in Jerusalem kommen, ist nicht zu erkennen. Deutlich ist, daß sie sich auf Petrus berufen. Sie benutzen die hebräische Form des Namens, den Jesus seinem Jünger Simon gegeben hat: Kephas. Das allein ist schon ein deutlicher Hinweis auf ihre Herkunft.

Es sind Judenchristen, die wissen, daß Jesus seinen Jünger Simon zum Felsen (hebr. *kepha*) für seine Gemeinde gemacht hat. Darin sehen sie die Einheit der Gemeinde garantiert: in der Unterordnung der Gesamtgemeinde unter Petrus. Für sich haben sie diese Entscheidung getroffen. Sie nennen sich die „Kephas-Leute" (1Kor 1,12).

Die beiden Briefe an die Korinther lassen erkennen, daß die Korinther mit der Urgemeinde vertraut sind: Sie wissen, daß die anderen Apostel verheiratet sind (1Kor 9,5), daß der Herrnbruder Jakobus eine besondere Stellung einnimmt (1Kor 15,7), daß Jesus zwölf Apostel berufen hatte (1Kor 15,5), daß die Verkündiger des Evangeliums von dieser Tätigkeit leben sollen (1Kor 9,14), daß durch Apostel Wunderzeichen geschehen (2Kor 12,12), daß Jesus die Ehescheidung untersagt hat (1Kor 7,10). Aber „was an diesem Christusbild von Paulus stammte und was aus der Überlieferung der ersten Kirche in die Gemeinde hineingetragen wurde, läßt sich nicht voneinander sondern".[2]

Den zugewanderten Christen aus dem Orient waren Paulus und sein Wirken fremd. Die anderen Apostel hatten ihnen den Zugang zum Glauben an Jesus Christus erschlossen. Sie haben keine Neigung, das mosaische Gesetz in die Korinther Gemeinde zu bringen. Auch in ihrer Heimatgemeinde sprach man vom „Neuen Bund", von der „neuen Gemeinde", vom „Glauben". Aber ihnen wurden die ersten Apostel zu „Überaposteln" (2Kor 11,5; 12,11).

---

2 ASchlatter, Paulus der Bote Jesu, S. 2

Hatten die durch Paulus gegründeten Gemeinden nicht auch die Unterordnung unter diese Apostel und insbesondere unter Petrus nötig?

4. Phase: Das Aufkommen der Schwärmer

Die Gemeinde wurde am meisten durch die vierte Phase in ihrer Entwicklung gefährdet. Es treten Leute auf, die sich auf Christus berufen (1Kor 1,12; 2Kor 10,7). Paulus hat sie wohl im Blick, wenn er an verschiedenen Stellen von „einigen" schreibt (1Kor 3,18; 4,18; 15,12). Es könnte den Anschein haben, als hätte diese Gruppe die Gemeinde an Christus binden wollen. Aber ihre Bezeichnung als Christusangehörige war keine Einladung an alle, zu der gemeinsamen Basis zurückzukehren. Sie war exklusiv gemeint und darum als Kampfruf gedacht: Nur von sich selber sagen diese Leute, daß sie dem Christus angehören; anderen sprechen sie das ab.

Sie fragen, ob Paulus wirklich den Heiligen Geist habe (1Kor 7,40), ob er ein richtiger Apostel sei (1Kor 9,2; 15,9), ob er auch die Gabe der Sprachenrede habe (1Kor 14,18), ob er Offenbarungen von Christus empfangen habe (2Kor 12,1) und ob Christus wirklich durch ihn rede (2Kor 13,3). Sie stellen die Autorität des Apostels in Frage; viele seiner Äußerungen sind als Reaktion darauf zu verstehen. Es ist kaum anzunehmen, daß Menschen, die durch Paulus für Christus gewonnen wurden, später so über ihn reden konnten.

Erschreckend war für den Apostel, daß es sich hier nicht nur um eine persönliche Kontroverse handelte. Diese Gegner verkündeten eine neue Glaubenslehre und eine neue Ethik. Sie halten es für unproblematisch, wenn Männer aus der Gemeinde zu den Korinther Dirnen gehen (1Kor 6,12). Sie fordern in den Ehen geschlechtliche Enthaltsamkeit (1Kor 7,1-7) und sogar aus geistlichen Gründen die Scheidung von Ehen (1Kor 7,10-12). Sie fordern Freiheit zur Teilnahme an Götzenfesten (1Kor 10,23). Sie mißachten das Abendmahl (1Kor 11,17-34). Vom Heiligen Geist und seinen Gaben reden sie viel, besonders vom Reden in fremden Sprachen (1Kor 12-14). Sie sind so von der Erneuerung durch Gottes Geist überzeugt, daß sie die leibliche Auferstehung für überflüssig halten (1Kor 15).

ASchlatter charakterisiert diese Gruppe so: „Nicht glauben, sondern erkennen, nicht gehorchen und untertan sein, sondern seine Vollmacht betätigen, nicht an andere denken, für sie sorgen und ihnen dienen, sondern das eigene religiöse Erlebnis pflegen, auch wenn es für andere unverständlich bleibt, nicht sterben, sondern sich des Lebens freuen, das durch die Herrschaft Gottes in Bälde verklärt werden wird, das ist das, was der Gemeinde des Christus, der Gemeinschaft der Heiligen, gegeben ist."[3]

Das ist Schwärmerei. Darum nennen wir die Christus-Leute „die Schwärmer". Mit ihnen setzt sich Paulus vor allem auseinander. Darin sind sich die Forscher einig.

Meinungsverschiedenheiten gibt es über die Frage, wie die Schwärmer in die Gemeinde gekommen sind. Drei Auffassungen haben die Auslegung in unserem Jahrhundert bestimmt:

Lütgert, dem es zunächst um die Widerlegung der von FCBaur vertretenen Auffassung ging, es handele sich um judaistische Tendenzen, vertrat dann die Auffassung, die schwärmerische Gruppe sei aus der Gemeinde selbst entstanden.[4]

Dagegen spricht die oben beschriebene scharfe Frontstellung gegen Paulus.

---

3   ASchlatter, Paulus der Bote Jesu, S. 28
4   WLütgert, Freiheitspredigt und Schwarmgeister in Korinth, 1908

Schlatter geht davon aus, daß es sich um Einflüsse aus dem libertinistischen Flügel des Judentums Palästinas handelt. Man denke vor allem an die Lehrauffassungen der Sadduzäer, die auch mit der Totenauferstehung nichts anfangen konnten.[5]

Schmithals hat in einer Monographie nachzuweisen versucht, daß alle Merkmale dieser Gruppe in die Richtung der Gnosis weisen.[6]

Freilich muß er dabei auf Quellen zurückgreifen, die in das 7. und 8. Jh. n.Chr. zu datieren sind. Deshalb muß er voraussetzen, daß es Formen dieser Gnosis bereits im 1. Jh. gegeben hat.

Bei diesem Stand der Forschung müssen wir zugeben, daß wir die Frage nach der Herkunft der Korinther Schwärmer nicht sicher beantworten können. Zu wenig scheint bisher der kulturelle, philosophische und religiöse Einfluß Griechenlands berücksichtigt zu sein, aus dem sich die Überschätzung der Erkenntnis und Weisheit und die Verachtung der Leiblichkeit mit ihren ethischen Folgen schon nachweisen ließen. Das wäre historisch überzeugender als der Rückgriff auf ein geschlossenes gnostisches System, das es zu dieser Zeit sicher noch nicht gegeben hat, sondern das sich erst in der Auseinandersetzung mit dem christlichen Glauben entwickelte.

Man kann die Geschichte der Gemeinde Korinth nicht anders als dramatisch beschreiben: Im Herbst 49 beginnt Paulus mit der Missionsarbeit in Korinth; im Herbst 51 verläßt er die Stadt. Im Frühjahr 54 , also 2 1/2 Jahre später, schreibt er seinen ersten Brief an die Gemeinde, wie noch näher zu begründen ist. In 4 1/2 Jahren hat die Gemeinde alle vier Phasen durchlaufen und damit nahezu alle Krisen einer Gemeinde-Neugründung durchgemacht.

5. Theologische Schwerpunkte

Abgesehen von Kapitel 15 geht es in diesem Brief weitgehend um Fragen der christlichen Lebensgestaltung. Wie kann die Einheit der Gemeinde bewahrt werden, wenn sich unterschiedliche Gruppen bilden, die gegeneinander arbeiten? Welche Bedeutung haben von Gott begabte Mitarbeiter für die Gemeinde? Wie soll man bei Rechtsstreitigkeiten von Christen verfahren? Was gilt in Fragen der Sexual- und Eheethik? Wie sollen Christen sich in einem heidnisch geprägten religiösen Umfeld verhalten? Wie kann die Gemeinde das Herrnmahl feiern, wenn ihre Glieder lieblos miteinander umgehen? Welche Gnadengaben hat Gott seiner Gemeinde gegeben und wie können sie sinnvoll eingesetzt werden?

Paulus beantwortet diese Fragen, indem er sie auf das Evangelium von Jesus Christus bezieht. Was Gott durch Jesus Christus getan hat, muß die Gemeinde in ihrem Verhalten bestimmen. Insofern ist dieser Brief ein ausgeführtes Beispiel für die Gemeinde- oder Nachfolge-Ethik, die der Apostel Paulus vertreten hat.

Ausgelöst sind die ethischen Fragen durch eine Frömmigkeit, die das Geistliche betont und die Leiblichkeit des Christen nicht ernstnimmt. Solche Vorstellungen weisen in die Richtung griechischer Philosophie, aber auch gnostischer Bewegungen. Mit ihnen setzt sich der Apostel auf dem Hintergrund des alttestamentlichen Schöpferglaubens kämpferisch auseinander.

Das geschieht insbesondere auch im Kapitel 15. Die Auferstehung der Toten wurde in Ko-

---

5   ASchlatter, Paulus der Bote Jesu, S. 42-46
6   WSchmithals, Die Gnosis in Korinth, 1956, [3]1969

rinth nicht geleugnet, weil man damit Denkschwierigkeiten gehabt hätte. Vielmehr gaben sich die Korinther mit der Erneuerung ihres Geistes zufrieden. Auf die Auferstehung des Leibes legten sie keinen Wert. Mit dem Hinweis auf die leibhafte Auferstehung Jesu Christi von den Toten tritt Paulus diesen Vorstellungen entgegen. Er ist zutiefst davon überzeugt, daß die Erlösung durch Jesus Christus leibhafte Formen annehmen wird. Nur unter dieser Voraussetzung sieht er den Weg des Glaubens als sinnvoll an.

6. Einheitlichkeit

Aus 1Kor 5,9-13 geht hervor, daß Paulus der Gemeinde bereits früher schon einmal geschrieben hat, dabei aber nicht richtig verstanden worden ist. Deshalb muß er dazu noch einmal Stellung nehmen. Üblicherweise wird dieser Brief der ,,verlorene Korinther-Brief" genannt.

Einige Forscher (z.B. Héring u. WSchmithals) haben versucht, den verlorenen Brief aus dem 1. Korinther-Brief zu rekonstruieren.[7] Anlaß dafür sind angebliche Brüche oder Wiederholungen in der Gedankenführung:

In 1Kor 4,19 verspricht Paulus, bald zu kommen; nach 1Kor 16,3ff gewinnt der Leser den Eindruck, daß das Kommen doch noch länger dauern könnte. Aber bei genauerer Betrachtung müssen beide Terminangaben nicht gegensätzlich sein.

In 1Kor 10,1-22 verbietet Paulus grundsätzlich die Teilnahme an Götzenmahlzeiten; in 1Kor 8 und 10,23-11,1 hat er gegen den Genuß von Götzenopferfleisch nichts einzuwenden. Man soll nur auf die schwachen Gewissen Rücksicht nehmen. Aber das sind ja auch zwei verschiedene Problemkreise: In 10,1-22 geht es um Besuche in heidnischen Tempeln; in 8 und 10,23-11,1 geht es um Genuß von Fleisch, das auf dem Mark oder von Gastgebern angeboten wird.

In 1Kor 9 verteidigt Paulus sein Apostelamt, wähend in den wichtigen Kapiteln 1-4 des 1. Korinther-Briefes sich der Apostel nicht auf sein Amt beruft. Dennoch betont er in 1Kor 1,1ff ausdrücklich sein Apostelamt und geht in 1Kor 4 ausführlich auf die Kritik an seiner Person ein.

Nach 1Kor 11,18 scheint Paulus zum ersten Mal von Spaltungen in Korinth zu hören, während er das Thema doch schon in Kapitel 1,10ff verhandelt hat. Offensichtlich handelt es sich aber nicht um die Gruppenbildungen, auf die Paulus in Kapitel 1 eingeht, sondern um Spaltungen beim Liebes- und Abendmahl.

So bleibt nach Durchsicht der Argumente gegen die Einheitlichkeit des 1. Korinther-Briefes nur die Feststellung, daß wir diesen Brief als ein einheitliches Schreiben anzusehen haben. Eine ineinander gearbeitete Kombination von zwei selbständigen Briefen wäre nach unserer bisherigen Kenntnis der antiken Briefliteratur auch völlig ungewöhnlich. Darum gehe ich von der Einheitlichkeit dieses Briefes aus.[8]

---

7   Vgl. WGKümmel, Einl. S. 239-241
8   So auch WGKümmel, Einl., S. 241

7. Verfasser

Nach der Absenderangabe stammt der Brief von dem Apostel Paulus. Daran gibt es keinen Zweifel.

8. Empfänger

Der Brief ist an die Gemeinde in Korinth adressiert. Sie ist mehrheitlich heidenchristlich. Ihre weitere Zusammensetzung und ihre besonderen Konflikte, die zur Abfassung dieses Briefes führten, wurden bereits beschrieben.[9]

9. Abfassungsort und -zeit

Nach 1Kor 5,7f ist es möglich, daß der Brief kurz vor dem Osterfest geschrieben wurde, denn Paulus erwähnt Christus als das Osterlamm der Christen und fordert die Korinther auf: „Laßt uns das Fest feiern ...", also Bereinigung der unklaren Dinge in der Gemeinde vor dem Osterfest.

1Kor 16,8 zeigt, daß der Brief vor Pfingsten in Ephesus geschrieben wurde. Er ist also wohl in einem Frühjahr während der dritten Missionsreise in Ephesus verfaßt worden. Dafür kommen nach der Tabelle über die absolute und relative Chronologie nur die Jahre 53 und 54 in Frage. Zwischen diesen beiden Daten können wir noch genauer entscheiden.

Im ersten Brief an die Korinther erinnert Paulus an die Kollekte für Jerusalem (1Kor 16,1-14). Darauf kommt er im zweiten Brief zurück (2Kor 8,10; 9,2) und datiert sie ins vorige Jahr. Der zweite Korinther-Brief ist nach dem Verlassen von Ephesus geschrieben worden (2Kor 2,12f; 7,5-7). Das bedeutet nach der absoluten und relativen Chronologie Ende 54. Das „vorige Jahr" wäre nach unserem Kalender dann das Frühjahr 53 gewesen. Da aber nach dem orientalisch-julianischen Kalender, der zur Zeit der Abfassung dieses Briefes gilt, das neue Jahr im Herbst beginnt, kommt als Abfassungszeit für den 1. Korinther-Brief das Frühjahr 54 in Frage.

10. Kommentare

W. de Boor, Der erste Brief des Paulus an die Korinther, WStB, [8]1984; H. Conzelmann, Der erste Brief an die Korinther, KEK 5. Abt., [12] 1981; E. Fascher, Der erste Brief des Paulus an die Korinther, ThHK Bd. VII, 1, [4]1988; H. Krimmer, Erster Korintherbrief, 1985; F. Lang, Die Briefe an die Korinther, NTD Bd. 7, 1986; A. Schlatter, Paulus der Bote Jesu, Eine Deutung seiner Briefe an die Korinther, [4]1969; W. Schrage, Der erste Brief an die Korinther (1Kor 1,1-6,11), EKK Bd. VII/1, 1991; H.D. Wendland, Die Briefe an die Korinther, NTD Bd. 7, [15]1980.

---

9 Vgl. S. 101ff

Der 2. Brief an die Korinther

1. Inhalt

Der zweite Brief an die Gemeinde in Korinth ist ein Schreiben mit starkem persönlichem Akzent. Paulus setzt sich mit den Angriffen auf seine Person und sein Amt auseinander, die nach dem 1. Brief zugenommen hatten. Man spürt, wie der Apostel darum ringt, in der von ihm gegründeten Gemeinde wieder Gehör zu finden.

Die Rückkehr seines Mitarbeiters Titus vermittelt ihm gute Nachrichten, so daß er einen weiteren Besuch in Korinth vorbereiten kann. Dazu soll auch dieser Brief dienen.

Paulus bittet die Gemeinde, Geld für die verarmten Christen in Jerusalem zu spenden. So hatte er es den Aposteln in Jerusalem versprochen (Gal 2,10). Damit sollte deutlich werden, daß die heidenchristlichen Gemeinden mit der Urgemeinde in Jerusalem zusammengehören und darum für sie Verantwortung wahrnehmen.

In den letzten Kapiteln des Briefes überrascht der scharfe Ton, in dem sich Paulus noch einmal mit seinen Gegnern auseinandersetzt. Sind die Konflikte in Korinth doch noch nicht behoben? Die damit zusammenhängenden Fragen sind sorgfältig zu bedenken.

2. Gliederung, Merkverse, Kernaussagen

Kapitel	Gliederung	Merkverse
1,1-11	Einleitung: Briefkopf – Vorwort	
1,12-7,16	**Paulus verteidigt seine Person und sein Amt**	
1,12-2,14	Paulus wehrt Angriffe auf seine Person ab	
	Reisepläne – Vorfall – Erwartung des Titus	
	LOBPREIS	
2,15-7,4	Paulus verteidigt sein Apostelamt	
2,15-17	Der Apostel ein Wohlgeruch Christi	
3	Die Herrlichkeit des Dienstes im neuen Bund	**3,17**
4	Das Licht des Evangeliums im Dienst des Apostels	**4,5.7**
5,1-10	Hoffnung über den Tod hinaus	
5,11-21	Der Apostel als Botschafter der Versöhnung	**5,19-21**
6,1-13	Die Bewährung im entbehrungsvollen Dienst	
6,14-7,4	Warnung vor Götzendienst und Werbung um die Gemeinde	
7,5-16	Paulus freut sich über die Ankunft des Titus	
8 und 9	**Aufruf zur Sammlung für Jerusalem**	
10-13,10	**Paulus weist persönliche Angriffe ab**	
10	Der Vorwurf der schwachen Redegabe	
11	Falsche und echte Apostel Christi	
12	Offenbarungen Jesu Christi und die Schwachheit seines Apostels	**12,9**
13,1-10	Mahnungen vor dem dritten Besuch	
13,11-13	Briefschluß	**13,13**

Kernaussagen

Wir predigen nicht uns selbst, sondern Jesus Christus, daß er der Herr ist, wir aber eure Knechte um Jesu willen. 2Kor 4,5
Wir haben aber diesen Schatz in irdenen Gefäßen, damit die überschwengliche Kraft von Gott sei und nicht von uns. 2Kor 4,7
Gott war in Christus und versöhnte die Welt mit sich selber und rechnete ihnen ihre Sünden nicht zu und hat unter uns aufgerichtet das Wort von der Versöhnung. So sind wir nun Botschafter an Christi Statt, denn Gott ermahnt durch uns; so bitten wir nun an Christi Statt: Laßt euch versöhnen mit Gott! 2Kor 5,19f

3. Literarische Eigenart

Es handelt sich um ein apostolisches Sendschreiben, mit dem der Apostel seine Autorität in Korinth erneut untermauern will. Die Verletzungen, die Paulus erlitten hat, sind in der sprachlichen Gestalt des Briefes deutlich zu spüren. Er vermittelt einen unmittelbaren Einblick in das unermüdliche, oft strapaziöse und konfliktreiche apostolische Wirken.

4. Historischer Zusammenhang

Aus der Apostelgeschichte erfahren wir über die Zeit zwischen dem 1. und 2. Korinther-Brief nichts, da sie die Gemeinde Korinth erst wieder im Zusammenhang mit einem Besuch des Apostels Paulus nach seiner Wirksamkeit in Ephesus erwähnt. Vor diesem Besuch ist aber der 2. Brief an die Korinther geschrieben worden, denn er bereitet diesen Besuch vor.

Wir sind also auf den 2. Brief an die Korinther als einzige Quelle für die hier zu beschreibende Geschichte angewiesen. Aus ihm läßt sich folgendes Bild rekonstruieren:

Aus 1Kor 4,17 und 16,10 geht hervor, daß Paulus Timotheus nach Korinth geschickt hat, um den 1. Brief zu überbringen und so weit wie möglich die Lage in der Gemeinde zu klären. Das scheint nicht gelungen zu sein. Deswegen reist Paulus selbst nach Korinth, um die Dinge zu ordnen. Das ergibt sich aus 2Kor 12,14 und 13,1, wo Paulus seinen dritten Besuch in Korinth ankündigt. Es muß sich also um einen Zwischenbesuch handeln, den die Apostelgeschichte nicht erwähnt.

Offensichtlich ist dieser Besuch nicht glücklich verlaufen, wie 2Kor 2,1ff berichten. Es kommt zu einem peinlichen Vorfall, bei dem Paulus Unrecht geschieht. Die ganze Gemeinde wird in die Sache mit hineingezogen (2Kor 2,5; 7,12). Weit entfernt davon, den Frieden in der Gemeinde wiederherzustellen, bricht Paulus seinen Besuch ab. Die Stimmung in der Gemeinde wendet sich gegen ihn. Es kommt zu scharfen persönlichen Angriffen und Verdächtigungen gegen den Apostel: Er sei wankelmütig (2Kor 1,15ff). Man habe von ihm noch kein Empfehlungsschreiben gesehen (2Kor 3,1). Sein Verhalten sei anstößig (2Kor 5,11; 6,3f). Vielleicht habe er sich sogar persönlich bei den Kollekten bereichert (2Kor 7,2; 12,16), jedenfalls sei er kein großer Redner (2Kor 10,10f; 11,6) und ob er ein richtiger Apostel sei, müsse man doch fragen dürfen (2Kor 12,12; 13,3). Die schon zur Zeit des 1. Briefes an die Korinther bemerkbare Absicht, Paulus den Rang eines Apostels streitig zu machen, hat schärfere Formen angenommen. Die Gegner schrecken vor persönlichen Verunglimpfungen nicht zurück. Sie sind wahrscheinlich in der Gruppe der Schwärmer zu suchen. Paulus unterscheidet sorgfältig zwischen ihnen (einige) und der Gemeinde (ihr). Aber er ist so tief getroffen, daß er den schon angekündigten dritten Besuch verschiebt. Er möchte es nicht zu einer neuen Auseinandersetzung kommen lassen (2Kor 1,23).

Statt dessen verfaßt er einen scharfen Brief, der in der Forschung der Tränenbrief genannt wird. Im 2. Korinther-Brief nimmt er auf ihn Bezug: 2Kor 2,3-4; 7,8. Wahrscheinlich läßt er den Brief durch Titus überbringen (2Kor 7,14ff) und wartet in Mazedonien voll Unruhe auf dessen Rückkehr (2Kor 2,12.13; 7,5ff). Endlich trifft Titus ein und bringt gute Nachrichten aus Korinth mit: Die Gemeinde bereut die vorgefallenen Ereignisse. Allerdings sind noch nicht alle Widerstände gegen den Apostel überwunden. Deswegen sendet Paulus Titus gleich noch einmal nach Korinth (2Kor 8,16f), um den 2. Brief an die Korinther zu überbringen, in dem Paulus seinen dritten Besuch ankündigt (2Kor 12,20; 13,2). Gleichzeitig soll Titus die Sammlung für die Gemeinde in Jerusalem vorbereiten und durchführen helfen.

Der 2. Brief an die Korinther läßt erkennen, daß zwischen der Gemeinde und dem Apostel wieder eine gemeinsame Basis besteht. Gegenüber demjenigen, der ihn beleidigt hat, empfiehlt Paulus Milde (2Kor 2,5-11). Der teilweise scharfe Ton am Schluß des Briefes (Kapitel 10-13) läßt erkennen, daß Paulus nach wie vor mit Gegnern in Korinth rechnet.

Aufgrund der bisher beschriebenen Geschichte der Gemeinde in Korinth ist die Zählung der Briefe an die Gemeinde nach dem Neuen Testament etwas verwirrend. Denn in Wirklichkeit hat der Apostel vier Briefe an die Gemeinde geschrieben. Zwei sind uns im Neuen Testament überliefert, zwei sind verlorengegangen oder, wie einige Forscher behaupten, in die vorhandenen Briefe eingearbeitet worden. Für die Briefe ergibt sich folgende Reihenfolge:

1) Ein unbekannter Brief an die Korinther
2) Der 1. Brief an die Korinther
3) Der Tränenbrief, den Titus überbringt
4) Der 2. Brief an die Korinther

5. Theologische Schwerpunkte

Der größte Teil des Briefes befaßt sich mit dem apostolischen Amtsverständnis. Es wird in Beziehung gesetzt zu dem Amt, das Mose in Israel hatte (2Kor 3). Im Amt des Mose spiegelte sich Gottes Herrlichkeit. Daraus folgert Paulus: Um wieviel mehr zeigt sich im Dienst der Apostel, die die Versöhnung mit Gott durch Jesus Christus verkündigen, die strahlende Herrlichkeit Gottes. Wer im Dienst für Jesus Christus neue Motivation und Ermutigung sucht, kann sie in diesem Brief finden: Es ist eine großartige Aufgabe, Menschen mit dem Evangelium bekannt zu machen. Gott selber wendet sich durch diesen Dienst den Menschen zu.

Allerdings verschweigt Paulus nicht, daß das apostolische Wirken mit vielen Strapazen, Entbehrungen, Anfeindungen und Leiden verbunden ist. Er scheint auch unter einer körperlichen Behinderung gelitten zu haben, von der er gerne geheilt worden wäre (2Kor 12,1-10).

Dieser Wunsch wurde ihm nicht erfüllt. Er sollte sich mit der gnädigen Zuwendung Gottes in allen seinen Schwachheiten zufriedengeben. Insofern ist dieser Brief ein Beleg dafür, daß der Glaube an Jesus Christus keineswegs ein leidensfreies und erfolgreiches Leben ermöglicht. Er zeigt, wie das Evangelium dazu hilft, in Entbehrungen, Leiden und Krankheiten nicht zu verzweifeln, weil Gott durch Jesus Christus bei denen ist, die in solche Lebenssituationen kommen.

Zum Realismus dieses Briefes gehört, daß zwei Kapitel darauf verwendet werden, die Opfersammlung für die notleidende Gemeinde in Jerusalem sorgfältig vorzubereiten. Paulus deutet mit keinem Wort an, daß die Gemeinde in Jerusalem ihre Armut selbst verschuldet haben könnte. Vielmehr sieht er in ihr eine Herausforderng für die reicheren Gemeinden. Diese Herausforderung geht auch die Gemeinde Jesu Christi an, die heute in den reichen Industrienationen lebt. Ihr Herr macht sie verantwortlich für die Brüder und Schwestern, die in bitterer Armut leben. Der Apostel macht seinen Lesern nicht ein schlechtes Gewissen, sondern ruft zu fröhlichem Teilen auf: ,,*Wer da kärglich sät, der wird auch kärglich ernten; und wer da sät im Segen, der wird auch ernten im Segen. Ein jeder, wie er's sich im Herzen vorgenommen hat, nicht mit Unwillen oder aus Zwang; denn einen fröhlichen Geber hat Gott lieb*" (2Kor 9,6f).

6. Einheitlichkeit

Dem aufmerksamen Leser dieses Briefes kann nicht entgehen, daß nach dem versöhnlichen Ton in Kapitel 7 und den praktischen Regelungen in den Kapiteln 8 und 9 der Ton ab Kapitel 10 ungewöhnlich scharf wird, ohne daß der Brief dafür einen Grund erkennen läßt.

Außerdem fällt auf, daß Kapitel 9 die Kollektenfrage scheinbar so behandelt, als ob davon überhaupt noch nicht gesprochen worden wäre (beachte besonders Vers 1), während Paulus doch im Kapitel 8 schon die notwendigen Regelungen beschrieben hat.

Schließlich unterbricht Paulus den Gedankengang über den Zwischenfall in 2,14 und macht einen Einschub, der bis 7,4 reicht. In 7,5 knüpft er nahtlos an 2,13 an. Innerhalb dieses Einschubs gibt es dann noch einmal eine Unterbrechung des Gedankengangs in 6,14-7,1. Solche Einschübe nähren die Vermutung, daß der Tränenbrief oder Teile davon doch in den uns erhaltenen 2. Brief an die Korinther eingearbeitet sein könnten.

Es gibt zur Klärung der beschriebenen Beobachtungen im wesentlichen zwei Hypothesen:

1) In den Kapiteln 10-13; 9 und dem Abschnitt 2,14-7,4 sind Fragmente des Tränenbriefes enthalten. Sie wurden dem 2. Brief an die Korinther hinzugefügt. Diese Hypothese wird vornehmlich von Bultmann und Dinkler vertreten.[1]

2) In den beschriebenen Abschnitten finden wir Ausführungen des Apostels aus einem Brief, der dem Tränenbrief vorangegangen ist. Diese Auffassung vertreten vor allem Bornkamm und Schmithals.[2]

Statt das Für und Wider dieser beiden Hypothesen zu erläutern, wollen wir der Frage nachgehen, ob der vorliegende Text des Briefes dazu zwingt, eine spätere Kombination aus zwei

---

1   RBultmann, Der zweite Brief an die Korinther, Hrsg. EDinkler, [2]1988; vgl. auch WMarxsen, Einl. S. 72; ELohse, Entstehung, S. 41ff.
2   GBornkamm, Die Vorgeschichte des sog. Zweiten Korintherbriefes, SAH 1961, 2 (= GBornkamm, Geschichte und Glaube II, Ges. Aufsätze IV, BevTh 53, 1971, S. 162ff); WSchmithals, Die Gnosis in Korinth

Briefen anzunehmen. Bei genauerer Beobachtung ist das aus folgenden Gründen zu verneinen:

Die Differenz im Ton zwischen Kapitel 1-9 und 10-13 besteht in der Tat. Aber auch in den Kapiteln 1-7 setzt Paulus voraus, daß in der Gemeinde noch nicht alles in Ordnung ist (1,13ff; 1,23ff; 4,2f; 5,11ff; 7,2). Auch in diesen Kapiteln finden wir Polemik des Apostels gegen falsche Missionare: 2,17.

Auf der anderen Seite setzt Paulus in den Kapiteln 10-13 voraus, daß nur bestimmte Leute ihn angreifen (10,2.7.11f; 11,5.12f.18.20). Die übrige Gemeinde ist durch diese Leute gefährdet (11,1b.4; 12,11.19 u.a.). Vor allem aber sprechen folgende Beobachtungen dagegen, daß die Kapitel 10-13 zum Tränenbrief gehört haben: Das Vorkommnis von 2,3-5,9, das Anlaß für den Tränenbrief war, wird mit keinem Wort erwähnt. In 12,18 erwähnt Paulus die Sendung des Titus mit dem Ziel der Kollekte für Jerusalem, während Paulus die dazu nötigen Informationen in 8,6.16-18 mitteilt. Kapitel 12 kann also nicht in einem Brief gestanden haben, der vor dem 2. Brief an die Korinther geschrieben wurde. Schließlich ist aus 2,3ff und 7,8ff nicht zu erkennen, wie die Gemeinde auf die Polemik des Apostels gegen die „Überapostel" (12,11f) reagiert hat.

Das alles spricht dafür, daß die Kapitel 10-13 von Anfang an in dem Zusammenhang gestanden haben, in dem wir sie heute vorfinden. Wahrscheinlich hat Paulus diesen Brief in einem längeren Zeitabschnitt diktiert, in dem sich die Sorge um die Gemeinde erneut vertiefte.[3]

Die Einheitlichkeit der Kapitel 1-9 ist aus folgenden Gründen beizubehalten:

In Kapitel 9 greift Paulus auf das vorher schon Geregelte zurück. Darauf verweist im griechischen Wortlaut die Begründung mit „denn". Es ist denkbar, daß der Apostel das Thema nach einer Unterbrechung noch einmal aufgenommen hat.

Der lange Einschub in 2,14-7,4 erklärt sich durch den Lobpeis in 2,14, der für den Apostel ein Anlaß zur Verteidigung seines Amtes ist. Von diesem Gedankengang findet er langsam wieder zum ursprünglichen Thema zurück.

Die einfachste Lösung bei allen beschriebenen Schwierigkeiten ist, den Brief in seiner vorliegenden Form als ein einheitliches Schriftstück zu verstehen, das in einem längeren Zeitraum diktiert wurde.[4]

7. Verfasser

Nach übereinstimmender Meinung der Forscher stammt dieser Brief von dem Apostel Paulus. Einzelne Forscher machen nur an zwei Stellen Einschränkungen:

In 6,14-7,1 wird der Zusammenhang plötzlich unterbrochen. Dabei begegnen angeblich bei Paulus nicht nachweisbare Formulierungen: die Bezeichnung des Teufels als Beliar (6,15), die eher an die Gemeinschaft von Qumran erinnert und die Formulierung „Befleckung des Fleisches und Geistes" (7,1).[5]

In der Tat stört der Abschnitt den Zusammenhang, aber deswegen muß er keinen anderen Verfasser haben, zumal sich bei Paulus ein fester Sprachgebrauch für den Teufel nicht nach-

---

3   So auch WGKümmel, Einl. S. 252f; DGuthrie, Introduction, S. 438ff; AWikenhauser/JSchmid, Einl. S. 433ff;
    Carson/Moo/Morris, Introduction, S. 271f; ähnlich ARobert/AFeuillet, Einl., S. 398ff
4   So auch WGKümmel, Einl. S. 254f
5   Vgl. WGKümmel, Einl., S. 250

weisen läßt. Zum ganzen Einschub bietet sich als Parallele die Argumentation in 1 Kor 10,1-22 an.

Es gibt deswegen keinen zwingenden Grund, für diesen Abschnitt die Verfasserschaft des Paulus zu bestreiten.

Die zweite Einschränkung betrifft die Christusaussagen in 3,17f und 5,16. Sie können im Sinne einer doketischen Christologie[6] verstanden werden. Unter dieser Voraussetzung sieht Schmithals sie als gnostische Glossen[7] an, die in den Paulus-Brief eingedrungen sind.[8] Diese Auffassung konnte sich aber deshalb nicht durchsetzen, weil in den Korinther Streitigkeiten ansonsten doketische Christologie keine Rolle spielt. Daß es zu dieser Zeit eine solche gnostische Erlöserlehre überhaupt schon gegeben hat, wird heftig bestritten. Die Handschriften liefern jedenfalls keinen Beleg für die Vermutung einer Glosse.

Deswegen ist auch bei diesen Versen von Paulus als Verfasser auszugehen.

8. Empfänger

Der Brief ist an die Gemeinde in Korinth gerichtet.

9. Abfassungsort und -zeit

Nachdem Paulus Ephesus verlassen hat, verkündigt er in Troas das Evangelium, hat aber keine Ruhe dabei. Deswegen bricht er seinen Aufenthalt ab und reist Titus nach Mazedonien entgegen (2Kor 2,12f). Nach der Ankunft des Titus (2Kor 7,5-7) verfaßt Paulus den 2. Brief an die Korinther und sendet Titus damit nach Korinth. Der Brief ist also in Mazedonien geschrieben. Als Zeit kommt nach der absoluten und relativen Chronologie der Herbst 54 in Frage.

10. Kommentare

W. de Boor, Der zweite Brief des Paulus an die Korinther, WStB, [6]1985; R. Bultmann, Der zweite Brief an die Korinther, KEK Sonderbd., [2]1988; H. Krimmer, Zweiter Korintherbrief, 1987; F. Lang, Die Briefe an die Korinther, NTD Bd. 7, 1986; A. Schlatter, Paulus der Bote Jesu. Eine Deutung seiner Briefe an die Korinther, [4]1969; H.D. Wendland, Die Briefe an die Korinther, NTD Bd. 7, [15]1980.

---

6   Eine Lehre von Christus, die die völlige Menschwerdung des Gottessohnes leugnet
7   Einschübe in den Text auf dem Hintergrund gnostischer Irrlehre
8   WSchmithals, Zwei gnostische Glossen im Zweiten Korintherbrief, EvTh 18, 1958, S. 552ff (= WSchmithals, Die Gnosis in Korinth, [3]1969, S. 286ff)

Der Brief an die Galater

1. Inhalt

Dieser Brief des Apostels Paulus gehört zu den kürzeren Schriftstücken, die uns überliefert sind. Das mindert aber nicht seine Wirkung im Laufe der Kirchengeschichte. Geht es doch in ihm um die Bedeutung von Gesetz und Evangelium und vor allem um die Frage, ob Heidenchristen Juden werden müssen, um zu Gottes Volk zu gehören, oder ob die Zugehörigkeit zu Christus allein ihnen vollen Anteil am Volk Gottes gibt.

Wenn im Laufe der Kirchengeschichte die Gefahr bestand, daß das durch Christus empfangene Heil durch eigene fromme Taten ergänzt werden sollte, wurde dieser Brief neu aktuell. So verwundert es nicht, daß Martin Luther ihn besonders geschätzt und zwei Kommentare dazu geschrieben hat. Die Aktualität des Briefes ist sicher immer wieder neu gegeben. Darum lohnt es sich, auf seinen Inhalt und seine Botschaft zu hören, sich mit den Empfängern und dem Anlaß zu befassen und nach Abfassungsort und -zeit zu fragen.

2. Gliederung, Merkverse, Kernaussagen

Kapitel	Gliederung	Merkverse
1,1-5	Briefkopf (Praeskript): Absender -Empfänger – Gruß	
1,6 – 2,21	**1. Teil**	
	Paulus wehrt persönliche Angriffe durch den Hinweis	
	auf sein Verhältnis zu den anderen Aposteln ab	
1,6-10	Kein anderes Evangelium!	
1,11-24	Paulus hat dieses Evangelium von Christus empfangen.	
2,1-10	Absprache zwischen Paulus und den anderen Aposteln	
	über die Weitergabe des Evangeliums	
2,11-21	Streit zwischen Paulus und Petrus über das Leben	
	nach dem Evangelium	
3,1 – 4,31	**2. Teil**	
	Die Heilsbedeutung von Gesetz und Evangelium	
3,1-5	Die geistliche Existenz der Galater beruht nicht auf	
	Gesetzesfrömmigkeit, sondern auf dem Glauben	
3,6-18	Die Verheißung an Abraham gründet nicht auf dem	
	Gesetz, sondern auf seinem Glauben	
3,19-29	Heilsbedeutung des Gesetzes	
	bis zum Kommen Christi	**3,24**
4,1-7	Gotteskindschaft hebt Gesetzesknechtschaft auf	**4,4f**
4,8-31	Die Gesetzesorientierung der Galater	
	als Rückfall (Allegorie Sarah und Hagar)	

5,1 – 6,10	3. Teil	
	Von der Freiheit durch das Evangelium	
5,1-12	Die Freiheit muß verteidigt werden	**5,1**
5,13-15	Das Evangelium befreit zum Handeln aus Liebe	
5,16-26	Werke des Fleisches und Frucht des Geistes	**5,22**
6,1-10	Ermahnungen zum verantwortlichen Umgang	**6,2.7**
6,11-18	Briefschluß (zum Teil eigenhändig)	

Kernaussagen

Als aber die Zeit erfüllt war, sandte Gott seinen Sohn, geboren von einer Frau und unter das Gesetz getan, damit er die, die unter dem Gesetz waren, erlöste, damit wir die Kindschaft empfingen.
Gal 4,4.5

Zur Freiheit hat uns Christus befreit! So steht nun fest und laßt euch nicht wieder das Joch der Knechtschaft auflegen!
Gal 5,1

Einer trage des andern Last, so werdet ihr das Gesetz Christi erfüllen.
Gal 6,2

3. Literarische Eigenart

Der Brief an die Galater ist ein Sendschreiben, mit dem der Apostel Paulus eine Irrlehre abzuwehren versucht, die in die von ihm gegründeten Gemeinden eingedrungen ist. Im Vergleich mit den anderen Paulusbriefen fällt auf, daß sich an den Briefkopf kein Vorwort mit Dankesworten für die Gemeinde anschließt. Da das Evangelium von Jesus Christus auf dem Spiel steht, gibt es wohl keinen Anlaß zum Danken. Der Brief ist eine mit Schärfe versehene Kampfschrift.

4. Historischer Zusammenhang

Sicher ist, daß die galatischen Gemeinden durch eine Irrlehre verunsichert wurden, die von außen eingedrungen ist. Da die Apostelgeschichte über diesen Vorgang nicht berichtet, und wir auch keine anderen Quellen haben, sind wir darauf angewiesen, die Art der Irrlehre aus dem Brief an die Galater zu rekonstruieren. Es müssen Leute in die galatischen Gemeinden gekommen sein, die Vertreter des mosaischen Gesetzes waren. Sie forderten von den Heidenchristen, daß sie die Bestimmungen des Gesetzes halten. Offensichtlich haben sie dabei offene Ohren gefunden. Denn die Galater fangen an, im Gesetz vorgeschriebene Tage, Monate, Zeiten und Jahre zu beachten (Gal 4,10). Der Gipfel ist für Paulus, daß sich Heidenchristen beschneiden lassen (Gal 5,3). Er macht ihnen deutlich, daß sie sich damit auf das Halten des ganzen mosaischen Gesetzes verpflichten, an dem sie nur scheitern können und von dem Christus sie befreit hat. Gewiß gab es in der Urgemeinde in Jerusalem Judenchristen, die eine solche Gesetzesauffassung vertraten. Sie haben dem Apostel Paulus oft das Leben schwer gemacht, und nicht nur ihm (vgl. Apg 11). Sollten diese Leute, die wir Judaisten nennen, die von Paulus gegründeten Gemeinden aufgesucht und in ihrem Sinn beeinflußt haben? Jedenfalls würde das die Heftigkeit der Stellungnahme des Apostels verständlich machen. Er findet ja noch nicht einmal ein Dankeswort für die Entwicklung der galatischen Gemeinden (vgl. Kap. 1). In der Auslegungsgeschichte ist der Anlaß für den Galater-Brief meistens so gesehen worden.

Doch in unserem Jahrhundert ist das von verschiedenen Seiten bestritten worden. Hirsch, Lietzmann, Beyer u.a. sind der Auffassung, die Gegner des Paulus in Galatien könnten nur Heidenchristen gewesen sein, die in die Gemeinden eingedrungen sind.[1] Nur bei Heidenchristen, die sich selber haben beschneiden lassen, wäre die sarkastische Übertreibung in 5,12 verständlich. Auch könne man von Judenchristen niemals sagen, sie hielten das Gesetz nicht (6,13). Gerade das macht Paulus aber den Juden in Röm 2,11-29 zum Vorwurf. Bei der sarkastischen Bemerkung ist ihm sicher der Kragen geplatzt, weil Menschen, die Christus befreit hatte, durch diese Irrlehrer erneut unterjocht wurden. Die hier vorgetragene Argumentation hat sich nicht durchsetzen können.

Eine etwas andere Sicht des Anlasses hat Lütgert vermittelt. Paulus kämpfe in Galatien gegen zwei Fronten: Auf der einen Seite müsse er sein Apostelamt gegen judaistische Propaganda verteidigen (1,1.11); auf der anderen Seite wehre er libertinistische Anschauungen ab (5,13.16; 6,1.8). Aber von einem Frontwechsel ist nichts zu spüren. Der Apostel behandelt sein Thema mit einer zwingenden Konsequenz vom ersten bis zum letzten Kapitel dieses Briefes.

Schließlich hat Schmithals vermutet, daß es sich bei den Irrlehrern in Galatien um gnostische Judenchristen gehandelt habe. Einem eingefleischten Judaisten hätte Paulus nicht darlegen müssen, daß jeder Beschnittene auch das ganze Gesetz halten müsse (5,3). Gerade das sei ja das Ziel der Judaisten gewesen. Aber im Judenchristentum habe es Flügel gegeben, die Gesetzestreue mit gnostischen Spekulationen verbunden hätten. Vor allem die Bemerkungen über die „Mächte der Welt" (4,3) und über die jenseitigen Mächte (4,9) seien in diesem Umfeld am ehesten zu verstehen. Allerdings sind andere Darlegungen, die an Gnosis erinnern, in diesem Brief nicht zu finden. Darum hat sich die Ansicht von Schmithals nicht durchgesetzt.

Weiterführend sind die Beobachtungen von APohl, daß die in Galatien wirkenden christlichen Judaisten nicht dem streng pharisäischen Judentum zuzuordnen sind.[2] Der Brief bietet keinen Anhaltspunkt dafür, daß sie den Christen in Galatien die pharisäischen Satzungen zur Pflicht machten. Sie wollten nur ein „bißchen" Gesetz einführen (Gal 5,9). Sie selber hielten sich nicht an das ganze Gesetz (Gal 6,13), sondern beschränkten sich auf einige wesentliche Punkte: die Beschneidungsforderung (5,2f; 6,12f, vgl. 2,3f), das Halten der jüdischen Feste (4,10) und wahrscheinlich jüdische Speisegebote (2,12). Die Auswahl dieser Punkte war nicht willkürlich. Mit ihnen hatte das Judentum seit dem babylonischen Exil seine Identität bewahrt. Damit hatte es auch eine besondere Anziehungskraft auf Menschen ausgeübt, die unter der Orientierungslosigkeit und dem Sittenverfall des Heidentums litten. Vertreter einer solchen jüdischen Gesetzesauffassung hatten gute Chancen, in den heidenchristlichen Gemeinden Galatiens Gehör zu finden. Traten sie doch mit der Behauptung auf, dieses „bißchen" Gesetz verhelfe dazu, im vollen Sinn zum Volk Gottes zu gehören.

---

1   Vgl. WGKümmel, Einl., S. 261
2   APohl, Der Brief an die Galater, WStB (noch in Arbeit; vom Verf. freundlicherweise zur Verfügung gestellt)

Sie muß Paulus nicht über die Folge der Beschneidung belehren, aber er erinnert sie und die von ihnen beeinflußten Gemeinden daran (5,3). Ihnen gegenüber muß er sich dagegen schützen, daß aus seinem Evangelium der Freiheit der falsche Schluß gezogen wird, dann könne man tun und lassen, was man wolle (5,13ff). Am schwersten sind die Bemerkungen in 4,3ff.8ff einzuordnen. Vielleicht sind sie Ausdruck einer besonderen Gesetzeshörigkeit, vor der Paulus die Galater bewahren will.

5. Theologische Schwerpunkte

Im Galaterbrief geht es um die Kernfrage des christlichen Glaubens: Was bewirkt unser Heil? Die Stellvertretung durch Leiden, Sterben und Auferstehen Jesu Christi allein oder diese Stellvertretung, die aber durch unser Tun ergänzt werden muß. Die Stellungnahme des Apostels ist klar: Unser gut gemeintes, ergänzendes Tun zum Heil macht die Tat Jesu Christi für uns zunichte. Darum bedroht er alle mit dem Fluch, die sein Evangelium verdrehen: Christus alleine rettet.

Man spürt dem Brief in jedem Abschnitt die Erregung des Apostels und seinen leidenschaftlichen Kampf ab. Hier stand alles auf dem Spiel. ,,Ohne den siegreichen Ausgang dieses Kampfes wäre das Christentum nur eine jüdische messianische Sekte geblieben und hätte nie zur Weltreligion werden können."[3] Wobei es Paulus weniger darum ging, einen Beitrag zu einer werdenden Weltreligion zu leisten. Er war dem Auferstandenen begegnet. Das hatte sein Leben völlig verändert. Was er früher hoch schätzte, hatte sich als nicht tragfähig erwiesen. Er mußte völlig umdenken: Groß von Christus und gering von sich selber. Auf diesen Weg hatte er Menschen mitgenommen. Sie hatten ihr Leben auf Christus gegründet. Nun sah er sie in Gefahr, alles wieder zu verlieren und in die Verzweiflung derer abzugleiten, die mit Hingabe Gottes Willen tun wollen und es doch niemals schaffen. Das konnte er nicht dulden. Dagegen mußte er kämpfen um Christi willen und um der Christen willen.

Was in diesem Brief als engagiertes persönliches Ringen um die galatischen Gemeinden begegnet, finden wir im Brief an die Römer als abgewogene, argumentativ vorgetragene Lehre des Apostels: Das Evangelium von Jesus Christus ist eine Kraft zur Rettung für jeden, der an Christus glaubt.

6. Einheitlichkeit

Der Brief ist ein Schreiben aus einem Guß. Es gibt keine ernstzunehmenden Teilungshypothesen.

7. Verfasser

An der Absenderangabe im Briefkopf gibt es keinen Zweifel. Es handelt sich um einen Brief des Apostels Paulus.

---

3   A Wikenhauser, Einl., S. 420

8. Empfänger

Mit den Galatern können unterschiedliche Personenkreise gemeint sein. Denn Galatien ist einerseits eine Landschaftsbezeichnung. Gemeint ist dann das Gebiet um das heutige Ankara im Zentrum Kleinasiens. Nach dem Bericht der Apostelgeschichte ist Paulus am Beginn der zweiten Missionsreise dort gewesen (Apg 16,6). Offensichtlich hat er dort missioniert und Gemeinden gegründet, obwohl der Bericht davon nichts erwähnt. Aber die Mitteilung, daß er auf der dritten Missionsreise auch das galatische Land besuchte und ,,alle Jünger stärkte" (Apg 18,23), läßt diesen Schluß zu. Folgt man diesen Überlegungen, so wäre der Brief an heidenchristliche Gemeinden im Inneren Kleinasiens gerichtet.

Galatien ist aber andererseits Bezeichnung der römischen Provinz GALATIA, die die gesamte östliche Hälfte Kleinasiens umfaßte und damit auch die Landschaften Pamphylien, Pisidien und Lykaonien, in denen Paulus bereits auf der ersten Missionsreise Gemeinden gegründet hatte, die sich aus Juden- und Heidenchristen zusammensetzten. An diese Gemeinden wäre dann wohl der Brief gerichtet und ein Hinweis darauf, daß es möglicherweise zwischen Juden- und Heidenchristen zu Spannungen gekommen ist.

Was spricht für das eine oder das andere? Für die zweite Deutung (Provinzhypothese) wird angeführt, daß Paulus auch sonst meistens Provinznamen verwendete. Das läßt sich aber nicht durchgängig beweisen; vielmehr gibt es auch Stellen, die das Gegenteil belegen (Gal 1,21; 1Thess 1,7; 2,14; 2Kor 1,16). Angeblich sei die Anwesenheit von Juden in der Provinz selbstverständlich, in der Landschaft um Ankyra aber nicht belegt. Allerdings hat Paulus den störenden Einfluß nicht unbedingt auf Ortsansässige zurückgeführt. Es ist durchaus denkbar, daß die Irrlehrer in die heidenchristlichen Gemeinden gereist sind und Verwirrung gestiftet haben (Gal 4,8; 5,2f; 6,12f).

Überzeugender ist, was für die erste Deutung (Landschaftshypothese) angeführt wird: Es ist unwahrscheinlich, daß Paulus geschrieben hätte: ,,Danach kam ich in die Länder Syrien und Zilizien" (Gal 1,21), wenn mit den Galatern die Einwohner der Provinz gemeint gewesen wären; vielmehr hätte er schreiben müssen: ,,Danach kam ich nach Syrien und zu euch". Es ist auch unwahrscheinlich, daß der Ausruf in Gal 3,1 den Bewohnern der Provinz galt. Bezogen auf die Landschaft entspricht es der sonstigen Redeweise des Apostels.

Deshalb ist es wahrscheinlich, daß der Brief an Gemeinden in der Mitte Kleinasiens geschickt wurde, die durch Einflüsse von außen drauf und dran waren, das Evangelium zu verraten.

9. Abfassungsort und -zeit

Da die Empfänger wohl in Gemeinden in der Gegend um Ankyra zu suchen sind, die während der zweiten Missionsreise von Paulus gegründet und auf der dritten Missionsreise von ihm besucht wurden, kommt als Abfassungszeit die dritte Missionsreise nach der Ankunft in Ephesus in Frage. Dafür könnte auch sprechen, daß Paulus in Gal 4,13 von einem ersten Aufenthalt spricht, von dem ein zweiter wohl zu unterscheiden wäre. Denkbar ist eine Abfassung in Ephesus oder in Mazedonien. Viel später kann der Brief nicht geschrieben sein, da Paulus nach dem Mazedonien-Aufenthalt den Brief an die Römer in Korinth geschrieben hat. Beide Briefe haben viele inhaltliche Berührungspunkte, aber die Art der Argumentation zeigt, daß der Galater-Brief aus der persönlichen Betroffenheit früher und der abgewogene Lehrbrief an die Römer später geschrieben sein muß. Dann ergibt sich als Abfassungsort Ephesus oder Mazedonien und als Abfassungszeit 53-54 n.Chr.

10. Kommentare

J. Becker, Der Galaterbrief, NTD Bd. 8, [17]1990; H.D. Betz, Der Galaterbrief, 1988; H. Brandenburg, Der Brief des Paulus an die Galater, WStB, [9]1986; H. Krimmer, Galater-Brief. Bibelkommentar Bd. 13, 1981; F. Mußner, Der Galaterbrief, HThK Bd. IX, [5]1988; A. Oepke, Der Brief des Paulus an die Galater, ThHK Bd. IX, [3]1973; J. Rohde, Der Brief des Paulus an die Galater, ThHK Bd. IX, 1989; H. Schlier, Der Brief an die Galater, KEK 7. Abt., [15]1989; Th. Zahn, Der Brief des Paulus an die Galater, (Leipzig-Erlangen, [3]1922) Wuppertal, 1990.

Der Brief an die Epheser

1. Inhalt

Der Brief an die Epheser hat – abgesehen von Briefkopf und Briefschluß – nur zwei Teile: 1,3–3,21 und 4,1–6,20. Dabei fällt auf, daß der erste Teil ein erweitertes Vorwort ist. Es geht um Fürbitte und Dank des Apostels. Der zweite Teil bringt Mahnungen für das Leben in der Nachfolge Jesu Christi. Der sonst übliche grundsätzlich-theologische Teil entfällt.

2. Gliederung, Merkverse, Kernaussagen

Kapitel	Gliederung	Merkverse
1,1-2	Briefkopf (Praeskript): Absender – Empfänger – Gruß	
1,3-3,21	**1. Teil: Gottes Heil für die Heiden**	
	– Anlaß zu Dank und Fürbitte -	
1,3-14	Lobpreis für die Erwählung in Christus	
1,15-29	Fürbitte für die Leser	
2,1-10	Errettung der Heiden aus Gnade	
2,11-22	Eine Gemeinde aus Juden und Heiden	**2,19f**
3,1-13	Der Apostel der Heiden	
3,14-21	Fürbitte des Apostels	
4,1-6,20	**2. Teil: Ein Leben, das Gottes Erwählung entspricht**	
4,1-16	Seid einig!	**4,3-6**
4,17-5,20	Zieht den neuen Menschen an!	
5,21-33	Führt eure Ehe nach Gottes Ordnung!	
6,1-9	Handelt verantwortlich vor dem Herrn in Familie und Beruf!	
6,10-20	Rüstet euch für den Kampf mit dem Widersacher Gottes!	**6,14-17**
6,21-24	Briefschluß	

Kernaussagen:

Er ist unser Friede, der aus beiden eines gemacht hat und den Zaun abgebrochen hat, der dazwischen war, nämlich die Feindschaft.
Eph 2,14

So seid ihr nun nicht mehr Gäste und Fremdlinge, sondern Mitbürger der Heiligen und Gottes Hausgenossen, erbaut auf den Grund der Apostel und Propheten, da Jesus Christus der Eckstein ist.
Eph 2,19f

Seid darauf bedacht, zu wahren die Einigkeit im Geist durch das Band des Friedens.
Eph 4,3

3. Literarische Eigenart

Der Brief an die Epheser ist ein apostolisches Sendschreiben, aber er weicht in seinem Sprachgebrauch und Stil erheblich von den bisher dargestellten Paulus-Briefen ab.

Es gibt in diesem Brief 35 Hapaxlegomena (Wörter, die nur hier im NT vorkommen) und außerdem Wörter, die Paulus in seinen anderen Briefen nicht gebraucht.

Hapaxlegomena: *henotēs* (Einigkeit, Einheit): 4,3.13 – *kosmokrator* (Herr der Welt): 6,12 – *akrogoniaios* (Eckstein): 2,20 – *euangelistēs* (Evangelist): 4,11 – *to sotērion* (das Heil): 6,17.

Während Paulus sonst vom Teufel als *satanas* schreibt, wird hier die Bezeichnung *diabolos* gewählt.

Im Stil fallen die häufigen Genetiv-Verbindungen und die langen Sätze auf (1,3-14 ist ein einziger Satz!). Der Stil wirkt feierlich; er ist nicht stürmisch wie in den anderen Paulus-Briefen. Allerdings gilt das nur für den ersten Teil des Briefes.

4. Historischer Zusammenhang

Wie die Apostelgeschichte berichtet, sind die Anfänge der Gemeinde in Ephesus auf Apollos zurückzuführen (Apg 18,24-28), der aber selber noch Unterweisung im Glauben an Jesus Christus brauchte und diese von Aquila und Priszilla erhielt. Als Paulus auf seiner dritten Missionsreise nach Ephesus kam, gab es dort bereits einige Jesus-Jünger. Aber diese wußten nichts vom Heiligen Geist und waren nur mit der Johannes-Taufe getauft. Paulus zeigt ihnen den Weg zum Glauben an Jesus Christus, tauft sie auf den Namen des Herrn Jesus und vermittelt ihnen durch Handauflegung die Gabe des Heiligen Geistes.

In Ephesus verkündigt Paulus drei Monate lang das Evangelium von Jesus Christus in der Synagoge. Als es dort zu dauernden Auseinandersetzungen kommt, trennt er sich von der Synagoge und redet täglich in der Schule des Tyrannus. Zwei Jahre lang setzt Paulus sein missionarisches Wirken fort. Gott läßt durch ihn Zeichen und Wunder geschehen. Es kommt zu einer Erweckungsbewegung. Menschen wenden sich von ihrer religiösen und okkult belasteten Vergangenheit ab und beginnen, als Nachfolger Jesu Christi zu leben.

Das bekommen auch die Goldschmiede zu spüren, die mit dem Artemis-Kult ihre Geschäfte in Ephesus machen. Sie zetteln eine Demonstration an, die aber ohne Gewalttätigkeiten aufgelöst werden kann. Danach zieht es Paulus vor, die Stadt zu verlassen und nach Mazedonien zu reisen.[1]

Bei seiner Rückkehr aus Griechenland trifft er mit der Gemeindeleitung von Ephesus in Milet zusammen und hält eine bedeutende Abschiedsrede.[2]

Auffällig ist, daß der Brief an die Epheser überhaupt keinen Bezug auf die Tätigkeit des Apostels in Ephesus nimmt: keine Anspielungen auf die gemeinsame Geschichte, keine Erinnerung an dort Gelehrtes, keine persönlichen Grüße. Es drängt sich die Frage auf: Ist dieser Brief aus der Gefangenschaft (Eph 3,1; 4,1) an die Gemeinde in Ephesus geschrieben worden? Sie wird später beantwortet.[3]

1 Vgl. zum historischen Zusammenhang Apg 19
2 Vgl. Apg 20,13-38
3 Vgl. S. 126f

5. Theologische Schwerpunkte

Das Thema des Briefes an die Epheser ist die Einheit der Gemeinde Jesu Christi. Dabei ist nicht nur an die Einzelgemeinde in Ephesus gedacht. Vielmehr handelt der Brief von der Gesamtgemeinde aller, die an Jesus Christus glauben. Jesus Christus begründet diese Einheit (vgl. 1,3-14; 2,14; 4,3-6), die alle Mauern zwischen Menschen überwindet.

Das größte Wunder besteht darin, daß an Jesus Christus glaubende Juden und Heiden eine Gemeinde bilden. Nach jüdischer Überzeugung war das undenkbar. Danach konnten Heiden Zugang zum Volk Gottes nur dadurch haben, daß sie Juden wurden. Der Brief betont mit allem Nachdruck, daß Jesus Christus diese Trennung überwunden hat: ,,Denn er ist unser Friede, der aus beiden eines gemacht hat und den Zaun abgebrochen, der dazwischen war, nämlich die Feindschaft" (Eph 2,14).

Weil das gilt, drängt in der Gemeinde Jesu Christi alles auf Überwindung von rassischen, nationalen, kulturellen und sozialen Schranken. Wo an solchen Trennungen festgehalten wird, ist das Evangelium von Jesus Christus noch nicht in das Leben der Gemeinde vorgedrungen.

Der vorliegende Brief handelt aber nicht nur von der Einheit im globalen Maßstab. Vor allem in seinem zweiten Teil bezieht er die in Christus begründete Einheit auch auf das Zusammenleben in der Einzelgemeinde und in Ehe, Familie und Beruf. Auch hier gilt, daß Christus unser Friede ist.

6. Einheitlichkeit

Obwohl der Brief sprachlich und stilistisch in seinem ersten Teil anders gestaltet ist als im zweiten Teil, ist er doch wegen der durchgängigen Thematik als eine zusammenhängende Schrift anzusehen.

7. Verfasser

Viele sehen im Brief an die Epheser den bewegendsten Brief des Apostels Paulus, in dem er seine Schau von der einen Gemeinde aus Juden- und Heidenchristen darlegt. Anderen gilt er nur als eine Reproduktion von paulinischen Gedanken, die von einem Schüler des Apostels verfaßt wurde. Die Art der Stellungnahme hängt aufs engste mit der Verfasserfrage zusammen. Sie soll unter drei Gesichtspunkten verhandelt werden.[4]

7.1 Die traditionelle Ansicht

Bis zum Beginn der historischen Kritik war die Verfasserschaft des Apostels Paulus unbestritten. Das blieb auch so bis zum 19. Jh. Dafür waren folgende Gründe maßgebend[5]:

---

4   Entsprechend DGuthrie, Introduction, S. 479-508
5   Ähnlich DACarson/DJMoo/LMorris, Introduction, S. 305-307

7.1.1 Angaben im Brief selbst

Der Briefkopf ist mit dem 2. Brief an die Korinther und dem Brief an die Kolosser vergleichbar. Paulus stellt sich als Verfasser mit apostolischer Autorität vor. Die Grußformel enthält die für Paulus typischen Elemente „Gnade und Friede".

Im Text des Briefes wird der Name des Apostels Paulus wiederholt (3,1), wie Paulus das auch in anderen Briefen zu tun pflegt (vgl. 2Kor 10,1; Gal 5,2; Kol 1,23).

Der ganze Brief hat eine persönliche Note, obwohl dem Verfasser genaue Kenntnisse über die Lage der Empfänger fehlen (1,15f; 3,1; 4,1;u.a.). Das entspricht den anderen Paulus-Briefen.

7.1.2 Beurteilung in der Alten Kirche

Seit der Mitte des 2. Jahrhunderts ist der Brief bei orthodoxen Christen und Häretikern verbreitet. Der Kanon des Marcion ist dafür ein Beleg. Um 140 n.Chr. ist die Verfasserschaft des Paulus unbestritten. Der Brief wird bereits von Clemens von Rom, von Ignatius und Polycarp benutzt.[6]

7.1.3 Paulinische Briefstruktur

Der Briefaufbau entspricht vielen anderen Paulusbriefen, ebenso die Zitation des Alten Testamentes (4,8-11) und die Übernahme alttestamentlicher Sprache (2,13; 4,25; u.a.).

7.1.4 Theologische Entsprechungen

Das Evangelium, wie Paulus es verstand und lehrte, ist in diesem Brief wiederzuerkennen: Grundlage des Heils ist Gottes erwählendes Handeln in Christus (1,3-14). Deswegen können die Glaubenden in Christus sein (1,3.10f). In Christus erweist sich Gott seinen Menschen als gnädig (2,1-10), indem er sie durch den Tod Christi mit sich versöhnt (2,13-22). Christus hat den Heiligen Geist gesandt, der in seiner Gemeinde ein Leben nach dem Willen Gottes wirkt.

Diese Gründe sind so schwerwiegend, daß die Beweislast bei denen liegt, die die Verfasserschaft des Paulus bestreiten. Können deren Argumente widerlegt werden, so ist weiter an der Verfasserschaft des Paulus festzuhalten. Dieses defensive Verfahren liegt in der Natur der hier verhandelten Sache, denn dieser Brief ist seiner eigenen Aussage nach ein Brief des Paulus und als solcher ist er von der Alten Kirche angenommen worden.

7.2 Gründe gegen die Verfasserschaft des Paulus

Gegen den Apostel Paulus als Autor dieses Briefes werden folgende Beobachtungen geltend gemacht:

7.2.1 Sprache und Stil

Diese wurden bereits dargestellt.[7]

---

6   DGuthrie, Introduction, S. 480
7   Vgl. S. 121

7.2.2 Literarkritische Argumente

Angeblich ist die Verwandtschaft von Kolosser- und Epheserbrief so groß, daß eine literarische Abhängigkeit gefolgert werden kann. Ein Viertel der Wörter des Epheserbriefes kommt auch im Kolosserbrief vor; mehr als ein Drittel der Wörter des Kolosserbriefes erscheint auch im Epheserbrief.[8] Ein Beispiel dafür mögen Eph 5,19 und Kol 3,16f sein. Aber reicht das für eine literarische Abhängigkeit aus?

Außerdem wird darauf hingewiesen, daß Begriffe aus dem Kolosserbrief zwar im Epheserbrief verwendet, aber mit anderem Inhalt gefüllt werden: Christus als Haupt des Kosmos (Kol 2,10) wird im Epheserbrief zum Haupt der Gemeinde (Eph 4,15f); 'Geheimnis' ist im Kolosserbrief auf Christus bezogen (Kol 1,26), im Epheserbrief auf die eine Gemeinde aus Juden und Heiden (Eph 3,3), das All (Eph 1,9) und die Analogie von Ehe und Gemeinde (Eph 5,32).

Angeblich läßt sich auch zeigen, daß der Epheserbrief von anderen Paulusbriefen so abhängig ist, wie ein Imitator den Stil eines Autors nachahmt.

7.2.3 Historische Argumente

Da die Alte Kirche die Verfasserschaft des Paulus vertreten hat, müssen die Bestreiter mit Pseudepigraphie in den Schriften des NT rechnen. Sie müssen voraussetzen, daß die Pseudepigraphie in der Alten Kirche so verbreitet war, daß sie für die Anerkennung einer apostolischen Schrift keine Rolle spielte, selbst nicht bei einem so überzeugten Paulinisten wie Marcion.

Im übrigen verweisen die Bestreiter der Verfasserschaft des Paulus darauf, daß die Einheit von juden- und heidenchristlicher Gemeinde, von der der Epheserbrief handelt, zu Lebzeiten des Paulus noch nicht erreicht war.

7.2.4 Unterschiede in der Theologie

Auf folgende Lehrunterschiede zu den anderen Paulusbriefen wird hingewiesen:

Mit 'ekklesia' wird in den anderen Paulusbriefen jeweils die Ortsgemeinde beschrieben, im Epheserbrief aber die Gesamtgemeinde. Ihr Fundament ist in den anderen Paulusbriefen Christus (1Kor 3,11), im Epheserbrief Apostel und Propheten (2,20).

Auch in der Christologie gibt es scheinbar Differenzen: Wirksamkeiten, die in anderen Paulusbriefen Gott zugeschrieben werden, begegnen im Epheserbrief als Taten Christi, z.B. die Versöhnung (vgl. 2Kor 5,17ff mit Eph 2,16) oder die Dienste in der Gemeinde (vgl. 1Kor 12,28 mit Eph 4,11).

Schließlich seien auch Unterschiede in der Ethik zu beobachten; vor allem in der Eheethik (vgl. 1Kor 7 mit Eph 5,21ff).

Aufgrund dieser Beobachtungen zur Theologie kommt WGKümmel zu dem Ergebnis: „... so macht die Theologie des Eph die paulinische Abfassung des Briefes völlig unmöglich."[9]

Sicher gehen die meisten dieser Argumente von zutreffenden Beobachtungen aus, ob sie aber beweiskräftig genug sind, um die gut bezeugte Verfasserschaft des Paulus zu bestreiten, soll im folgenden Abschnitt überprüft werden.

---

8   WGKümmel, Einl., S. 316
9   WGKümmel, Einl., S. 317

7.3 Gründe für die Verfasserschaft des Paulus

Die im vorigen Abschnitt angesprochenen Argumente werden untersucht.[10]

7.3.1 Sprache und Stil

Es ist nicht ungewöhnlich, daß ein Autor in neuer Situation neue Ausdrucksweisen gebraucht. Das kann durch seine eigene Lage bedingt sein, häufiger aber noch durch die seiner Leser. Er will ja in ihre Lage hinein schreiben und sich ihnen verständlich machen. Der Kolosserbrief ist ein Beleg für solche Wandlungsfähigkeit des Apostels Paulus.

Soll der ungewöhnliche Sprachgebrauch gegen einen Autor verwendet werden, so muß man zeigen, daß er die vorkommenden Begriffe nicht verwendet haben kann. Das dürfte im Falle des Epheserbriefes wohl kaum möglich sein. Das gleiche gilt auch für grammatische Konstruktionen.

In der Tat fällt der Unterschied im Stil auf. Er ist im ersten Teil des Briefes von Begriffshäufungen und langen Sätzen bestimmt. Kann Paulus nicht in der Lage gewesen sein, wenn er sich ohne eine gegnerische Front über das Evangelium äußerte, meditativ hymnisch zu formulieren?

Wenn es je einen Imitator gegeben haben sollte, warum hat er dann im ersten Teil des Briefes den Stil des Apostels derart verfehlt? Müßte er sich nicht streng an die sonstige Schreibweise des Apostels gehalten haben? Wenn es ihn gegeben haben sollte, so wäre er ein „außerordentlicher literarischer Artist"[11] gewesen.

7.3.2 Literarkritische Argumente

Einen literarischen Zusammenhang zwischen dem Epheser- und dem Kolosserbrief gibt es nur an einer Stelle, der Tychikus-Perikope (Eph 6,21f; Kol 4,7f). Warum sollte ein Imitator gerade diese Stelle am Rande der Briefe benutzt haben, um seinen Brief als Paulusbrief erscheinen zu lassen? Wenn man von Paulus als Verfasser ausgeht, ergibt sich eine viel einfachere Lösung: Paulus hat an dieser Stelle seinem Sekretär wörtlich dasselbe diktiert.

Daß Paulus theologisch gefüllte Begriffe in unterschiedlichem Sinn verwendet hat, läßt sich auch in seinen anderen Briefen zeigen, z. B. am Begriff 'Gesetz' in Röm 8,2f.

Daß es zwischen Briefen, die in kurzem zeitlichen Abstand nacheinander entstanden, inhaltliche Übereinstimmungen gab, läßt sich auch am Galater- und Römerbrief zeigen. Solche Beobachtungen sind kein Beweis für eine Imitation.

7.3.3 Historische Argumente

Wann die eine Gemeinde aus Juden- und Heidenchristen verwirklicht war, ist eine schwer zu beantwortende Frage. Aber setzt der Epheserbrief das wirklich voraus? Weist er nicht vielmehr darauf hin, daß diese Einheit in Christus begründet ist, so wie Paulus das auch in Röm 11,17-24; 14 u. 15, sowie in 2Kor 8 u. 9 getan hat?

---

10 Vgl. zum folgenden die ausführliche Argumentation bei DGuthrie, Introduction, S. 491-508
11 DGuthrie, Introduction, S. 492

7.3.4 Unterschiede in der Theologie

Die Lehre von der Gemeinde ist im Epheserbrief weiter entwickelt als in allen Paulusbriefen; sie zeigt aber einen sehr großen Abstand zur Gemeindelehre des 1. Clemensbriefes. Auch in Eph 2,20 ist Jesus Christus der Grundstein (Eckstein); die Apostel sind von ihm eingesetzte Diener (Eph 4,11); auf die Botschaft der Propheten beruft Paulus sich in allen seinen Briefen. Auch in seinen anderen Briefen kann Paulus die gleichen Wirksamkeiten auf Gott und Christus zurückführen, z.b. die Schöpfung in 1Kor 8,6.

Schließlich beachten die Argumente zur Eheethik nicht, daß wir Briefe für eine bestimmte Situation und kein ethisches Lehrbuch vor uns haben.

Ergebnis:

Die Argumente gegen die Verfasserschaft des Paulus reichen als Beweise nicht aus. Im einzelnen können sie auch anders interpretiert werden. Darum ist davon auszugehen, daß Paulus diesen Brief verfaßt hat. Vielleicht hat er im ersten Teil einem Sekretär größere Freiheiten gelassen oder überwältigt vom Evangelium einen hymnischen Stil gewählt.

8. Empfänger

Beim Lesen des Briefes an die Epheser stoßen wir auf folgende Probleme:

Der Brief enthält eine Fülle von Ermahnungen. Sie sind aber so allgemein gehalten, daß eine konkrete Gemeindesituation nicht erkennbar wird. Das ist erstaunlich bei einem Brief an eine Gemeinde, in der Paulus nach Apg 19,8-11 länger als zwei Jahre gewirkt hat.[12] Vergleicht man die beiden Briefe an die Korinther in diesem Punkt mit dem Brief an die Epheser, so fällt dieser Sachverhalt noch mehr ins Gewicht.

Nach dem Wortlaut des Briefes scheint Paulus keine persönlichen Beziehungen zu den Ephesern zu haben. Er hat von ihrem Glauben gehört (1,15). Er muß sich den Lesern als Heidenapostel vorstellen (3,2ff). Es scheint so, als hätten andere die Gemeindeglieder im Glauben unterwiesen (4,21). Während der Brief an die Römer mit einem ganzen Kapitel voller persönlicher Grüße schließt, fehlt hier jeder persönliche Gruß.

Das paßt alles nicht zu der langen Wirksamkeit des Apostels in Ephesus. Nach Apg 19,8-11 entstand durch die Tätigkeit des Apostels in Ephesus eine Gemeinde aus Juden- und Heidenchristen.

Dieser Brief aber erweckt den Eindruck, daß er ausschließlich an Heidenchristen gerichtet ist (2,1ff.11ff; 3,1f; 4,17).

Alles scheint gegen Empfänger in Ephesus zu sprechen. Ist die Empfängerangabe im Briefkopf sicher? Überschrift und Briefkopf sind nicht eindeutig überliefert.

Marcion hat diesen Brief mit der Überschrift „Ad Laodicenses" versehen. Nach seiner Auffassung wurde der Brief an die Laodizener geschrieben (vgl. Kol 4,16). Zwar berichtet Tertullian, das sei eine bewußte Änderung durch Marcion. Aber Marcion hätte sie nicht vorgenommen, wenn die Epheser als Empfänger angegeben gewesen wären.[13]

In der Tat hat die Empfängerangabe „in Ephesus" in den alten Handschriften nicht gestanden. Sie taucht erst vom 4. Jh. an auf.

---

12 Vgl. S. 121
13 A Wikenhauser/JSchmid, Einl., S. 483

Zu diesen Fakten gibt es verschiedene Lösungsvorschläge:

1) Es handelt sich um einen Brief an Laodizea.
Begründet wird diese Auffassung von Harnack und Roller mit Kol 4,16 und der Überschrift bei Marcion.
Dagegen wird eingewandt, daß dieser Briefkopf in keiner alten Handschrift bezeugt ist. Außerdem sind die Briefe an die Kolosser und an die Epheser so verwandt miteinander, daß ein Austausch angeblich nicht sehr sinnvoll gewesen wäre.

2) Es handelt sich um ein Rundschreiben, bei dem der Briefkopf allgemein zu verstehen ist.
Die Handschrift p46 bietet einen Wortlaut, der so wiedergegeben werden kann: ,,den Heiligen, die auch Gläubige sind". Freilich ist das eine bei Paulus ungewöhnliche Formulierung; sie würde die Anfragen an die Verfasserschaft des Apostels verstärken.
Es wäre aber auch denkbar, daß eine Lücke für den Ortsnamen gelassen wurde. Möglicherweise verfügte Tychikus über mehrere Schreiben, in die er nach Bedarf den jeweiligen Ortsnamen einsetzen konnte.
Dennoch bleiben auch bei dieser Lösung Fragen offen: Warum enthalten diese verschiedenen Schreiben keine Grüße an die Gemeinden im Lykostal? Warum wurde die Lücke nicht schon beim Schreiben geschlossen? Warum ist auch das ,,in" ausgelassen worden?
Warum gibt es keinen Handschriften-Beleg für einen Brief mit anderer Adresse? Sollte deswegen die dritte Lösung zutreffender sein?

3) Es handelt sich um das geistliche Testament des Apostels.
Diese Auffassung, die von JNSanders vertreten wird[14], rechnet damit, daß der Brief am Ende der römischen Gefangenschaft geschrieben wurde. Er sollte ein Vermächtnis an Gemeinden sein, die den Apostel persönlich nicht kennengelernt hatten. Die relative Freiheit in Rom gab dem Apostel Muße zur Meditation, darum bestimmen hymnische Elemente den Brief.
Guthrie, der dieser Auffassung folgt, ergänzt sie durch folgende Annahme[15]: Paulus hatte kurz vorher den Brief an die Kolosser geschrieben. Die konkreten Anliegen hatte er noch gut in Erinnerung. Was er nun in dem vorliegenden Brief schreibt, ist von diesen Themen bestimmt. Aber der Apostel wählt für den größeren Leserkreis eine allgemeinere Fassung. Das Verhältnis zwischen dem Kolosser- und dem Epheserbrief wäre ähnlich zu erklären wie das zwischen dem Galater- und dem Römerbrief.
Außer diesen drei Lösungsversuchen gibt es noch einige andere (Einleitung in das corpus Paulinum, Religionsphilosophie für die gesamte christliche Welt, Schutz gegen die weitere Verbreitung der Irrlehre von Kolossä), die aber keiner näheren Darstellung bedürfen, da sie wenig Anhaltspunkt am Wortlaut haben.
Der dritte Lösungsvorschlag scheint dem neutestamentlichen Sachverhalt, den Nachrichten aus der alten Kirche und dem Handschriftenbefund am ehesten zu entsprechen.

14 JNSanders, Studies in Ephesians, edited by FLCross, 1956, S. 14
15 DGuthrie, Introduction, S. 508-514

9. Abfassungsort und -zeit

Der Brief ist in einer Gefangenschaft entstanden (3,1; 4,1). Er ist kurze Zeit nach dem Kolosserbrief geschrieben worden. In Frage kommen als Abfassungsorte wohl Caesarea oder Rom. Sollte er in Caesarea geschrieben sein, kommen die Jahre 55-57 in Frage; für Rom müßte man die Jahre 58-60 ansetzen.

10. Kommentare und Einführungen

U. Betz, Einssein in Christus. Eine Einführung in den Epheserbrief, Kassel, 1969; H. Conzelmann, Der Brief an die Epheser, NTD Bd. 8, [17]1990; J. Gnilka, Der Epheserbrief, HThK Bd. X/2, [4]1990; F. Mußner, Brief an die Epheser, ÖTKNT Bd. 10; 1982; H. Schlier, Der Brief an die Epheser. Ein Kommentar, Düsseldorf, 1965; R. Schmitz, Christus und die Gemeinde. Handreichung zum Verständnis des Epheserbriefes, Witten, 1940; R. Schnackenburg, Der Brief an die Epheser, EKK Bd. X, 1982.

Der Brief an die Philipper

1. Inhalt

Der Brief ist ein sehr persönlich gehaltenes Schreiben. Ein gegliederter Aufbau ist nicht zu erkennen; persönliche Mitteilungen, Ermahnungen, dogmatische Aussagen und Warnungen lösen einander ab.

2. Gliederung, Merkverse, Kernaussagen

Kapitel	Gliederung	Merkverse
1,1.2	Briefkopf: Absender – Empfänger – Gruß	
1,3-11	Zuversicht und Fürbitte	
1,12-26	Das Geschick des Apostels und seiner Botschaft	**1,21**
1,27-2,18	Mahnungen an die Gemeinde:	
	Einigkeit, Leidensbereitschaft, Gehorsam	
	in diesem Zusammenhang:	
	– Christushymnus 2,6-11	**2,5-11**
	– Indikativ und Imperativ 2,12.13	**2,12b.13**
2,19-3,1	Empfehlung von Timotheus und Epaphroditus	
3,2-4,1	Warnung vor Irrlehrern	
4,2-9	Mahnungen und Verheißungen	**4,4-7**
4,10-20	Dank für eine Geldspende	
4,21-23	Briefschluß	

Kernaussagen

Schaffet, daß ihr selig werdet, mit Furcht und Zittern. Denn Gott ist's, der in euch wirkt beides, das Wollen und das Vollbringen, nach seinem Wohlgefallen.
Phil 2,12b.13

Freuet euch in dem Herrn allewege, und abermals sage ich euch: Freuet euch! Eure Güte laßt kundsein allen Menschen! Der Herr ist nahe! Sorgt euch um nichts, sondern in allen Dingen laßt eure Bitten in Gebet und Flehen mit Danksagung vor Gott kundwerden. Und der Friede Gottes, der höher ist als alle Vernunft, bewahre eure Herzen und Sinne in Christus Jesus.
Phil 4,4-7

3. Literarische Eigenart

Der Brief hat einen mehr persönlichen als amtlichen Charakter. Insofern ist es fraglich, ob man ihn als apostolisches Sendschreiben bezeichnen soll. Eher ist er ein Privatbrief an eine mit dem Apostel eng verbundene Gemeinde. Daß dabei auch Amtliches angesprochen wird, hängt mit der Person des Apostels zusammen.

4. Historischer Zusammenhang

Die Gemeinde in Philippi wurde anläßlich der zweiten Missionsreise durch Paulus gegründet (49 n.Chr.; vgl. Apg 16,12-40). Einige Gemeindeglieder werden in der Apostelgeschichte und in diesem Brief erwähnt: Lydia und der Gefängnisaufseher mit seiner Familie (Apg 16); Epaphroditus (Phil 2,25ff); Euodia und Syntyche (Phil 4,2); Klemens (Phil 4,3). Die Namen lassen auf eine heidenchristliche Gemeinde schließen. Das paßt auch zu der Tatsache, daß Philippi eine römische Kolonie war.

Aus Phil 1,1 kann man erkennen, daß die Gemeinde eine Leitung hatte, wie sie in den Pastoralbriefen vorausgesetzt wird: Vorsteher (Bischöfe) und Diakone führen die Gemeinde. Dabei ist der Begriff „Vorsteher" („Bischof") im hellenistischen Raum die Entsprechung für den Begriff „Ältester" im jüdischen Raum.

Die Gemeinde war eng mit Paulus verbunden, so daß er bereit war, von ihr Geldspenden für seinen Lebensunterhalt anzunehmen (Phil 4,15f; 2Kor 11,8f). Wahrscheinlich war Paulus zum letzten Mal vor Abfassung des Briefes Ende 54 und Anfang 55 in Philippi.

Aus einem vierfachen Anlaß schreibt er an die Gemeinde: 1) Er dankt für die erhaltene Geldspende (4,14.18). 2) Er informiert die Gemeinde über das Ergehen des schwer erkrankten Epaphroditus, der aus Philippi stammte (2,25-30). 3) Er teilt der Gemeinde mit, wie es ihm in der Gefangenschaft geht (2,19ff). 4) Er nimmt zu einigen Konflikten in der Gemeinde Stellung: Streit (1,27-2,18; 4,2) und Irrlehre (3,1-18).

5. Theologische Schwerpunkte

Der Brief macht nur an einigen, allerdings wichtigen Stellen grundsätzliche Aussagen (2,5-11; 2,12b.13). Im übrigen vermittelt er einen guten Einblick in ein intaktes Verhältnis zwischen dem Apostel und einer von ihm gegründeten Gemeinde.

Da der Philipperbrief keinen systematischen Aufbau hat, ist es nicht einfach, seine Botschaft zu formulieren. Sein Zentrum ist gewiß das Evangelium von Jesus Christus, wie es im Christushymnus (2,5-11) beschrieben wird. Der dort beschriebene Weg Jesu Christi, der von Erniedrigung, Verzicht, Demut, Gehorsam und Leidensbereitschaft bestimmt war, hilft dem Apostel, die Unlauterkeit seiner Brüder während der Gefangenschaft zu ertragen (1,16-18), Streit in der Gemeinde zu schlichten (2,1-4; 4,2f), falsche Lehre abzuweisen (3) und immer wieder den Grundton der Freude hörbar zu machen (z.B. 4,4-7). Der Brief zeigt, wie das Evangelium das Leben gestaltet.

Das Evangelium ist die Grundlage für den unauflöslichen Zusammenhang von Imperativ (Aufforderung) und Indikativ (Zusage), wie er in Phil 2,12b.13 eindrücklich beschrieben ist.

6. Einheitlichkeit

Der Brief ist ein zusammenhängendes Schriftstück. Das wird auch nicht durch die überraschend scharfe Auseinandersetzung mit den Irrlehrern in Kapitel 3 in Frage gestellt. Daraus abgeleitete Teilungshypothesen haben sich nicht durchgesetzt.

7. Verfasser

Der Apostel Paulus hat ihn in einer Gefangenschaft geschrieben, in der es für ihn um Leben und Tod ging.

8. Empfänger

Der Brief ist an die Gemeinde in Philippi mit ihren Vorstehern (Bischöfen) und Diakonen gerichtet. Näheres zur Gemeindeentstehung und zu der Beziehung des Apostels zu dieser Gemeinde wurde bereits ausgeführt.[1]

9. Abfassungsort und -zeit

Abgesehen von der Einheitlichkeit des Briefes gibt es vor allem im Blick auf Abfassungsort und -zeit kontroverse Meinungen in der Einleitungswissenschaft.

Aus dem Brief selber ist zu entnehmen: Er ist in einer Gefangenschaft des Apostels geschrieben (1,7.13.17). In seinem Gefängnis ist Paulus als Christ bekannt (1,12f). Der Ausgang seines Prozesses ist offen. Der Apostel muß auch mit einem Todesurteil rechnen (1,20; 2,17), hofft aber auf einen Freispruch (1,25; 2,24). Nach den Angaben der Apostelgeschichte kommen zwei Orte in Frage: Caesarea und Rom. Auch Ephesus kann in die Überlegungen einbezogen werden.

9.1 Abfassungsort Rom

Vom 2. bis zum 18. Jh. gilt die traditionelle Ansicht: Der Brief ist während der römischen Gefangenschaft des Apostels in den Jahren 58-60 geschrieben worden.

Dafür werden folgende Gründe geltend gemacht:

1) Nach Phil 1,13 ist im ganzen Prätorium und bei den übrigen allen bekannt geworden, daß die Gefangenschaft des Apostels mit Christus zusammenhängt. Das griechische Wort *praitorion* kann die Prätorianergarde bezeichnen, die in Rom stationiert war und wahrscheinlich die Bewacher des Paulus stellte. Aber das Wort kann auch den Amtssitz römischer Statthalter und Behörden bezeichnen, die es im ganzen römischen Reich gab. Sollte das zweite gemeint sein, entfällt dieser Grund für Rom.

2) In Phil 4,22 grüßt Paulus die Gemeinde von „denen aus dem Kaiserhaus". Das können Bedienstete vom kaiserlichen Hof gewesen sein, sogenannte Kaisersklaven. Das scheint für

---

1 Vgl. S. 130

Rom zu sprechen, ist aber auch nicht unbestritten, da es Kaisersklaven in vielen Großstädten des römischen Reiches gab.

3) Nach Phil 1,7.12ff.19ff geht der Prozeß des Paulus seinem Ende entgegen. Der Apostel muß mit beidem rechnen: Todesurteil oder Freispruch. Das paßt gut zu den Nachrichten der Apostelgeschichte über die Gefangenschaft in Rom. Paulus hatte sich auf das Urteil des Kaisers berufen, konnte sich aber in Rom ziemlich frei bewegen.

Gegen die Abfassung in Rom wird geltend gemacht:

1) Nach Röm 15,24.28 wollte Paulus von Rom nach Spanien reisen. Aus Phil 2,24; 1,26 geht aber hervor, daß er nach seiner Freilassung Philippi besuchen will. Paulus müßte bei Abfassung des Briefes in Rom seine Reisepläne während der Gefangenschaft geändert haben. Das ist denkbar, aber zunächst einmal nicht naheliegend.

2) Aus dem Brief geht hervor, daß zwischen dem Abfassungsort und Philippi einige Kontakte stattgefunden haben: Die Philipper hören von der Haft des Paulus, senden Epaphroditus zu ihm, hören von dessen Erkrankung, machen sich Sorgen und teilen das Paulus mit. Paulus nimmt dazu Stellung, sendet Epaphroditus, gibt ihm den Brief mit und kündigt den Besuch des Timotheus an. Der soll Nachrichten aus Philippi zu Paulus bringen. Dann will Paulus „bald" kommen (2,24). Für die relativ weite Entfernung zwischen Rom und Philippi sind das ziemlich viele Kontakte in kurzer Zeit. Aber ausgeschlossen sind sie nicht.

9.2 Abfassungsort Caesarea

Für diesen Ort könnte sprechen, daß die Seereisen nicht ganz so weit wären. Aber bei den guten Verkehrsverbindungen im römischen Reich überzeugt dieses Argument nicht.

Zutreffender ist die zweite Überlegung: Bei einer Gefangenschaft in Caesarea hätte Paulus seine Reisepläne nach Spanien nicht ändern müssen. Er konnte nach der Freilassung über Mazedonien und Griechenland nach Rom reisen.

Gegen Caesarea wird geltend gemacht, daß Paulus dort wohl kaum solche Freiheiten wie in Rom hatte. Andererseits mußte er dort, nachdem er sich auf den Kaiser berufen hatte, auch nicht mit einem Todesurteil rechnen.

Von den meisten Exegeten wird dieser Abfassungsort, bei dem als Abfassungszeit 55-57 in Frage käme, heute abgelehnt.

9.3 Abfassungsort Ephesus

Für diesen Ort werden folgende Beobachtungen angeführt:

1) Sprache, Stil und Inhalt passen besser zu den Briefen an die Römer und Korinther als zu den Gefangenschaftsbriefen an die Gemeinden in Kolossä und Ephesus.

2) Das Kapitel 3 des Philipper-Briefes scheint in die Auseinandersetzung mit Judaisten und Gnostikern zu gehören. Es erinnert an die Kämpfe in den Gemeinden Galatiens.

3) Der Reiseweg zwischen Ephesus und Philippi wäre erheblich kürzer als bei den beiden anderen Orten.

Schwierig ist nur, daß die Apostelgeschichte keine Angaben über eine Gefangenschaft des Apostels in Ephesus macht. Denkbar ist sie aufgrund von 2Kor 6,5; 11,23; 1,8ff; 1Clem 5,6 (Paulus hat siebenmal Fesseln getragen).

Bei einer Entscheidung für Ephesus kommen die Jahre 52-54 als Abfassungszeit in Frage.

9.4 Ergebnis

Eine sichere Entscheidung zwischen Rom und Ephesus erscheint mir nicht möglich; dennoch spricht vieles für Ephesus.

10. Kommentare

W. de Boor, Die Briefe des Paulus an die Philipper und an die Kolosser, WStB, 1983; G. Friedrich, Der Philipperbrief, NTD Bd. 8, [17]1990; J. Gnilka, Der Philipperbrief, HThK Bd. X/3, [4]1987; E. Lohmeyer, Die Briefe an die Philipper, Kolosser und an Philemon, KEK 9. Abt., 131964.

Der Brief an die Kolosser

1. Inhalt

Der Brief ist an eine Gemeinde geschrieben, die durch Irrlehrer erschüttert wird. Aus ihm können wir ihre Vorstellungen entnehmen, daß bestimmte Feiertage beachtet werden müssen (2,16), daß Christen sich an Speisevorschriften halten sollen (2,16.21), daß überhaupt ein asketischer Lebensstil gepflegt werden muß (2,20ff). Außerdem halten sie es für nötig, die Weltelemente zu beachten (2,8) und die überirdischen Engelwesen zu verehren (2,18). Der asketische Lebensstil soll den Zugang zu diesen überirdischen Mächten eröffnen.

Paulus nennt diese religiösen Vorstellungen ,,Philosophie und leeren Betrug" (2,8). Er wehrt sie scharf ab, weil die Askese Dinge, die nur am Rande stehen, zur Hauptsache macht und damit die Hauptsache, Gottes Offenbarung durch Christus, verdunkelt. Das geschieht vor allen Dingen auch durch die Engelverehrung, die aus der Angst geboren ist, man könnte den Mächten nicht die nötige Ehrfurcht erweisen und sich dadurch ihre Rache zuziehen. Diesem zutiefst heidnischen Gedanken stellt Paulus das Bekenntnis zu Christus als dem Herrn der Welt entgegen. In Christus wohnt die Fülle der Gottheit leibhaft (2,9). Das ist gegen eine Front gesagt, die die Menschwerdung Gottes durch Christus nicht wahrhaben will.

Der zweite Teil des Briefes beschreibt, welche praktischen Konsequenzen sich aus diesem Bekenntnis zu Jesus Christus als dem Herrn ergeben.

Der Brief hat einen klar erkennbaren Aufbau:

2. Gliederung, Merkverse, Kernaussagen

Kapitel	Gliederung	Merkverse
1,1.2	Briefkopf (Praeskript)	
1,3-12	Vorwort	
1,13-3,23	**1.Teil: Jesus Christus – Herr der Welt**	
	darin:	
1,15-20	Christushymnus	
2,1-23	Warnung vor Irrlehrern	**2,3.9**
3,1-4,6	**2.Teil: Leben unter der Herrschaft Christi**	
	darin:	
3,1-17	Alter und neuer Mensch	**3,16f**
3,18-4,1	Haustafel	**3,23**
4,2-6	Mahnung zum Beten und Reden	
4,7-18	Briefschluß	
	Mitteilungen – Aufträge – Grüße	

Kernaussagen

In Christus liegen verborgen alle Schätze der Weisheit und der Erkenntnis. Kol 2,3
In ihm wohnt die ganze Fülle der Gottheit leibhaftig. Kol 2,9
Alles, was ihr tut, das tut von Herzen als dem Herrn und nicht den Menschen. Kol 3,23

3. Literarische Eigenart

Der Brief ist ein apostolisches Sendschreiben, weist aber in Sprache und Stil Eigentümlichkeiten auf.

Nach HJHoltzmann gibt es im Kolosserbrief 33 Hapaxlegomena (Wörter, die nur einmal im NT vorkommen, z. B. ,,Philosophie": 2,8) und 15 Wörter, die sonst bei Paulus nicht vorkommen.[1] Andererseits fehlen für Paulus typische Begriffe wie Gerechtigkeit, Rechtfertigung, Gesetz, Heil, Offenbarung.[2] Allerdings kann die andere Begrifflichkeit durch die Irrlehre bestimmt sein, mit der sich Paulus auseinandersetzen muß, wenn er Schlagworte aufgreift, die in Kolossä verbreitet werden.

Ähnliches gilt für den Stil. Er wirkt schwerfälliger und überladener als in den anderen Paulusbriefen. Das kann aber durch die Aufnahme von liturgisch-hymnischem Gut veranlaßt sein. Im übrigen weist WGKümmel eine Reihe von Stileigentümlichkeiten des Paulus in diesem Brief nach.[3] Er kommt zu dem Ergebnis: ,,Sprache und Stil des Kol geben darum keinen Anlaß, an der paulinischen Herkunft des Briefes zu zweifeln."[4]

4. Historischer Zusammenhang

Kolossä war eine Stadt im oberen Lykostal. Ihre Nachbarstädte Hierapolis und Laodizea waren bedeutend größer. In allen drei Städten gab es christliche Gemeinden (4,13.15f). Die Gemeinde in Kolossä wurde nicht von Paulus (2,1), sondern von Epaphras gegründet (1,7; 4,12). Als Paulus den Brief schrieb, hatte er die Gemeinde noch nicht besucht. Dennoch fühlt er sich für sie zuständig, da die Gemeinde mehrheitlich heidenchristlich war (1,21.27; 2,13).

Nach Phlm 23 war Epaphras bei Paulus in der Gefangenschaft (vgl. Kol 1,8; 4,12). Vielleicht hat er Paulus wegen der Verhältnisse in der Gemeinde von Kolossä um Rat gefragt. Jedenfalls weiß Paulus, daß die Gemeinde durch Irrlehrer bedroht ist. Zwar haben diese Leute bisher noch keinen Erfolg gehabt (2,4.8.20), aber Paulus schätzt die Verführungskraft ihrer Vorstellungen hoch ein.

Auf welchen **religionsgeschichtlichen Hintergrund** verweisen diese Angaben im Brief?

---

1 HJHoltzmann, Kritik der Epheser- und Kolosserbriefe, 1872
2 Vgl. ELohse, Die Briefe an die Kolosser und Philemon, S. 133ff
3 WGKümmel, Einl., S. 300
4 WGKümmel, Einl., S. 300

Es geht um eine Geheimweisheit, in der heidnische Elementenverehrung mit jüdischem Kult und jüdischer Engelverehrung vermischt ist. Es ist eine synkretistische Form des Judentums. Vielleicht kann man auch von einer **jüdischen Form der Gnosis** sprechen. Vor allem 2,9 weist in diese Richtung.

Einen anderen Versuch, den Hintergrund aufzuhellen, macht ESchweizer.[5] Er versucht die Herleitung aus **griechischer Philosophie** und beruft sich auf folgende Beobachtungen:

Als „Weltelemente" sind bisher in der antiken Literatur nur Erde, Wasser, Feuer, Luft nachgewiesen. Von ihnen redet die griechische Philosophie.

Empedokles sieht diese Elemente im Streit miteinander. Er spricht von dem Streit der Glieder des Weltalls und von ihrer Wiederversöhnung in der Liebe. Die Brücke zu Paulus könnte durch Philo geschlagen sein, der von Gott als dem Stifter und Schirmherrn des Friedens spricht.

Weitere Belege sind für Schweizer Plutarch und ein pythagoreischer Text aus dem 1. Jh. v.Chr.

Die weitere exegetische Diskussion wird zeigen müssen, ob die vielschichtigen Andeutungen des Kolosserbriefes damit hinreichend erklärt werden können.

5. Theologische Schwerpunkte

Jesus Christus ist die vollständige und leibhafte Offenbarung Gottes und als solcher Herr der Welt. Neben ihm gibt es keine anderen Mächte, denen wir zu dienen hätten. Asketische Lebenshaltungen, um die Einheit mit dem Kosmos und seinen Mächten zu erleben, führen von Christus weg und sind darum abzulehnen.

Christus gehört unser ganzes Leben; ihm dienen wir in allen Bereichen des Lebens. Denn „in ihm wohnt die Fülle der Gottheit leibhaft" (2,9).

6. Einheitlichkeit

Angeblich hat der Verfasser in Kol 1,15-20 einen gnostischen Hymnus aufgenommen, der die Macht des göttlichen Erlösers besang. Der Verfasser habe dann diesen Hymnus im Sinne des Paulus korrigiert. Daraus sei die kosmische Christologie geworden, die Christus nicht nur als Haupt der Gemeinde, sondern des Kosmos versteht.

Dazu ist folgendes zu sagen: Ob der Hymnus in Kol 1,15-20 übernommen oder vom Verfasser selbst formuliert wurde, läßt sich nicht nachweisen. Sollte es sich um ein übernommenes Lied handeln, sind die übernommene Form und die Überarbeitung nicht voneinander zutrennen.

7. Verfasser

Bis 1838 war die Verfasserschaft des Paulus unbestritten. FCBaur und seine Schüler versuchten, unpaulinische Gedanken nachzuweisen. Unter dem Eindruck der Arbeiten von Dibe-

---

5 ESchweizer, Der Brief an die Kolosser, S. 100-104

lius[6], Lohmeyer[7] und Percy[8] hatte sich in unserem Jahrhundert die Anerkennung der paulinischen Verfasserschaft wieder durchgesetzt. Zweifel wurden in neuerer Zeit durch Bultmann, Käsemann, Bornkamm, Schweizer, Fuchs und Schoeps[9] geäußert. Anlaß zu diesen Zweifeln waren folgende Beobachtungen:

7.1 Sprache und Stil

Die Eigenart von Sprache und Stil im Brief an die Kolosser wurde bereits beschrieben. Aber Lohmeyer hat in seinem Kommentar darauf hingewiesen, daß auch in anderen Paulusbriefen je nach Leserschaft Begriffe fehlen, die sonst für Paulus typisch sind. Folglich läßt sich mit dem Sprachgebrauch die Verfasserschaft des Paulus nicht bestreiten. Änliches gilt für den Stil, wie bereits dargestellt.[10]

Sprache und Stil des Kolosserbriefes geben keinen Anlaß, an der paulinischen Herkunft des Briefes zu zweifeln. Ihre Abweichungen lassen sich hinreichend erklären.

7.2 Theologie

Gegen die Verfasserschaft des Paulus wird angeführt, daß es für eine kosmische Christologie in den anderen Paulusbriefen keinen Anhaltspunkt gebe. Deswegen sei hier ein Apostelschüler am Werk gewesen.

Dagegen läßt sich nachweisen, daß es Ansätze zu kosmischer Christologie auch in anderen Paulusbriefen gibt: z.B. 1Kor 2,8; 8,6; 2Kor 4,4; Gal 4,3.9; Phil 2,10. Es ist sehr wohl denkbar, daß Paulus die Auseinandersetzung mit der Irrlehre von Kolossä als Anlaß nahm, Christus nicht mehr nur als das Haupt des Leibes, das heißt als Herr seiner Gemeinde zu verkündigen, sondern als Haupt des Kosmos, das heißt als Herr der Welt.

Die Verfasserschaft des Paulus wird durch folgende Beobachtungen gestützt: Der Brief an die Kolosser und der Brief an Philemon stimmen in den persönlichen Mitteilungen überein (vgl. Kol 4,7-18 mit Phlm 23f). Das wäre als Werk eines Imitators kaum verständlich. Schließlich wurde Kolossä im Jahr 61 n.Chr. zerstört.[11] Deswegen kommt auch Schweizer, der zunächst Zweifel geäußert hatte, zu dem Ergebnis: ,,Die Grenzen zwischen echt und unecht können nicht mehr mit gleicher Strenge gezogen werden wie noch vor einigen Jahrzehnten".[12] Er fragt, ob nicht vielleicht Timotheus Verfasser im Auftrag des Paulus war, was durch den Briefkopf nahegelegt ist.[13]

8. Empfänger

Der Brief ist an die Gemeinde in Kolossä im Lykostal gerichtet.

6   MDibelius, Die Geisterwelt im Glauben des Paulus, 1909, S. 125ff
7   ELohmeyer, Die Briefe an die Philipper, Kolosser und an Philemon, [13]1964
8   EPercy, Die Probleme der Kolosser- und Epheserbriefe, 1946
9   Vgl. WGKümmel, Einl., S. 299 Anm. 13
10 ELohmeyer, Die Briefe an die Philipper, Kolosser und an Philemon, S. 12f
11 Vgl. ESchweizer, Der Brief an die Kolosser, S. 23
12 ESchweizer, Der Brief an die Kolosser, S. 25
13 Für Paulus als Verfasser sprechen sich aus: DGuthrie, Introduction, S. 551-555; DACarson/DMoo/LMorris, Introduction, S. 331-334; WGKümmel, Einl., S. 298-305

9. Abfassungsort und -zeit

Da es sich um einen Gefangenschaftsbrief handelt, kommen drei Möglichkeiten in Frage: Ephesus, Caesarea, Rom.

Für **Ephesus** spricht die Nähe zu Kolossä. Epaphras hätte einen kurzen Reiseweg gehabt. Dagegen spricht, daß nach dem Kolosserbrief Lukas und Markus bei Paulus sind, nach der Apostelgeschichte aber nicht. Außerdem ist die zeitliche Nähe zu den Briefen an die Galater und Korinther schwer vorstellbar.

Für **Caesarea und Rom** spricht der zeitliche Abstand zu den Briefen an die Galater und Korinther. Allerdings müßte bei der Annahme Rom wegen der Quartierbitte in Phlm 22 vorausgesetzt werden, daß Paulus seine Reisepläne nach Spanien aufgegeben hat. Wer das für wenig wahrscheinlich hält, wird sich für Caesarea entscheiden und die Jahre 55-57 als Abfassungszeit annehmen.

10. Kommentare

W. Barclay, Brief an die Kolosser, [7]1985; W. de Boor, Die Briefe des Paulus an die Philipper und an die Kolosser, WStB, [9]1982; H. Conzelmann, Der Brief an die Kolosser, NTD Bd. 8, [17]1990; E. Lohmeyer, Die Briefe an die Philipper, Kolosser und an Philemon, KEK 9. Abt., [13]1964; E. Lohse, Die Briefe an die Kolosser und Philemon, KEK 9. Abt. 2. Bd., [15]1977; E. Schweizer, Der Brief an die Kolosser, EKK Bd. XII, [3]1989.

Der 1. Brief an die Thessalonicher

1. Inhalt

Paulus wendet sich mit diesem Brief an eine Gemeinde, die kurze Zeit vorher von ihm gegründet worden war. Sie hat sich gut entwickelt und in Verfolgungszeiten den Glauben an Jesus Christus bewahrt. Er weiß sich mit ihr besonders verbunden, erhält Informationen, sendet seinen Mitarbeiter Timotheus und erteilt der Gemeinde Weisungen und Belehrungen. Sie soll dafür sorgen, daß der Glaube an Jesus Christus das alltägliche Leben ihrer Glieder bestimmt. Denn Jesus Christus wird wiederkommen in Macht und Herrlichkeit. An diesem Ereignis werden die bereits verstorbenen und die dann noch lebenden Glaubenden Anteil haben.

2. Gliederung, Merkverse, Kernaussagen

Kapitel	Gliederung	Merkverse
1,1	Briefkopf (Praeskript)	
1,2-3,13	**1. Teil : Dank für die Gemeinde**	
1,2-10	Sie hat ein vorbildliches Glaubensleben	
2,1-20	Sie hat seit ihrer Gründung Verfolgung erlebt	**2,13**
3,1-13	Paulus erhält Nachrichten von Timotheus	
4,1-5,22	**2. Teil: Weisungen für die Gemeinde**	
4,1-12	Ruf zur Heiligung	**4,3**
4,13-18	Hoffnung für die Verstorbenen	
5,1-11	Von der Wiederkunft Jesu	**5,2f**
5,12-22	Weisungen für das Gemeindeleben	**5,23**
5,23-28	Briefschluß	

Kernaussagen

Das ist der Wille Gottes, eure Heiligung. 1Thess 4,3
Denn ihr selbst wißt genau, daß der Tag des Herrn kommen wird wie ein Dieb in der Nacht. Wenn sie sagen werden: Es ist Friede, es hat keine Gefahr –, dann wird sie das Verderben schnell überfallen wie die Wehen eine schwangere Frau, und sie werden nicht entfliehen. 1Thess 5,2f
Er aber, der Gott des Friedens, heilige euch durch und durch und bewahre euren Geist samt Seele und Leib unversehrt, untadelig für die Ankunft unseres Herrn Jesus Christus. 1Thess 5,23

3. Literarische Eigenart

Es handelt sich um ein apostolisches Sendschreiben, das in Wortschatz und Stil mit den anderen Paulus-Briefen übereinstimmt. Auffallend ist die knappe Fassung des Briefkopfes und des Briefschlusses.

4. Historischer Zusammenhang

Thessalonich war Hauptstadt der römischen Provinz Mazedonien. Die christliche Gemeinde in dieser Stadt entstand während der zweiten Missionsreise des Apostels Paulus im Jahr 49 n.Chr. (vgl. Apg 17,1-10). Paulus wählte den Weg über die Synagoge. Es kam sehr bald zu scharfen Auseinandersetzungen, die schließlich zur Verfolgung der jungen Christengemeinde führten. Paulus mußte die Stadt fluchtartig verlassen.

Die Gemeinde bestand fast ganz aus Heidenchristen (1,9; 2,14). Sie hat eine vorbildliche Entwicklung genommen (1,8ff). Das Verhältnis des Apostels zur Gemeinde war von gegenseitigem Vertrauen bestimmt (2,9-12.17.19f).

Nach 3,1-6 war Paulus um die Entwicklung der jungen Gemeinde besorgt. Deswegen schickte er Timotheus nach Thessalonich; er selbst blieb allein in Athen zurück. In Korinth traf er wieder mit Timotheus zusammen, der gute Nachrichten von Thessalonich mitbrachte, aber auch Hinweise auf mögliche Fehlentwicklungen:

Paulus mußte – wie an anderen Orten – mit persönlichen Verdächtigungen durch Juden rechnen (vgl. 2,1-16). Die Gemeinde war verunsichert durch den Tod einiger Gemeindeglieder; diese hatten doch auch die Wiederkunft Jesu miterleben wollen. Was wird nun daraus (4,13ff; 5,1ff)? Schließlich gab es wohl Gemeindeglieder, die in ihren alltäglichen Pflichten nachlässig wurden (4,3ff.11f; 5,6ff.12f.19f). Paulus geht seelsorglich auf diese Fragen ein, ohne eine systematische Belehrung zu erteilen.

5. Theologische Schwerpunkte

Paulus will mit diesem Brief die bisher so positive Gemeindeentwicklung fördern. Er will Ängste im Blick auf die Wiederkunft Jesu nehmen und die Hoffnung stärken. Er will zu einem geheiligten Leben anleiten. Die Ausrichtung auf den wiederkommenden Herrn soll zu einem Leben in der Nachfolge Jesu motivieren.

6. Einheitlichkeit

Der Brief ist ein einheitliches Schreiben ohne irgendwelche Brüche oder Einschübe.

7. Verfasser

Der Brief gilt in der Auslegungsgeschichte des NT als der älteste Brief, den der Apostel Paulus geschrieben hat. WGKümmel[1] setzt sich mit den gelegentlich geäußerten Zweifeln kritisch auseinander und erweist sie als nicht tragfähig genug, um die apostolische Verfasserschaft zu bestreiten.

8. Empfänger

Der Brief ist an die junge Gemeinde in Thessalonich gerichtet, etwa ein Jahr nach ihrer Gründung.

9. Abfassungort und -zeit

Da Paulus nach der Apostelgeschichte mit Timotheus in Korinth zusammentraf, kommt als Abfassungsort wohl Korinth in Frage. Für die Reisen, die seit dem Aufenthalt des Apostels in Thessalonich stattfanden, müssen einige Monate angesetzt werden. Deswegen ergibt sich als Abfassungszeit das Jahr 50.

Gegen diese frühe Datierung haben Lütgert[2], Michaelis[3], Schmithals[4] eingewandt, daß Paulus sich in diesem Brief gegen ähnliche Verdächtigungen wie im Galater- und in den Korinther-Briefen zur Wehr setzen muß. Deswegen gehöre der Brief in die gleiche Zeit. Dieses Argument kann nicht überzeugen, weil in der Frage der jüdischen Gegner des Paulus fünf Jahre keine große Rolle spielen.

Schwieriger ist die Tatsache, daß sich die Angaben von 1Thess 3,1f und Apg 17,14ff; 18,5ff auf den ersten Blick nicht harmonisieren lassen. Nach den Angaben des Briefes hat Paulus Timotheus von Athen nach Thessalonich geschickt und ist allein dort geblieben. Nach den Angaben der Apostelgeschichte waren Timotheus und Silas in Beröa geblieben und nicht mit Paulus nach Athen gereist. Allerdings richtet nach der Apostelgeschichte Paulus die dringende Bitte an beide, zu ihm nach Athen zu kommen. Es ist denkbar, daß sie das getan haben und dann von Paulus nach Thessalonich zurückgeschickt wurden, von wo sie die Reise nach Korinth antraten. Daß die Apostelgeschichte über diese Einzelheiten schweigt, hängt mit ihrer gesamten Konzeption zusammen.

Für die oben beschriebene Datierung spricht, daß Paulus auf die Zeit seines missionarischen Wirkens anspielt (1,5-2,12), und daß die Erinnerungen daran noch sehr frisch zu sein scheinen (2,5.9.10). Darum bleibe ich dabei: Der Brief wurde im Jahr 50 n.Chr. von Korinth aus geschrieben und ist damit der älteste Paulusbrief[5], was sich nach Roller auch im Briefkopf niederschlägt.[6]

10. Kommentare

W. de Boor, Die Briefe des Paulus an die Thessalonicher, WStB, 1960; G. Friedrich, Die Briefe an die Thessalonicher, NTD Bd. 8, [17]1990; T. Holtz, Der erste Brief an die Thessalonicher, EKK Bd. XIII, 1986.

---

1   WGKümmel, Einl., S. 224-225
2   WLütgert, Die Vollkommenen in Philippi und die Enthusiasten in Thessalonich, BFChTh 13,6, 1909, S. 55f
3   WMichaelis, Die Gefangenschaft des Paulus in Ephesus und das Itinerar des Timotheus, NTF I,3 ,1925, S. 65ff
4   WSchmithals, Die Thessalonicherbriefe als Briefkompositionen, in Zeit und Geschichte, Festschr. f. RBultmann, 1964, S. 295 ff
5   So auch DACarson/DJMoo/LMorris, Introduction, S. 347; DGuthrie, Introduction, S. 566f; WGKümmel, Einl., S. 221; ähnlich AWikenhauser/JSchmid, Einl., S. 401
6   Nach Roller ist der Briefkopf immer weiter ausgebaut worden. Die knappste Form dürfte deswegen die älteste sein.

Der 2. Brief an die Thessalonicher

1. Inhalt

Der Brief an die von Paulus gegründete Gemeinde enthält Stellungnahmen zu Problemen, die sich in der jungen Gemeinde nach dem 1. Brief ergeben haben. Sie beziehen sich vor allem auf die Erwartung der Wiederkunft Jesu und auf ein Leben, das dieser Erwartung entspricht.

2. Gliederung, Merkverse, Kernaussagen

Kapitel	Gliederung	Merkverse
1,1.2	Briefkopf (Praeskript)	
1,3-12	Vorwort	
	Dank – Stellungnahme zu Verfolgung –	
	Wiederkunft Jesu – Fürbitte	
2,1-12	**1. Teil: Belehrung über Wiederkunft Jesu**	
	darin:	
2,3	– Der Mensch der Sünde	
2,6.7	– Der oder das Aufhaltende	
2,13-3,16	**2. Teil: Ermahnung zur Nachfolge**	
2,13-17	An der Lehre festhalten	
3,1-5	Für den Apostel beten	**3,3**
3,6-16	Ordentlich arbeiten	**3,10b**
3,17	Briefschluß mit eigenhändiger Unterschrift	

Kernaussagen

Der Herr ist treu; der wird euch stärken und bewahren vor dem Bösen.   2Thess 3,3
Wer nicht arbeiten will, der soll auch nicht essen.   2Thess 3,10b

3. Literarische Eigenart

Es handelt sich um ein apostolisches Sendschreiben, das in Wortschatz und Stil den anderen Paulus-Briefen entspricht. Auffallend sind der knappe Briefkopf und Briefschluß.

4. Historischer Zusammenhang

Nach 3,11 hat Paulus neue Nachrichten aus Thessalonich erhalten: Gemeindeglieder leben unordentlich, arbeiten nichts und treiben unnütze Dinge. Die späteren Ermahnungen lassen erkennen, daß diese Leute sich auf andere Gemeindeglieder verlassen und sich von ihnen versorgen lassen. Der Grund für ihre Arbeitsscheu ist nicht unbedingt Faulheit, sondern eine überspannte Naherwartung. Sie sehen das Reich Gottes schon angebrochen (Der Tag des Herrn ist schon da: 2,2ff) und halten es darum nicht mehr für nötig, beruflichen Pflichten nachzugehen. Offensichtlich haben sie die Botschaft des Paulus von dem in Jesus angebrochenen Heil mißverstanden. Sie berufen sich ausdrücklich auf den Apostel und auf seinen Brief. Deswegen muß Paulus das Mißverständnis ausräumen und Klarheit darüber schaffen, daß das Heil erst vollendet ist, wenn Jesus wiederkommt. Diesem Ereignis gehen aber schwere Zeiten voraus, vor allem das Auftreten des Antichristen. Als der Apostel diesen Brief schreibt, rechnet er mit starken Kräften, die das Auftreten des Antichristen verhindern. Möglicherweise hat er an die Rechtsordnung des römischen Reiches gedacht, die er vielfach als positiv erlebte und die einen gesetzlosen Zustand unmöglich machte. Erst wenn diese Rechtsordnung beseitigt ist, kann der Repräsentant aller Bosheit und Gesetzlosigkeit seine Macht ausüben.

5. Theologische Schwerpunkte

Der Brief nimmt Stellung gegen eine unnüchterne Haltung im Blick auf die Eschatologie (Lehre von der Endzeit): Er wehrt spekulative Lehre zu diesem Thema ab, wenn sie zu einer Lebenshaltung führt, die die alltäglichen Pflichten nicht mehr ernst nimmt und die berufliche Arbeit scheut. Er schildert die endzeitlichen Erwartungen des Apostels Paulus (paulinische Apokalypse) und leitet die Gemeinde zu einem nüchternen Leben aus dem Glauben an.

6. Einheitlichkeit

Es handelt sich um ein zusammenhängendes Schreiben.

7. Verfasser

Einwände gegen die Echtheit, die von RBultmann[1], GBornkamm[2], EFuchs[3], ELohse[4], HJSchoeps[5] und AWikenhauser[6] erhoben werden, gehen von folgenden Behauptungen aus:
Es bestehe eine literarische Abhängigkeit des 2. Thessalonicher-Briefes vom 1.; außerdem ließen sich die eschatologischen Aussagen in 1Thess 4,13-5,11 und 2Thess 2,1-12 nicht als Werk eines Autors verstehen.
Dagegen ist geltend zu machen: Thematische Parallelen zwischen dem 1. und 2. Thessalonicher-Brief liegen vor, aber eine literarische Abhängigkeit läßt sich nicht nachweisen. Die beobachtete Spannung in den eschatologischen Aussagen ist typisch für die Apokalyptik:

1   RBultmann, Theologie des NT, S. 484
2   GBornkamm, Paulus, 1969, S. 246
3   EFuchs, Glaube und Erfahrung, 1965, S. 119
4   ELohse, Entstehung, S. 53f
5   HJSchoeps, Paulus, S. 44
6   AWikenhauser/JSchmid, Einl., S. 406-409

Geschichtliche Entwicklung des Endes in verschiedenen Perioden und der plötzliche Anbruch des Gerichtstages stehen nebeneinander[7].

Ein entscheidendes Argument für die paulinische Verfasserschaft ist, daß nach 2Thess 2,4
der Tempel in Jerusalem noch steht. Eine pseudonyme Schrift, die zu Lebzeiten des Apostels
entstanden, von ihm aber nicht zurückgewiesen worden wäre (vgl. 2Thess 2,2), ist nicht
denkbar. Als Werk aus der nachapostolischen Zeit kommt der Brief auch deswegen nicht in
Frage, weil die in ihm verhandelte Thematik der Naherwartung des Endes gerade in dieser
Zeit nicht mehr akut ist. Für Paulus als Verfasser sprechen sich auch aus: DACar-
son/DJMoo/LMorris[8], DGuthrie[9], WGKümmel[10].

8. Empfänger

Der Brief ist am besten verständlich, wenn er kurze Zeit nach dem 1. Brief an die Thessalonicher von Paulus geschrieben wurde, nachdem neue Nachrichten aus der Gemeinde eingetroffen waren.

9. Abfassungsort und -zeit

Beides hängt von der zeitlichen Reihenfolge der beiden Briefe an die Thessalonicher ab.
Die im Kanon des NT vorliegende Reihenfolge ist nicht aufgrund ihres Entstehungsdatums,
sondern aufgrund ihrer Länge zustandegekommen. Deswegen wäre es denkbar, daß der 2.
Brief an die Thessalonicher in Wirklichkeit der erste Brief des Apostels an die Gemeinde
war.

Aber der Wortlaut in 1Thess 2,17-3,10 erweckt eher den Eindruck eines relativ kurzen zeitlichen Abstandes zum Aufenthalt des Apostels in Thessalonich als die Ausführungen des 2.
Briefes.

Außerdem scheinen die Ermahnungen in 2Thess 3,6-16 eher eine Vertiefung des in 1Thess
4,11f; 5,14 Angedeuteten als umgekehrt zu sein.

Deswegen gehe ich davon aus, daß der Brief in kurzem zeitlichem Abstand nach dem 1. Brief
an die Thessalonicher geschrieben wurde, also in den Jahren 50 oder 51 von Korinth aus.

10. Kommentare

W. de Boor, Die Briefe des Paulus an die Thessalonicher, WStB, 1960; G. Friedrich, Die
Briefe an die Thessalonicher, NTD Bd. 8, [17]1990; W. Trilling, Der zweite Brief an die Thessalonicher, EKK Bd. IV, 1980.

---

7   Vgl. die synoptische Apokalypse
8   DACarson/DJMoo/LMorris, Introduction, S. 346
9   DGuthrie, Introduction, S. 569-575
10 WGKümmel, Einl., S. 228-232

Die Pastoralbriefe

Unter diesem Namen werden drei Briefe des NT zusammengefaßt: die beiden Briefe an Timotheus und der Brief an Titus. Pastoralbriefe werden sie seit dem 18. Jh. genannt, weil sie Anweisungen für den Hirtendienst in den Gemeinden geben (Pastor ist der lateinische Begriff für Hirte). Sie werden in den Einleitungen zum NT in der Regel gemeinsam behandelt, weil sie vergleichbar in Sprache und Stil sind. Sie beziehen sich auf ähnliche Zustände und Organisationsformen in den Gemeinden. Wenn sie gegen Irrlehre Stellung beziehen, ist das vergleichbar. Sie sind geprägt von der gleichen Theologie. Kurz gesagt: Sie bilden eine Einheit innerhalb des NT.

Die folgende Darstellung orientiert sich an dem bisher bei allen Schriften des NT verwendeten Gliederungsschema, wandelt es aber entsprechend der Gesamtdarstellung der Pastoralbriefe ab. Sie bietet zunächst zu jedem der Pastoralbriefe eine inhaltliche Übersicht, verbunden mit Gliederung, Merkversen und Kernaussagen. Daran schließen sich jeweils Ausführungen über die theologischen Schwerpunkte jedes einzelnen Briefes an. Dann werden die Empfänger kurz vorgestellt. Der größte Teil der Ausführungen befaßt sich aber mit der Frage nach der Echtheit: Stammen die Pastoralbriefe von Paulus oder von einem anderen Autor, der unter dem Namen des Paulus geschrieben hat? Hierzu gibt es bei vielen Auslegern des NT die feststehende Meinung, daß Paulus nicht der Verfasser dieser Briefe sein kann. Diese Auffassung wird einer gründlichen Prüfung unterzogen, indem die literarische Eigenart und der historische Zusammenhang berücksichtigt werden. Entsprechend dem Ergebnis zur Verfasserschaft sind dann auch Aussagen über Abfassungsort und -zeit möglich.

1. Der 1. Brief an Timotheus

1.1 Inhalt

Dieser Brief ist einerseits ein persönliches Schreiben des Apostels an seinen Mitarbeiter Timotheus. Andererseits enthält er Anweisungen für das Gemeindeleben, die Timotheus bei seiner Tätigkeit befolgen soll. Das Persönliche und das Dienstliche sind ständig miteinander verbunden.

1.2 Gliederung, Merkverse, Kernaussagen

Kapitel	Gliederung	Merkverse
1,1-2	Briefkopf	
1,3-20	**Persönliches**	
1,3-11	Ermahnung zur richtigen Lehre	
1,12-17	Dank für das Apostelamt	**1,15**
1,18-20	Weitergabe des Auftrags	
2,1-15	**Gemeindeordnungen**	
2,1-7	Vom Gebet in der Gemeinde	**2,4-6**
2,8-15	Von Männern und Frauen im Gottesdienst	

3,1-16	Gemeindeordnungen und Persönliches
3,1-7	Von den Eigenschaften der Vorsteher (Bischöfe)
3,8-13	Von den Eigenschaften der Diakone
3,14-16	Persönliche Mitteilungen und Glaubensbekenntnis
4	**Persönliche Ermahnungen**
5,1-25	**Gemeindeordnungen und Persönliches**
5,1-2	Vom Umgang mit Alten und Jungen
5,3-16	Vom Umgang mit den Witwen
5,17-20	Vom Umgang mit den Ältesten
5,21-25	Persönliche Ermahnungen
6,1-21	**Gemeindeordnungen und Persönliches**
6,1-2	Von den Sklaven
6,3-16	Persönliche Ermahnungen
6,17-19	Von den Reichen
6,20-21	Persönliche Ermahnungen

Kernaussagen

Das ist gewißlich wahr und ein Wort, des Glaubens wert, daß Christus Jesus in die Welt gekommen ist, die Sünder selig zu machen, unter denen ich der erste bin.
1Tim 1,15

Gott will, daß allen Menschen geholfen werde und sie zur Erkenntnis der Wahrheit kommen. Denn es ist ein Gott und ein Mittler zwischen Gott und den Menschen, nämlich der Mensch Christus Jesus, der sich selbst gegeben hat für alle zur Erlösung, daß dies zu seiner Zeit gepredigt werde.
1Tim 2,4-6

1.3 Theologische Schwerpunkte

Es ist offensichtlich, daß dieser Brief wertvolle Hinweise auf frühchristliche Gemeindeordnungen enthält, die für die Gemeinde Jesu Christi von grundlegender Art sind. Sie betreffen die Gestaltung gottesdienstlicher Zusammenkünfte, die Berufung leitender Mitarbeiter, das Zusammenleben mit unterschiedlichsten Personenkreisen in der Gemeinde. Manches davon findet sich auch in anderen antiken Texten und zeigt, daß der Apostel die leitenden Mitarbeiter auf das verpflichtet hat, was auch sonst in der Gesellschaft von leitenden Persönlichkeiten erwartet wurde. Anderes ergibt sich unmittelbar aus dem Evangelium von Jesus Christus und schafft neue Ordnungen wie die Regeln für die Gemeindewitwen, die Sklaven und die Reichen.

Bewegend ist, daß der Apostel immer das persönliche Ergehen seines Mitarbeiters mit im Blick hat. Er soll aus dem Glauben an Jesus Christus die Kraft beziehen, die nötig ist, um als Vorbild und Leiter in der Gemeinde Jesu Christi zu leben. So ist dieser Brief ein seelsorgliches Schreiben an einen Nachfolger im Gemeindedienst.

2. Der 2. Brief an Timotheus

2.1 Inhalt

Dieser Brief hat einen anderen Charakter als der erste. Er ist ein bewegendes seelsorglich-persönliches Schreiben, das keinerlei Anweisungen für das Gemeindeleben enthält. Man gewinnt den Eindruck, daß der Apostel das Ende seiner Wirksamkeit gekommen sieht und nun seinem Mitarbeiter vermitteln möchte, was ihm angesichts des baldigen Todes wichtig erscheint: ein geistliches Testament, das nicht nur für den ersten Empfänger bedeutsam ist.

Es ist jedem Verkündiger des Evangeliums zu empfehlen, der sich in einigen stillen Stunden Rechenschaft über seinen Dienst und dessen Wertung durch Gott geben will. Er wird in diesem Brief viele wertvolle Hinweise finden, die ihn zum Wesentlichen führen und vielleicht manche Korrektur im Verhalten auslösen.

2.2 Gliederung, Merkverse, Kernaussagen

Kapitel	Gliederung	Merkverse
1,1-2	Briefkopf	
1,3-18	Sei ein mutiger Zeuge!	**1,10**
2,1-13	Sei zum Leiden bereit!	**2,11-13**
2,14-26	Sei ein zuverlässiger Arbeiter!	**2,19**
3,1-13	Sei wachsam gegenüber den Verführern!	
3,14-17	Sei standhaft im Bewahren der Heiligen Schrift!	**3,16**
4,1-8	Sei treu in deinem Predigtamt!	
4,9-22	Briefschluß: Persönliche Mitteilungen und Grüße	

Kernaussagen

Jesus Christus hat dem Tode die Macht genommen und Leben und unvergängliches Wesen ans Licht gebracht durch das Evangelium.
2Tim 1,10

Der feste Grund Gottes besteht und hat dieses Siegel: Der Herr kennt die Seinen; und: Es lasse ab von Ungerechtigkeit, wer den Namen des Herrn nennt.
2Tim 2,19

Alle Schrift, von Gott eingegeben, ist nütze zur Lehre, zur Zurechtweisung, zur Besserung, zur Erziehung in der Gerechtigkeit.
2Tim 3,16

2.3 Theologische Schwerpunkte

Der persönliche Stil des Briefes ist unverkennbar. Die Mitteilungen im Kapitel 4 sind überraschend konkret. Die Bitten um den Mantel und um die Pergamente (4,13) sind bei einem Gefangenen und Theologen verständlich. In keinem Brief des NT gewinnen wir einen so guten Einblick in die Beziehung des Apostels zu einem seiner hervorragenden Mitarbeiter.

3. Der Brief an Titus

3.1 Inhalt

Dieser Brief behandelt ähnliche Gemeindethemen wie der 1. Brief an Timotheus, wenn auch in kürzerer Form. Ihm fehlt aber die persönliche Wärme, die die Briefe an Timotheus auszeichnet. Er wirkt eher wie ein offizielles Schreiben.

3.2 Gliederung, Merkverse, Kernaussagen

Kapitel	Gliederung	Merkverse
1,1-4	Briefkopf	
1,5-16	**Persönliches und Gemeindeordnungen**	
1,5-6	Von den Eigenschaften der Ältesten	
1,7-9	Von den Eigenschaften der Vorsteher (Bischöfe)	
1,10-16	Von der Abwehr der Irrlehrer	
2,1-15	**Gemeindeordnungen, Persönliches, Bekenntnis**	
2,1-8	Vom Umgang mit verschiedenen Altersgruppen	
2,9-10	Von den Sklaven	
2,11-15	Bekenntnis zu Jesus Christus	**2,11-14**
3,1-11	**Gemeindeordnung und Persönliches**	
3,1-2	Vom Verhalten zum Staat	
3,3-8a	Persönliches Bekenntnis zu Jesus Christus	
3,8b-11	Persönliche Dienstanweisungen	
3,12-15	Briefschluß: Aufträge und Grüße	

Kernaussagen

Es ist erschienen die heilsame Gnade Gottes allen Menschen ...
Tit 2,11

3.3 Theologische Schwerpunkte

Auffällig sind in diesem Brief die Bekenntnisse, die auf die Menschwerdung Jesu Christi Bezug nehmen. Eine Besonderheit ist auch der Hinweis auf das Verhalten zum Staat. Insgesamt hat der Brief mehr amtlichen Charakter als die beiden anderen Pastoralbriefe.

4. Empfänger

4.1 Timotheus

Timotheus war Sohn eines Heiden und einer Judenchristin aus Lystra (Apg 16,1; 2Tim 1,5). Als Paulus auf seiner zweiten Missionsreise wieder nach Lystra kam, konnte er Timotheus als Mitarbeiter gewinnen (Apg 16,3). Paulus lernte ihn als einen von Gott besonders begabten und zuverlässigen Mann kennen. Darum betraute er ihn manchmal auch mit besonderen Aufträgen (vgl. 1Thess 3,2.6). Auch in den Gefangenschaftszeiten hielt Timotheus bei Paulus aus. Das hat ihm die ungewöhnliche Wertschätzung des Apostels eingetragen (Phil 2,20ff).

4.2 Titus

Titus wird in der Apostelgeschichte nicht als Mitarbeiter des Paulus erwähnt. Was wir von ihm wissen, ergibt sich aus der Bemerkung in Gal 2,1-3. Daraus geht hervor, daß er Heidenchrist war und als solcher auch in der Urgemeinde in Jerusalem akzeptiert wurde. Paulus sah das als einen Hinweis darauf an, daß seine Heidenmission im Grundsatz von den Aposteln in Jerusalem anerkannt wurde.

Auch Titus wurde mit besonderen Aufgaben betraut. Mehrfach sandte Paulus ihn nach Korinth, um in der schwierigen Situation der Gemeinde eine Klärung herbeizuführen.Das ist ihm gelungen (vgl. 2Kor 2,12f; 7,5-16; 8,1-6). Er gehörte offensichtlich zu dem engen Mitarbeiterkreis des Apostels.

5. Verfasser

5.1 Zur Geschichte der Verfasserfrage

Vom Ende des 2. Jh. n.Chr. bis zum Anfang des 19. Jh. galten die Pastoralbriefe als Schriften des Apostels Paulus. Vor dem Ende des 2. Jh. ist das deswegen unsicher, weil Marcion sie in seinem Kanon des NT nicht erwähnt. Das hat besonderes Gewicht, weil Marcion überzeugter Anhänger des Apostels Paulus war. Hat er die Pastoralbriefe nicht als Paulus-Briefe anerkannt? Wir besitzen darüber keine Auskunft.

Erst gegen Ende des 2. Jh. finden wir in einem anderen Verzeichnis der neutestamentlichen Schriften, dem Kanon Muratori, die Pastoralbriefe als Paulusschriften. So werden sie auch bei Irenaeus und Tertullian zitiert.

Seit Anfang des 19. Jh. werden dann Zweifel an der Verfasserschaft des Apostels Paulus geäußert. JECSchmidt äußert 1804 Zweifel an der Echtheit des 1. Timotheus-Briefes[1], während Schleiermacher 1807 die Echtheit dieses Briefes bestreitet.[2] Das dehnt Eichhorn 1812 auf alle Pastoralbriefe aus. FCBaur versteht sie 1835 als Schriften, die im 2. Jh. aus dem Protest gegen die Gnosis entstanden sind.[3]

Seitdem wird die Echtheit der Pastoralbriefe von der Mehrheit der Neutestamentler in Europa bestritten. In diesem Sinn haben sich geäußert: NBrox, RBultmann, Hvon Campenhausen, HConzelmann, MDibelius, WGKümmel, ESchweizer und viele andere.[4] Ihnen steht eine kleine Gruppe von Forschern gegenüber, die an der apostolischen Verfasserschaft festhalten, z.B.

---

1   JECSchmidt, Historisch-kritische Einleitung ins NT, 1809
2   FSchleiermacher, Ueber den sogenannten ersten Brief des Paulus an den Timotheus. Ein Sendschreiben an JCGass, 1807; vgl. auch JvanBruggen, Die geschichtliche Einordnung der Pastoralbriefe, 1981, S. 9
3   FCBaur, Die sogenannten Pastoralbriefe des Apostels Paulus aufs neue kritisch untersucht, 1835
4   Vgl. WGKümmel, Einl., S. 327

Jvan Bruggen[5], DACarson/DJMoo/LMorris[6], PFeine/JBehm[7], LGoppelt[8], DGuthrie[9], JJeremias[10], BReicke[11], JARobinson[12].

Die Entscheidungen fallen aufgrund von Beobachtungen zur handschriftlichen Bezeugung, Sprache und Stil, geschichtlichen Lage, zu den vorausgesetzten Irrlehrern und Gemeindeverhältnissen und zur Theologie. In den folgenden beiden Abschnitten werden die Einzelbeobachtungen dargestellt und kommentiert.

5.2 Argumente gegen die Echtheit

5.2.1 Handschriftliche Bezeugung

Es wurde bereits darauf hingewiesen, daß die Pastoralbriefe im Kanon des Marcion, der um 140 n.Chr. entstanden ist, fehlen. Über die Gründe können wir nur Vermutungen äußern.

Auffällig ist auch, daß die Pastoralbriefe in einer wertvollen Papyrushandschrift aus dem 2. Jh. nicht vorkommen. Es ist der Chester Beatty-Papyrus (p46), der die Paulusbriefe enthält. Leider ist diese Handschrift nicht vollständig. Am Anfang fehlen Teile des Briefes an die Römer, am Schluß fehlen Teile des 1. Briefes an die Thessalonicher, der 2. Brief an die Thessalonicher und die Pastoralbriefe. Offensichtlich sind bei dieser Handschrift die ersten und die letzten Blätter verlorengegangen. Aus der Schriftgröße auf den vorliegenden Blättern kann man errechnen, wieviel Blätter für den fehlenden Teil des Briefes an die Römer nötig gewesen wären: insgesamt 7. Genauso läßt sich der Platzbedarf für die fehlenden Briefe am Schluß errechnen. Da es sich um einen Kodex, also ein Buch, handelt, müßte sich etwa die gleiche Zahl von Blättern ergeben. Das ist aber nicht der Fall. Für die Pastoralbriefe allein wären acht Blätter nötig. Aufgrund der Blätterzahl am Anfang kommt man zu dem Schluß, daß die Handschrift wahrscheinlich mit 2Thess 3,18 endete.

Die Folgerung liegt auf der Hand: Die Pastoralbriefe standen demnach in dieser Handschrift nicht.

5.2.2 Literarische Eigenart (Sprache und Stil)

Vergleicht man die Sprache der Pastoralbriefe mit den anderen Paulusbriefen, so fällt ein anderes Vokabular auf. Die Wortstatistik ermittelt 335 ,,Sondergutvokabeln"; das sind Begriffe, die sonst in den Paulusbriefen nicht vorkommen. Dazu zählen zum Beispiel: Frömmigkeit, fromm, gesunde Lehre, Besonnenheit. Es ist die Alltagssprache der hellenistischen Welt, die uns hier begegnet. Auch die hellenistische Weisheitslehre war von dieser Sprache geprägt, während die anderen Briefe des Apostels Paulus ein Griechisch verwenden, das den hebräischen Hintergrund erkennen läßt. Ist es denkbar, daß sich die Sprache des Apostels in wenigen Jahren derart geändert hat? Gibt es äußere Gründe, die die Verwendung einer ande-

---

5 JvanBruggen, Die geschichtliche Einordnung der Pastoralbriefe, 1981
6 DACarson/DJMoo/LMorris, Introduction, S. 367-371
7 PFeine/JBehm, Einl., [11]1956, S. 16-18: Sekretärshypothese
8 LGoppelt, Die apostolische und nachapostolische Zeit, Die Kirche in ihrer Geschichte IA, 1962, S. 71
9 DGuthrie, Introduction, S. 596-622
10 JJeremias, Die Briefe an Timotheus und Titus, NTD 9, [8]1963, S. 1-9
11 BReicke, Chronologie der Pastoralbriefe, ThLZ 2/76
12 JATRobinson, Wann entstand das NT?, 1986, S. 76-94

ren Sprache verlangten? Für viele Forscher ist das nicht vorstellbar. Sie schließen vor allem aufgrund der Sprache auf einen anderen Verfasser.

Auch der Stil der Pastoralbriefe weicht erheblich von den anderen Paulusbriefen ab. Er ist nüchtern und ruhig. In den anderen Briefen erleben wir den diktierenden Apostel mit: Er formuliert, unterbricht den Gedanken, ergänzt, äußert seine Gefühle, lobt Gott. Das alles ist in den Pastoralbriefen nicht zu finden. Die Sätze werden besonnen zuende geführt. Niemals werden die Gedanken durch Einschübe unterbrochen. Viele Adjektive verstärken den beschreibenden Stil.

Es ist nicht zu übersehen: Die Pastoralbriefe weichen in Sprache und Stil erheblich von den anderen Paulusbriefen ab. Sind sie deswegen von einem anderen Autor verfaßt, oder gibt es für die Beobachtungen auch eine andere Erklärung?

5.2.3 Historischer Zusammenhang

Aufgrund der Angaben in den Pastoralbriefen werden folgende Situationen vorausgesetzt: Nach dem 1. Timotheus-Brief ist Paulus von Ephesus nach Mazedonien gereist (1,3) und hat Timotheus in Ephesus zurückgelassen. Er hinterläßt ihm ein amtliches Schreiben zur Ordnung der Gemeindeverhältnisse in Ephesus. Die Apostelgeschichte erwähnt davon nichts (Apg 20,1-5), erweckt vielmehr den Eindruck, daß Timotheus mit Paulus von Ephesus nach Mazedonien und Griechenland gereist ist und von dort mit ihm nach Kleinasien zurückkehrt. Nach dem Titusbrief ist Paulus auf Kreta gewesen, hat dort missioniert und Titus dort zurückgelassen, um die entstandenen Gemeinden im Sinne des Apostels zu ordnen. Darüber schweigt die Apostelgeschichte.

Der 2. Timotheus-Brief stammt aus einer Gefangenschaft in Rom unter schweren Haftbedingungen (1,8.16f; 2,9), die sich mit der Schilderung der römischen Gefangenschaft in der Apostelgeschichte nicht vereinbaren lassen (Apg 28,30.31). Auch die Einzelheiten in Kapitel 4 des 2. Timotheus-Briefes lassen sich mit dem Bericht der Apostelgeschichte nur schwer vereinbaren. Sie sind aber so bis in die Einzelheiten gehend, daß sie sich als Rekonstruktion aus anderen Paulusbriefen oder als pure Erfindung nicht erklären lassen.

Hat die altkirchliche Überlieferung doch Recht, die zu berichten weiß, daß Paulus aus der römischen Gefangenschaft wieder frei gekommen ist und seinen Plan verwirklichen konnte, in Spanien zu missionieren, bis er erneut verhaftet und dann hingerichtet wurde? Dann würde zwar die Bemerkung von WGKümmel zutreffen: „Keine der hier angedeuteten Situationen paßt in das Leben des Paulus von Damaskus bis Rom, wie wir es aus den übrigen Paulusbriefen und der Apostelgeschichte kennen."[13] Aber das wäre noch kein Argument gegen die Verfasserschaft des Apostels, da wir möglicherweise durch die Pastoralbriefe Hinweise auf die geschichtliche Situation der ersten römischen Gefangenschaft bis kurz vor dem Märtyrertod des Apostels bekommen. Gestützt wird diese Annahme durch den 1.Clemens-Brief, der berichtet: „die ganze Welt hat er Gerechtigkeit gelehrt und ist bis zum äußersten Westen vorgedrungen ..."[14] Auch der Kanon Muratori setzt die Reise des Apostels nach Spanien voraus.

Man muß dann freilich annehmen, daß Paulus vor der Reise nach Spanien erst noch einmal in den Osten gereist ist, wie die Pastoralbriefe voraussetzen. Aufgrund dieser Schwierigkeit

---

13 WGKümmel, Einl., S. 331
14 1. Clemens-Brief 5,7

versucht BReicke, die historischen Angaben in den Pastoralbriefen in die Zeit einzuordnen, von der die Apostelgeschichte berichtet.[15]

Einen ähnlichen, wenn auch etwas abweichenden Weg beschreitet Jvan Bruggen.[16]

5.2.4 Die Gegner des Paulus

Die Irrlehre, gegen die Paulus zum Teil scharf Stellung nimmt, ist durch hellenistisches Gedankengut beeinflußt. Manche Äußerungen erinnern an die gnostische Bewegung, so daß viele Forscher mit der Gegnerschaft einer judenchristlich bestimmten Gnosis rechnen. Sie ist zu Lebzeiten des Apostels Paulus denkbar, wird aber in den Pastoralbriefen nicht in der für Paulus typischen Weise durch das Evangelium von Jesus Christus bekämpft. Statt dessen wird auf die Bewahrung der inzwischen formulierten Lehre verwiesen. Ist das nicht ein Hinweis auf nachapostolische Zeit?

5.2.5 Gemeindeverhältnisse

Hier meinen viele Forscher einen eindeutigen Beleg für die nachapostolische Zeit zu finden. Nach ihrer Auffassung waren zu Lebzeiten des Apostels Paulus die Dienste in den Gemeinden von den vorhandenen Charismen abhängig (vgl. Röm 12; 1Kor 12). In den Pastoralbriefen seien aber aus den charismatischen Dienern Amtsträger geworden: Bischöfe, Diakone, Gemeindewitwen. Die vom Geist Gottes bewegten Propheten erschienen nur noch am Rande (1Tim 1,18; 4,14). Zum Teil seien die Bischöfe schon hauptamtlich tätig und würden für ihre Arbeit bezahlt (1Tim 3,1; 5,17). Sie hätten vor allem den Kampf gegen die Irrlehre zu führen (1Tim 3,2; 2Tim 2,2; Tit 1,9). Das weise eindeutig auf die Zeit Ende des 1. und Anfang des 2. Jahrhunderts.

Ähnlich sei es mit den Gemeindewitwen. Sie widmeten sich vor allem dem Gebet und lebten sexuell radikal abstinent. Das komme bei Paulus so nicht vor.

5.2.6 Theologie

Auch in der von den Pastoralbriefen vertretenen Theologie zeige sich ein erheblicher Unterschied zu Paulus.

So werde das Heilsgeschehen mit Begriffen beschrieben, die bei Paulus sonst nicht vorkommen: die Erscheinung der heilsamen Gnade Gottes (Tit 2,11f); die Erscheinung der Freundlichkeit und Menschenliebe Gottes (Tit 3,4); die Erscheinung der Herrlichkeit des großen Gottes und unseres Heilandes Jesus Christus (Tit 2,13); die Unsterblichkeit Gottes (1Tim 6,16); Jesus Christus, der dem Tode die Macht genommen und das Leben und ein unvergängliches Wesen ans Licht gebracht hat durch das Evangelium (2Tim 1,10). Es ließen sich weitere Beispiele anführen.

Auch das Christsein werde anders akzentuiert: Ging es in den anderen Paulusbriefen vor allem um den Glaubensvollzug im Sinne des Vertrauens auf Jesus Christus (fides qua), so gehe es in den Pastoralbriefen vor allem um den richtigen Glaubensinhalt oder die Glaubenslehre (fides quae: 1Tim 3,9f; 6,10; 2Tim 4,7 u.a.). Es komme vor allem auf Frömmigkeit, richtige

---

15 BReicke, Chronologie der Pastoralbriefe, ThLZ 2/76
16 JvanBruggen, Die geschichtliche Einordnung der Pastoralbriefe, 1981

Lehre, gute Werke und ein bürgerlich geordnetes Leben an. Die Dynamik der Anfangszeit sei der geformten Tradition gewichen.

Faßt man diese Argumente zusammen, so scheint die Folgerung unausweichlich: Die Pastoralbriefe können nicht von dem Apostel Paulus stammen. Diese Einsicht wird als gesichertes Ergebnis neutestamentlicher Wissenschaft vertreten. Was veranlaßt einige Außenseiter unter den Forschern, dennoch an der Verfasserschaft des Apostels Paulus festzuhalten?

5.3 Argumente für die Echtheit

Im folgenden werden alle Kritikpunkte noch einmal aufgegriffen, um alternative Sichtweisen zu beschreiben.

5.3.1 Handschriftliche Bezeugung

Der Kanon des Marcion sollte nicht überbewertet werden. Marcion war ein fanatischer Paulinist. Sein Fanatismus hat ihn oft blind gemacht für die historischen Realitäten und zu rigorosen Eingriffen in die neutestamentlichen Schriften verleitet. Vielleicht sind die Pastoralbriefe wegen ihrer sprachlichen Gestalt diesem Fanatismus zum Opfer gefallen.

Das Fehlen der Pastoralbriefe im Kodex p46 kann im vorher beschriebenen und in der Regel behaupteten Sinn begründet werden. Sie hätten dann im 2. Jh. beim Abschreiber der Paulusbriefe noch nicht als Paulusbriefe Anerkennung gefunden und wären deshalb ausgelassen worden. Denkbar ist aber auch, daß der Abschreiber sich beim Beschriften seines Kodex schlicht verrechnet hat, so daß der Platz für die Pastoralbriefe nicht mehr reichte. Vielleicht wollte er auch nur Gemeindebriefe des Apostels abschreiben. Die Privatbriefe hätte er dann bewußt ausgelassen. Schließlich ist es auch denkbar, daß der Kodex am Anfang über mehrere Deckblätter für Titelblätter, Inhaltsverzeichnis und andere Angaben verfügte, so daß die Rückrechnung auf den Gesamtumfang unmöglich ist.

Diese differenzierte Betrachtung der handschriftlichen Überlieferung zeigt, daß diese aufgrund der vielen Vermutungen für ein historisches Urteil über die Verfasserschaft ausscheidet.

5.3.2 Literarische Eigenart (Sprache und Stil)

Die Beobachtungen zum anderen Vokabular in den Pastoralbriefen treffen zu. Auch die Angaben der Wortstatistik sind ernstzunehmen, aber man sollte sie nicht überschätzen. So mag es nachdenklich stimmen, daß es auch in anderen Paulusbriefen viele ,,Sondergutvokabeln" gibt. Der Grund ist einleuchtend: Die Briefe des Apostels Paulus sind Schreiben in eine konkrete Lage. Aufgrund der vorhandenen Verhältnisse in den Gemeinden und der sie bedrohenden Gegner gewinnt die Sprache jeweils ihr eigenes Profil.

Trotzdem bleiben wegen der großen Zahl der ,,Sondergutvokabeln" Schwierigkeiten hinsichtlich Sprache und Stil in den Pastoralbriefen. Sie lassen sich wohl kaum beheben ohne die Annahme, daß der Apostel sich bei diesen Briefen eines anderen Sekretärs bedient hat als in den anderen Briefen. Vielleicht hat er ihm auch aufgrund seiner Gefangenschaft wesentlich größere Freiheiten gegeben, so daß die Sprache der Pastoralbriefe stärker von diesem Sekretär beeinflußt ist als in den anderen Briefen, die der Apostel Wort für Wort diktieren konnte. Namhafte Forscher haben sich für diese überzeugende Lösung entschieden.[17]

---

17 JJeremias, Die Briefe an Timotheus und Titus, [8]1963

5.3.3 Historischer Zusammenhang

Wer an der apostolischen Verfasserschaft der Pastoralbriefe festhält, muß entweder wie BReicke oder Jvan Bruggen nach Wegen suchen, um die geschichtlichen Angaben in den Bericht der Apostelgeschichte einzuordnen, oder er muß – wie der Verfasser dieser Einleitung – von einer zweiten römischen Gefangenschaft, einer Änderung der Reisepläne des Apostels, einer Reise des Apostels in den Osten und nach Spanien ausgehen. Die Apostelgeschichte schweigt davon, weil sie vermutlich schon vorher abgeschlossen wurde.[18]

Wer von der apostolischen Verfasserschaft ausgeht, hat die biographischen Einzelheiten in den Pastoralbriefen, die als Werk eines Imitators belanglos und darum nicht denkbar sind, für sich: 2Tim 1,5.15-18; 3,14; 4,9-21; Tit 3,12-14. Die Bestreiter der apostolischen Verfasserschaft gehen auf diese Einzelangaben, die von ihnen schwer zu erklären wären, in der Regel nicht ein.

5.3.4 Die Gegner des Paulus

Die Irrlehre, die Timotheus und Titus abwehren sollen, ist nach Meinung vieler Forscher einer judenchristlich bestimmten Gnosis zuzuordnen (vgl. 1Tim 1,9ff; 2Tim 2,18; Tit 2,13ff). Hinweise auf solche Irrlehre gibt es vor allem im Kolosser-Brief, vielleicht auch in den Korinther-Briefen. Deswegen ist eine solche Gegnerschaft zu Lebzeiten des Apostels Paulus denkbar. Paulus hat sich bei der Abwehr von Irrlehrern nicht nur auf das Evangelium, sondern gelegentlich auch auf die überlieferte Lehre berufen (Röm 16,17).

In den Pastoralbriefen kündigt sich der Bruch mit den Irrlehrern an, aber er ist noch nicht vollzogen (Tit 1,10f). Das ist anders im 1. Johannes-Brief. Dort haben die gnostischen Irrlehrer die Gemeinde verlassen (1Joh 2,19). Bei ihnen stand die falsche Lehre von Christus im Vordergrund (1Joh 4,1-6). Das ist weder bei den Pastoralbriefen so, noch bei den Briefen an die Korinther und Kolosser.

Wenn man von der Ausprägung der Irrlehre ausgeht, wären die Pastoralbriefe früher anzusetzen als der 1. Johannes-Brief.

5.3.5 Gemeindeverhältnisse

Die immer wiederholte Behauptung, nach den Pastoralbriefen hätten die Gemeinden bereits eine stärker ausgeprägte Ämterordnung, hält einer Überprüfung an den Texten nicht stand. Die Ämter der Vorsteher (Bischöfe) und Diakone werden bereits in Phil 1,1 erwähnt. Daß die Ältesten und die Vorsteher (Bischöfe) unterschiedliche Bezeichnungen für dasselbe Amt sind, zeigt Apg 20,17.28.

Wenn in den Pastoralbriefen vom Vorsteher (Bischof) und Diakon nur in der Einzahl die Rede ist, muß das nicht bedeuten, daß die Gemeinden inzwischen jeweils nur von einem Vorsteher (Bischof) geleitet werden. Die in Frage kommenden Stellen sagen über die Gemeindeverfassung überhaupt nichts. Sie beschreiben lediglich die notwendigen Qualifikationen bei der Berufung von Vorstehern (Bischöfen) und Diakonen (1Tim 3,1-13; Tit 1,5-9). Daß dabei an die Berufung in ein Vorsteher- (Bischofs-) oder Diakonenkollegium gedacht ist, zeigen 1Tim 5,17-25; Tit 1,5f). Selbst die Bezahlung für den Gemeindedienst erwähnt Paulus in seinen frühen Briefen (1Kor 9,7-9). Auch zur Aufgabe der Witwen hat Paulus sich schon früher geäußert: 1Kor 7,7f.39f.

---

18 Vgl. S. 80

Aus den genannten Gründen kann mit den Gemeindeverhältnissen nicht gegen die apostolische Verfasserschaft argumentiert werden.

5.3.6 Theologie

Die angeblichen theologischen Unterschiede zwischen den Pastoralbriefen und den anderen Paulusbriefen erweisen sich bei näherem Zusehen als nicht haltbar.

Der Erweis der Gnade Gottes durch Jesus Christus als Grundlage aller christlichen Lehre ist hier wie in allen Paulusbriefen zu finden: 1Tim 1,12-17; 2,5; 2Tim 2,10; Tit 3,5.

Bei der Lehre vom Glauben wird stärker die inzwischen erfolgte Überlieferung betont, obwohl Paulus gelegentlich auch schon früher so argumentiert hat (Röm 16,17). Das ist auch verständlich, wenn das Lebenswerk des Apostels zum Abschluß kommt und an seinen Nachfolger übergeben wird.

Selbst im Blick auf das Verhalten der Christen zum römischen Staat lassen sich ähnliche Aussagen wie in Röm 13 ausmachen: 1Tim 2,1; Tit 3,1. Die Entwicklung des römischen Staates zum Feind der Gemeinde Jesu Christi, wie sie in Offb 13 erkennbar wird, ist noch nicht in Sicht.

5.4 Ergebnis

Die biographischen Einzelheiten sind als bewußte Konstruktion nicht denkbar; sie leuchten bei paulinischer Verfasserschaft sofort ein. Die sprachlichen und stilistischen Unterschiede zu den anderen Paulusbriefen sind erheblich und erfordern die Annahme einer wesentlichen Beteiligung eines Sekretärs. Die geschichtliche Lage als Voraussetzung für die Pastoralbriefe ist nicht eindeutig rekonstruierbar. Sie ist als Argument gegen die apostolische Verfasserschaft darum nicht brauchbar. Gegner, Gemeindeverhältnisse und Theologie sind nicht grundsätzlich von den anderen Paulusbriefen verschieden.

Daraus folgt: Der Apostel Paulus hat die Pastoralbriefe unter Mitbeteiligung eines Sekretärs wahrscheinlich nach der ersten römischen Gefangenschaft verfaßt.

6. Abfassungsort und -zeit

Wenn man den Rekonstruktionen von BReicke und JvanBruggen nicht folgt, aber dennoch, wie in dieser Einleitung begründet, an der Verfasserschaft des Apostels Paulus festhält, muß man von einer Abfassungszeit in den Jahren 60 bis 65 ausgehen. Die Abfassung in Rom ist dann mindestens für den 2. Brief an Timotheus wahrscheinlich. Für die beiden anderen Pastoralbriefe sind Angaben zum Abfassungsort nicht möglich.

7. Kommentare

N. Brox, Die Pastoralbriefe, RNT, [5]1989; H. Bürki, Der erste Brief des Paulus an Timotheus, WStB, 1983; H. Bürki, Der zweite Brief des Paulus an Timotheus, die Briefe an Titus und an Philemon, WStB, 1987; M. Dibelius, Die Pastoralbriefe, HNT Bd. 13, [4]Bearb. v. H. Conzelmann 1966; G. Holtz, Die Pastoralbriefe, ThHK Bd. XIII, [4]1986; J. Jeremias, Die Briefe an Timotheus und Titus, NTD Bd. 9, [8]1963; H. Merkel, Die Pastoralbriefe, NTD Bd. 9/1, [13]1991; J. Roloff, Der erste Brief an Timotheus, EKK Bd. XV, 1988.

Der Brief an Philemon

1. Inhalt

Dieses sehr persönlich gehaltene Schreiben des NT gibt Einblick in die Sozialethik des Apostels Paulus. Daß die Rechtfertigung des Gottlosen aufgrund von Gottes Gnade durch den Glauben zu einem Handeln aus Liebe führt, ist in allen seinen Briefen zu lesen. Aber wie weit reicht dieses Handeln aus Liebe? Geht es nur um die persönliche Zuwendung zum Nächsten oder auch um die Veränderung ungerechter gesellschaftlicher Strukturen? Bei der Beantwortung dieser Frage ist die Wirkungsgeschichte des vorliegenden Briefes zu berücksichtigen.

2. Gliederung

Der Brief hat nur ein Kapitel. Deswegen genügen die Versangaben.

Verse	Gliederung
1-3	Briefkopf
4-7	Vorwort: Dank an Philemon
8-21	Das Anliegen des Apostels:
	Der Sklave Onesimus ist seinem Herrn Philemon davongelaufen
	Er findet bei Paulus zum Glauben an Jesus Christus
	Paulus möchte ihn gern als Mitarbeiter behalten
	Paulus sendet ihn zurück mit der Bitte, ihn aufzunehmen
	Paulus ist bereit, den angerichteten Schaden zu bezahlen
	Philemon hat Paulus viel zu verdanken
	Daran wird er von Paulus erinnert
	Paulus äußert die Hoffnung, daß Philemon noch mehr tut
22-25	Briefschluß: Persönliche Mitteilungen, Grüße

3. Literarische Eigenart

Es handelt sich um einen Privatbrief des Apostels Paulus, der mit persönlicher Wärme und nicht zuletzt auch Humor geschrieben worden ist.

4. Historischer Zusammenhang

Philemon war ein wohlhabender Christ, der durch Paulus zum Glauben an Jesus Christus gekommen ist (V. 19). In seinem Haus gab es eine Gemeinde (V. 2). Nach Kol 4,9 hat Philemon in Kolossä gewohnt.

Sein Sklave Onesimus war ihm davongelaufen. Wenn er aufgegriffen und seinem Herrn übergeben wurde, mußte er mit harter Bestrafung rechnen. Das konnte vom Auspeitschen bis zur Kreuzigung reichen. Der Besitzer war frei in der Wahl seiner Mittel. Denn der Sklave war nach antiker Auffassung kein Mensch, sondern eine Sache, die man für Geld erworben hatte.

Onesimus findet bei Paulus zum Glauben an Jesus Christus und muß die Folgen seines Rechtsverstoßes tragen: Paulus behält ihn nicht einfach bei sich. Er sendet ihn zu seinem Herrn zurück, erinnert diesen aber daran, daß der Sklave Onesimus nunmehr sein Bruder durch Jesus Christus ist. Der Sklave und sein Herr gehören durch Jesus Christus zusammen (vgl. Gal 3,28). Darum kann Philemon nicht mehr so mit ihm umgehen, wie es das römische Recht erlaubt. Er muß ihn mindestens als Bruder in die Hausgemeinde aufnehmen. Besser wäre es natürlich, wenn er ihn in die Freiheit entlassen und Paulus als Mitarbeiter überlassen würde.

Es überrascht, daß Paulus diese so ernste Angelegenheit nicht mit kämpferischem Ernst verhandelt, sondern mit viel Humor. Man meint den Schalk in den Augen des Apostels beim Diktieren blitzen zu sehen.

Möglicherweise hat Philemon seinen Sklaven Onesimus wirklich freigelassen. Denn Ignatius erwähnt in seinem Brief an die Epheser dreimal den Bischof Onesimus von Ephesus.[1] Sollte er dabei nicht den im Paulusbrief vorkommenden Sklaven Onesimus gemeint haben?

5. Theologische Schwerpunkte

Im Gefolge eines einseitigen Verständnisses der Zwei-Reiche-Lehre Martin Luthers ist der Brief an Philemon als Beleg für eine Ethik verstanden worden, die zwar die Nächstenliebe des einzelnen lehrt, aber die sozialen Strukturen unberührt läßt.

Auf der anderen Seite hat man im Philemon-Brief ein Beispiel für eine Ethik gesehen, die dem Christen hilft, menschenunwürdige Strukturen aus dem Glauben an Jesus Christus zu überwinden.

Der Brief enthält beide Momente und kann darum für eine Seite nicht in Anspruch genommen werden. Unter Berücksichtigung von Gal 3,28 ergibt sich als Weisung des Apostels Paulus: Die Gemeinde Gottes ist eine neue Schöpfung durch Gottes Geist. In ihr können alte Strukturen nicht unverändert beibehalten werden. Kein Christ kann einen anderen Christen, der Sklave ist, auspeitschen oder gar kreuzigen lassen. Die Liebe Christi schließt das aus. In der Gemeinde Gottes sitzen Sklaven und Herren an dem einen Tisch des Herrn. Das muß auch ihren Umgang miteinander bestimmen. So wird die Gemeinde zu einem Zeichen für menschenwürdigen Umgang miteinander. In ihr wird Gottes Herrschaft anschaubar. Mit seinem Brief an Philemon liefert der Apostel Paulus ein Beispiel für Gemeinde-Ethik.

Auf diesem Hintergrund ist die Aktualisierung zu verstehen, die PStuhlmacher in seinem Kommentar zu diesem Brief vornimmt:

„Gerade weil die gegenwärtige kirchliche Realität diesen paulinischen Thesen z.T. schmerzlich weit entlaufen ist, verdient es festgehalten zu werden, daß Paulus an beiden Stellen Erfahrungen des Glaubens artikuliert, die als ekklesiales Angebot eines neuen Seins und einer neuen Lebensgemeinschaft im Kreise der Glaubensgenossen einen Teil jener missionarischen Wirksamkeit ausmachten, die damals dem Evangelium Gehör und Zulauf verschaffte."[2]

Freilich gesteht er auch ein, daß es schwierig ist, in dieser Weise als Gemeinde Gottes zu leben:

---

1 Ignatius, An die Epheser, 1,3; 2,1; 6,2
2 PStuhlmacher, Philemon, S. 68

„Wir können dies freilich nur tun, wenn wir uns gleichzeitig eingestehen, daß uns heute noch weithin jene Gemeinden fehlen, die auf neue Weise an die urchristliche Praxis anknüpfen könnten, und daß man auch in der christlichen Ethik noch weit entfernt davon ist, eine Position und Theorie anbieten zu können, welche eine wirklich durchgreifende und dennoch nüchterne, dialektische und wirklichkeitsbewußte Praxis des Evangeliums ermöglicht."[3]

Freilich fehlen diese Gemeinden nicht ganz. John Wesley hat sie mit seinen Gruppen von Glaubenden, den sogenannten Klassen, ins Leben gerufen und damit auch die sozialen Herausforderungen des Englands seiner Zeit aufgegriffen, z.B. die Gefangenenbetreuung und die Abschaffung der Sklaverei. Gerade das letzte hat der von ihm beeinflußte Wilberforce durch eine neue Gesetzgebung durchgesetzt. Auch heute wissen sich Freikirchen, in denen das persönliche Bekenntnis zum Glauben an Jesus Christus Voraussetzung für die Mitgliedschaft ist, diesem Gemeindeverständnis verpflichtet; sie bemühen sich, durch ihr Leben ein Zeichen der Herrschaft Gottes zu sein.

Eine Theorie der Gemeinde-Ethik liegt inzwischen auch vor. Sie stammt von dem Amerikaner PLLehmann und folgt der Grundfrage: Was habe ich als an Christus Glaubender und als Glied seiner Gemeinde zu tun?[4] Leider ist dieser Ansatz in der ethischen Diskussion in Deutschland kaum aufgenommen worden.[5] Es ist an der Zeit, ihn aufzugreifen und fortzuführen, um resignative und illusionäre Vorstellungen in der Ethik zu überwinden.

6. Abfassungsort und -zeit

Der Brief ist in einer Gefangenschaft geschrieben (9.10.13), in der der Apostel Paulus mit seiner baldigen Freilassung rechnet (22). Es ist naheliegend, an die erste römische Gefangenschaft zu denken, Caesarea ist aber auch nicht ausgeschlossen.

Beim Abfassungsort Rom kommen die Jahre 58-60 in Frage, bei Caesarea die Jahre 55-57.

7. Weitere Angaben

zum Verfasser und Empfänger erübrigen sich, da das bisher dazu Ausgeführte nicht strittig ist. Das gilt auch für die Einheitlichkeit des Briefes.

8. Kommentare

H. Bürki, Der zweite Brief des Paulus an Timotheus, die Briefe an Titus und Philemon, WStB, 1983; J. Gnilka, Der Philemonbrief, HThK Bd. X/4, 1982; E. Lohse, Die Briefe an die Kolosser und an Philemon, KEK 9. Abt. 2. Bd., [15]1977; P. Stuhlmacher, Der Brief an Philemon, EKK Bd. XVIII, [3]1989.

---

3 PStuhlmacher, Philemon, S.69
4 PLLehmann, Ethik als Antwort, München, 1966; Originaltitel: Ethics in a Christian Context, New York, 1963
5 Vgl. GHörster/WLukas/MNijkamp, Gottes Herrschaft in der Gemeinde, Witten, 1982

Der Brief an die Hebräer

1. Inhalt

Der Brief beschreibt die Größe Jesu Christi in Beziehung zu der Gottesoffenbarung, die im AT bezeugt ist. Mose war der wichtigste Träger dieser Gottesoffenbarung, aber Jesus Christus ist ihm überlegen, weil er der Sohn Gottes ist. Durch den Opferkult des AT geschah Sühne von Schuld und Versöhnung mit Gott, aber durch das Sterben Jesu Christi am Kreuz sind alle Opferhandlungen überflüssig geworden.

Ist damit auch das ganze AT überflüssig? Keineswegs! An den Glaubenszeugen des AT können Nachfolger Jesu Christi lernen, was Glauben bedeutet. Die Gerichte Gottes über sein ungehorsames Volk sollen der Gemeinde Jesu Christi zur Warnung dienen. Sie wollen dazu herausfordern, den Weg des Glaubens unbeirrt von allen Anfeindungen weiterzugehen und sich allein auf Jesus Christus, den Anfänger und Vollender des Glaubens zu verlassen (Hebr 12,1).

2. Gliederung, Merkverse, Kernaussagen

Kapitel	Gliederung	Merkverse
1,1-4,13	**Die Erhabenheit Jesu**	
1,1-4	Jesus – Gottes letztes Wort	**1,1f**
1,5-2,10	Jesus und die Engel	
2,11-18	Jesus – unser Bruder	
3,1-6	Jesus und Mose	
3,7-4,13	Jesus und unser Gehorsam	
	Beispiel: Israel in der Wüste	**4,12**
4,14-10,39	**Jesus, der vollkommene Hohepriester**	
4,14-16	Zuflucht bei dem Hohenpriester Jesus	**4,15f**
5,1-10	Hoherpriester nach der Weise Melchisedeks	
5,11-14	Klage über die geistliche Unreife der Empfänger	
6,1-3	Lehre für die Vollkommenen	
6,4-10	Warnung vor dem Abfall vom Glauben	
6,11-20	Mit den Verheißungen Gottes rechnen	
7,1-28	Jesus und der Hohepriester Melchisedek	
8,1-13	Das Ende des alttestamentlichen Opferkults	
9,1-10	Gottesdienstliche Ordnungen des AT	
9,11-10,18	Die Überlegenheit des einmaligen Opfers Jesu	
10,19-31	Das Opfer Jesu und unsere Treue im Glauben	
10,32-39	Treue im Glauben auch unter Verfolgung	**10,35**
11-13	**Wesen und Wirken des Glaubens**	
11,1	Definition des Glaubens	**11,1**
11,2-39	Glaubensbeispiele aus Israel	
12,1-3	Vollendete Glaubenszeugen rufen zum Glauben	**12,1f**
12,4-11	Gottes Erziehungsarbeit an Glaubenden	
12,12-29	Warnung vor der Mißachtung von Gottes Gnade	
13,1-17	Praktische Auswirkungen des Glaubens an Jesus	**13,8f**
13,18-25	Briefschluß	

Kernaussagen

Nachdem Gott vorzeiten vielfach und auf vielerlei Weise geredet hat zu den Vätern durch die Propheten, hat er in diesen letzten Tagen zu uns geredet durch den Sohn, den er einge-setzt hat zum Erben über alles, durch den er auch die Welt gemacht hat.   Hebr 1,1f
Wir haben nicht einen Hohenpriester, der nicht könnte mitleiden mit unserer Schwachheit, sondern der versucht worden ist in allem wie wir, doch ohne Sünde. Darum laßt uns hinzu-treten mit Zuversicht zu dem Thron der Gnade, damit wir Barmherzigkeit empfangen und Gnade finden zu der Zeit, wenn wir Hilfe nötig haben.   Hebr 4,15f
Es ist aber der Glaube eine feste Zuversicht auf das, was man hofft, und ein Nichtzweifeln an dem, was man nicht sieht.   Hebr 11,1
Jesus Christus, gestern und heute und derselbe auch in Ewigkeit.   Hebr 13,8

3. Literarische Eigenart

Die Eigenart dieser Schrift des NT besteht in ihrer literarischen Form und der in ihr ver-tretenen Auslegung des AT. Wer den Brief an die Hebräer liest, macht folgende Beobach-tungen:

Es fehlt der sonst in Briefen übliche Briefkopf. Statt dessen beginnt die Schrift mit einem durchgeformten Vorwort. Überraschenderweise endet die Schrift aber mit einem Briefschluß, wie er für die Briefe des Apostels Paulus typisch ist. Handelt es sich also doch um einen Brief?

Auffällig oft werden die Ausführungen als Rede bezeichnet: 2,5; 5,11; 6,1; 8,1; 9,5; 11,32. Das muß noch nicht gegen die literarische Form eines Briefes sprechen. Denn auch Paulus äußert sich gelegentlich so: Röm 6,9; Gal 3,15. Aber das geschieht doch wesentlich seltener. Es fällt auch auf, daß abgesehen von 13,22 die Abhandlung nicht als Brief oder Schrift be-zeichnet wird.

Immer wieder werden die lehrhaften Auslegungen des AT durch Ermahnungen unterbro-chen: 2,1-4; 3,7-4,13; 5,11-6,20; 10,19-13,19. Dazu bemerkt OMichel: ,,Die Spitze des theo-logischen Gedankens liegt in den paränetischen Teilen, die den Hörer zum Gehorsam aufrufen und die Gemeinde zum Leiden bereit machen wollen. Auf dem paränetischen Teil liegt das Hauptgewicht. Das zeigt den Predigtstil."[1] Also handelt es sich nicht um einen Brief, sondern um eine oder mehrere Predigten?

Dafür spricht, daß ein einheitliches Thema straff durchgeführt wird: Wenn schon dem Volk Gottes des Alten Bundes so viel geschenkt war, wieviel mehr ist der Gemeinde Gottes des Neuen Bundes geschenkt (9,14).

Die verschiedenen Ausleger haben aus diesen Beobachtungen unterschiedliche Folgerun-gen gezogen:

---

1 OMichel, Der Brief an die Hebräer, S. 5

Es handelt sich trotz aller Bedenken doch um einen Brief.

ORoller[2] unterscheidet zwischen dem offenen Botschaftsbrief und dem geschlossenen versiegelten Privatbrief. Der Botschaftsbrief wurde als Übermittlung einer mündlichen Botschaft angesehen und vom Boten vorgelesen. Daher war der Briefkopf wichtig. Dagegen habe man beim geschlossenen Privatbrief auf einen Briefkopf verzichtet.

Nach Roller sind der Hebräerbrief und der 1. Johannes-Brief, die beide keinen Briefkopf haben, als Briefe vorderasiatischen Formulars anzusehen. Allerdings erweise sich der Hebräerbrief durch seinen Schluß als Erzeugnis eines Mischstils.

Andere nehmen an, daß der Hebräerbrief ein ganz normaler Brief sei, dessen Briefkopf wir nicht überliefert bekommen haben. Dagegen spricht aber der wuchtige Beginn des Briefes. Ein schlichter Briefkopf davor würde unpassend wirken.

ERiggenbach[3] hält wegen der konkreten Bezugnahme auf die Leser an der literarischen Form des Briefes fest. Er vermutet, daß der Briefkopf ursprünglich auch vorhanden gewesen, aber bei der Veröffentlichung fortgelassen worden sei.

Andere Ausleger halten den Hebräerbrief für eine Epistel.[4]

Es fallen die sorgsame Gliederung der Gedanken und die kunstvolle Anordnung der Sätze auf: 1,1-4; 2,2-4; 5,1-3; 6,16-20; 7,18-25; 10,19-25; 12,1f. Solche Formulierungen erinnern mehr an ein Kunstwerk als an einen in großer Not geschriebenen Brief. WWrede sah im Hebräerbrief keinen wirklichen, an einen begrenzten Leserkreis gerichteten Brief. Allerdings wolle sein Verfasser diese Schrift durch den Briefschluß als Paulusbrief ausgeben.[5] EReuß sah in dieser Schrift die erste systematische Abhandlung christlicher Theologie.[6] ADeißmann bezeichnete die Schrift als ,,das erste historisch ermittelbare Dokument christlicher Kunstliteratur".[7]

Gegen diese Einschätzung als Epistel sprechen die Ermahnungen, die einen bestimmten Leserkreis voraussetzen, den der Verfasser gut kennt. Die Ermahnungen sind auf diesen Kreis zugespitzt. Die Schrift bleibt nicht bei allgemeinen Erörterungen stehen. Sie wendet sich seelsorglich diesem Leserkreis zu.

Aus diesem Grund kommen OMichel[8] und andere[9] zu dem Ergebnis: Es handelt sich um eine Homilie, also um eine Predigt oder Predigtreihe.

Die Spannung zwischen dem Briefinhalt und dem Briefschluß fällt dann nicht so ins Gewicht, wenn man davon ausgeht, daß die Predigtreihe aus bestimmten Gründen verschickt werden mußte. Über die Gründe kann man nur spekulieren. Sollte diese Annahme stimmen, liegt uns im Brief an die Hebräer die erste noch erhaltene urchristliche Predigtreihe vor. Zwar finden wir auch in der Apostelgeschichte Predigten. Ebenso enthalten die Evangelien Predigtbeispiele. Aber hier haben wir einen Predigtzyklus vor uns, der alle Mittel der antiken Rhetorik und eine gepflegte Sprache benutzt, um das Evangelium von Jesus Christus weiterzugeben.

2　ORoller, Das Formular der paulinischen Briefe, 1933
3　ERiggenbach, Der Brief an die Hebräer
4　Vgl. S. 81
5　WWrede, Das literarische Rätsel des Hebräerbriefes, 1906
6　EReuß, Die Geschichte der Heiligen Schriften des NT, 1887
7　ADeißmann, Licht vom Osten, 1909, S. 177
8　OMichel, Der Brief an die Hebräer, [10]1957, S. 1-9
9　Vgl. WGKümmel, Einl., S. 351

Dabei handelt es sich nicht um eine Missionspredigt, wie meistens in der Apostelgeschichte, sondern um Lehrunterweisung für die Glaubenden. Das Thema ist: Jesus der Hohepriester.
In der vorliegenden Einleitung wird diese letzte Deutung des Hebräer-Briefes als Predigtreihe aufgegriffen und zur Grundlage der Darstellung gemacht.

4. Historischer Zusammenhang

Das Schreiben ist nach seiner Überschrift an die Hebräer gerichtet. In Apg 6,1 werden mit
diesem Namen die Glieder der Urgemeinde bezeichnet, die in Palästina geboren und aufge-
wachsen sind. Ihre Muttersprache ist Aramäisch. An diesen Teil der Urgemeinde kann der
Brief aber nicht gerichtet sein. Denn nach Hebr 6,10 haben die Empfänger der Urgemeinde
mit ihren finanziellen Mitteln gedient. Sie wohnen also selber nicht in Palästina.
Dafür spricht auch die gewählte griechische Sprache, in der das Schreiben abgefaßt ist.
Wahrscheinlich sind seine Empfänger in dem Teil des Judenchristentums zu suchen, der mit
griechischer Bildung und Kultur wohl vertraut war und der das AT in griechischer Sprache
las. Es war der Teil des Judenchristentums, der mit der Heidenmission begann und in dem der
Apostel Paulus verwurzelt war.

5. Theologische Schwerpunkte

Es ist für Menschen des 20. Jahrhunderts nicht einfach, einen Zugang zum Hebräerbrief zu
finden. Manche Überschriften der Inhaltsübersicht wirken fremdartig, ja sogar abschreckend.
Das hängt mit der mangelnden Kenntnis des AT zusammen.
Die Predigtreihe, die uns im Brief an die Hebräer vorliegt, ist für Menschen entworfen, die
im AT leben. Ihnen sind die Überlieferungen des AT von Mose, von der Wüstenwanderung,
von der Stiftshütte und vom Opferkult wohl vertraut. Sie hängen noch ein Stück weit daran.
Ist es nicht Gottes geoffenbartes Wort, das im AT vorliegt? Was ist durch die Offenbarung
Gottes durch Jesus Christus geschehen? Ist der Alte Bund aufgehoben?
Wenn heute Christen und Juden miteinander sprechen, sind das aktuelle Fragen. Welche
Bedeutung hat das Kommen Jesu Christi für die Geschichte, die Gott mit seinem Volk Israel
gemacht hat?
Die Antwort des Hebräerbriefes ist eindeutig: Jesus Christus ist Gottes letztes und darum
auch letztgültiges Wort. An ihm muß gemessen werden, was aus dem Alten Testament gilt
und was überholt ist. Nachdem Jesus Christus am Kreuz gestorben ist, brauchen wir keine an-
deren Opferkulte mehr. Sie gehören der Vergangenheit an. Was aber aus dem AT nachwirkt,
sind die Zeugen des Glaubens. Wir stehen auf ihren Schultern und können von ihnen lernen,
was Treue im Glauben heißt. Es bleibt auch die dringende Warnung vor dem Abfall vom
Glauben an Jesus Christus. Die Geschichte Israels liefert viele Beispiele für die Folgen des
Abfalls vom Glauben.
So fordert der Brief an die Hebräer zur eingehenden Beschäftigung mit dem AT heraus.
Gleichzeitig ist er eine entscheidende Hilfe, das Verhältnis von alttestamentlicher Offenbarung
zur Christusoffenbarung zu bestimmen. In einer Zeit, in der das Gespräch zwischen den Religio-

nen manchmal das Christusbekenntnis relativiert, bindet der Hebräerbrief die Gemeinde Jesu Christi an ihr ureigenes Bekenntnis: Jesus Christus ist Gottes letztes und letztgültiges Wort.

6. Einheitlichkeit

Der Brief ist als einheitliche Schrift ohne alle Brüche gestaltet.

7. Verfasser

Der Brief nennt seinen Verfasser nicht. Aber im Inhalt des Briefes gibt es Hinweise auf seinen Verfasser:

Er ist kein unmittelbarer Jünger Jesu (2,3). Was er zu sagen hat, entnimmt er dem frühen Strom der urchristlichen Tradition: 2,17f; 4,15; 5,7f; 7,14; 12,2f; 13,12. Er zählt nicht zu den Gründern der Gemeinde (13,7), ist aber mit den Anfängen und der weiteren Entwicklung wohl vertraut (5,11f). Er hat bei den Empfängern gelebt und will bald zu ihnen zurückkehren (13,17-19.23). Er fühlt sich mit der Gemeinde eng verbunden (6,9-12; 10,32-39; 12,1-11. Deswegen kann er sich auch den strengen Ton eines angesehenen Lehrers erlauben (5,11-6,8; 10,26-31; 12,14-17).

Er war mit Timotheus verbunden (13,23). Er hat Beziehungen zu Italien (13,24). Er ist geborener Jude (2,2; 9,4.21; 11,37; 12,21). Aber er ist viel im Ausland gewesen. Das AT benutzt er in der griechischen Übersetzung der Septuaginta (3,7-11; 8,8-12). Mit der jüdischen Theologie von Alexandrien ist er vertraut, besonders mit Philo (beachte die Begriffe in 1,3.6). Aber auch das palästinensische Judentum ist ihm vertraut (Engellehre, Vermittlung des Gesetzes durch Engel, Satan als Machthaber über den Tod).

Vor allem aber zeigt sein ganzer Brief, daß er ein Meister der Rhetorik ist. Auf wen können diese Beobachtungen zutreffen?

Die Alte Kirche des Ostens hat Paulus als Verfasser des Briefes angesehen. Dafür sprechen die zentrale Stellung der Person Jesu, die Ablösung des Gesetzes als Heilsordnung, die Wichtigkeit des Glaubens. Aber Paulus hat nicht aus der urchristlichen Tradition gelebt (Gal 1,11f). Nie hat er Jesus als Apostel oder Hohenpriester beschrieben. Die Stildifferenz zwischen diesem und den Paulusbriefen ist unübersehbar groß. Paulus war kein großer Redner, im Gegenteil.

Deswegen kommt E.Riggenbach zu dem Ergebnis: ,,Allein der Abstand des Hb von der Gesamtheit der Paulinen ist zu groß, als daß er sich nur aus der Rücksicht auf die Lage der Leser und nicht zugleich aus der eigenartigen Persönlichkeit des Verfassers erklärte ... Es darf demnach als sicher gelten, daß Pl nicht der Verfasser des Briefes ist."[10]

Bleibt dann nur die Einsicht des Origenes: ,,Wer den Brief geschrieben hat, das weiß in Wahrheit nur Gott"?[11] Im letzten sicher. Doch manches scheint für die Ansicht Luthers[12] zu sprechen, daß wir hier eine Predigtreihe des Apollos vorliegen haben. Er kannte die Theolo-

---

10 E.Riggenbach, Der Brief an die Hebräer, S. 39f
11 Nach Euseb, Kirchengeschichte, VI 25,14
12 Vgl. W.G.Kümmel, Einl., S. 354

gie des Paulus und teilte ihre Grundüberzeugungen. Sonst hätte Paulus ihn nicht uneingeschränkt empfohlen. Er war mit der Theologie Alexandriens vertraut (Apg 18,24-28) und dort
zu einem guten Redner ausgebildet worden. Gerade dadurch stach er gegenüber Paulus ab.
   Auch wenn mit diesen Vermutungen die Verfasserschaft des Apollos nicht bewiesen ist, so
bietet der Brief an die Hebräer doch gutes Anschauungsmaterial für die Predigtweise des
Apollos, die in Korinth so starkes Aufsehen erregte.[13]

8. Empfänger

Der Brief selber nennt die Empfänger nicht. Sie werden nur in der Überschrift zum Brief
genannt. Diese Überschrift ,,An die Hebräer" stammt aus dem zweiten Jahrhundert und wird
zuerst von Clemens von Alexandrien[14] bezeugt. Wer ist mit den Hebräern gemeint?
   Über die Leser erfahren wir im Brief: Sie müssen zum Hören des Wortes Gottes ermahnt
werden (2,1). Sie befinden sich in der 2. Generation der Glaubenszeugen (2,3). Sie sind zwar
Glaubende (3,1), aber in der Gefahr, vom Glauben abzufallen (3,12; 4,11). In ihrer geistlichen Entwicklung sind sie stehengeblieben (5,11-14). Manche werden untreu im Besuch der
Gottesdienste (10,25). Trotzdem sind sie opferbereit (6,10). Manche haben ihr Vermögen
verloren (10,34). Märtyrer hat es bisher noch nicht gegeben (12,4). Aber sie müssen mit neu-
en Verfolgungen rechnen (12,1-11; 13,3-13). Offensichtlich haben sie Beziehungen zu Italien
(13,24).
   Aus diesen Angaben kann man die Vermutung ableiten, daß der Brief an den judenchristlichen Teil der römischen Gemeinde geschrieben wurde in einer Zeit, die nach dem Römerbrief des Paulus liegt. Für diese Annahme spricht, daß Clemens von Rom ihn gekannt hat.[15]

9. Abfassungsort und -zeit

WGKümmel vertritt die weit verbreitete Auffassung, daß der Hebräerbrief an den judenchristlichen Teil der römischen Gemeinde gerichtet ist, und zwar eine Generation nach dem
Römerbrief des Paulus.[16] Begründet wird diese späte Datierung mit dem Hinweis auf noch
ausstehende Verfolgungen, die dann auf die Zeit des Domitian gedeutet werden. Der Brief
muß bis 96 geschrieben worden sein, da er im 1Clem 36,2-5 zitiert wird.
   Dieser gängigen Auffassung stellt JATRobinson seine Datierung gegenüber: 67 nach dem
Tod von Paulus und Petrus in der neronischen Verfolgung.[17] Das sind seine Gründe:
   1) Die umfangreichen Ausführungen über das levitische Priestertum und den Tempelkult
hätten nach der Zerstörung Jerusalems nicht mehr so geschrieben werden können. Zum Bei-

13 So auch HFWeiss, Der Brief die Hebräer, S. 63f
14 Nach Euseb, Kirchengeschichte, VI,14,2.4
15 Vgl. 1. Clem. 17,1; 36,2-5
16 WGKümmel, Einl., S. 353-355; so auch ELohse, Entstehung, S. 127; HFWeiss, Der Brief an die Hebräer, S. 77;
    AWikenhauser/JSchmid, Einl., S. 561
17 JATRobinson, Wann entstand das NT?, S. 211-231; so auch DACarson/DJMoo/LMorris, Introduction,
    S. 398-400; DGuthrie, Introduction, S. 716-718

spiel ist ein Priesterdienst nach Hebr 10,11 nach der Zerstörung Jerusalems so nicht mehr erfolgt. Das Alte ist nicht nahe seinem Ende, sondern es ist beendet (Hebr 8,13).

2) In einer schlimmen Verfolgungszeit sind manche vom Glauben abgefallen und haben den Herrn und die Brüder verleugnet (Hebr 6; 10; 12). Ihnen werden die in der neronischen Verfolgung umgekommenen Apostel Petrus und Paulus als leuchtendes Beispiel gegenübergestellt, ohne namentlich genannt zu werden (Hebr 13,7). Aber wer anderes sollten die Lehrer sein, die der Gemeinde in Rom das Wort Gottes gesagt haben?

3) Die vorher geschehenen Verfolgungen und den Raub der Güter (Hebr 10,34) bezieht Robinson auf die Vertreibung der Juden aus Rom unter Claudius. Das wäre der Anfang des judenchristlichen Teils der römischen Gemeinde gewesen.

Unter diesen Gesichtspunkten, die nicht mehr als eine Hypothese sein können, wäre der Hebräerbrief eine aktuelle Predigtreihe zur Lage nach der neronischen Verfolgung.

Eine zuverlässige Angabe über den Abfassungsort ist nicht möglich.

10. Kommentare

W. Barclay, Der Brief an die Hebräer, 1970; E. Gräßer, An die Hebräer, 1.Tlbd. (Hebr 1-6), EKK Bd. XVII/1, 1990; F. Laubach, Der Brief an die Hebräer, WStB, 1967; O. Michel, Der Brief an die Hebräer, KEK 13. Abt., 121966; E. Riggenbach, Der Brief an die Hebräer, (31922) 1987; H. Strathmann, Der Brief an die Hebräer, NTD Bd. 9, 81963; A. Strobel, Der Brief an die Hebräer, NTD Bd. 9/2, 131991; H.-F. Weiss, Der Brief an die Hebräer, KEK 13. Bd., 1991.

Der Brief des Jakobus

1. Inhalt

Dieser Brief gehört zu den umstrittenen Schriften des NT. Sein Inhalt, der das Handeln der Christen betont, scheint im Gegensatz zu den Briefen des Apostels Paulus zu stehen, in denen die Notwendigkeit des Glaubens herausgestellt wird (Galater- und Römerbrief). Handelt es sich beim Brief des Jakobus um einen Rückfall in jüdische Gesetzesfrömmigkeit oder wehrt sich dieser Brief nur gegen ein Mißverständnis der Theologie des Paulus? Die Frage bedarf einer Klärung, zumal nicht zuletzt Martin Luther aufgrund dieser Problematik den Brief des Jakobus zusammen mit dem Judas-Brief an das Ende der neutestamentlichen Briefe gesetzt hat.

2. Gliederung, Merkverse, Kernaussagen

Der Brief läßt keine durchgehende Gliederung erkennen. Die verhandelten Themen stehen unverbunden nebeneinander. Darum werden sie im Folgenden auch so dargestellt.

Kapitel	Themen	Merkverse
1,1	Briefkopf	
1,2-18	Von Anfechtungen und Versuchungen	**1,2f**
1,19-27	Vom Hören und Tun	**1,19.22.27**
2,1-13	Von Armen und Reichen in der Gemeinde	
2,14-26	Vom Glauben und von den Werken	**2,17**
3,1-12	Vom verantwortlichen Reden	
3,13-18	Von falscher und wahrer Weisheit	
4,1-12	Von der Habgier und Genußsucht	**4,7f**
4,13-17	Vom Pläneschmieden	**4,15.17**
5,1-6	Von Gottes Urteil über ungerechte reiche Menschen	
5,7-12	Vom geduldigen Warten auf die Wiederkunft Jesu	
5,13-18	Vom Gebet für die Kranken	**5,16b**
5,19-20	Von der Rettung des irrenden Bruders	

Kernaussagen

Seid aber Täter des Worts und nicht Hörer allein; sonst betrügt ihr euch selbst.   Jak 1,22
Ein reiner und unbefleckter Gottesdienst vor Gott, dem Vater, ist der: die Waisen und Witwen in ihrer Trübsal besuchen und sich selbst von der Welt unbefleckt halten.   Jak 1,27
So ist auch der Glaube, wenn er nicht Werke hat, tot in sich selber.   Jak 2,17

> *Wer nun weiß Gutes zu tun und tut's nicht, dem ist's Sünde.*
> Jak 4,17
> *Des Gerechten Gebet vermag viel, wenn es ernstlich ist.*
> Jak 5,16b

3. Literarische Eigenart

An der vorliegenden Schrift fällt auf: Sie hat einen Briefkopf, aber keinen Briefschluß. Die Empfängerangabe „an die zwölf Stämme in der Zerstreuung" ist mehrdeutig: Es könnte eine Schrift an Juden sein; aber es fehlt jeder Versuch, ihnen das Evangelium von Jesus Christus nahezubringen. Es könnten Judenchristen in der Diaspora gemeint sein; dafür spricht, daß Jakobus der Kopf des Judenchristentums war.[1] Schließlich könnten Heidenchristen gemeint sein; sie würden dann als das wahre Israel nach Gal 6,16 angeredet[2], was aber in einer Schrift des Herrnbruders Jakobus unwahrscheinlich ist.

Die ganze Schrift läßt trotz aller Lebensnähe keine konkrete Gemeindesituation erkennbar werden.

Aus diesen Gründen stellt sich die Frage: Handelt es sich um einen Brief?

Wahrscheinlich ist es zutreffender, von einer Epistel zu reden, also von einer literarischen Abhandlung in Briefform. In diesem Fall handelt es sich um eine ermahnende Lehrschrift. Solche Schriften sind uns aus dem Judentum[3] und aus dem Hellenismus[4] bekannt.

Man hat sogar vermutet, es handele sich um eine nur oberflächlich verchristlichte jüdische Lehrschrift. Das trifft aber nicht zu, wie die zahlreichen Parallelen zum Leben und vor allem zur Verkündigung Jesu zeigen: 1,6 vgl. Mk 11,23; 1,5.17 vgl. Mt 7,7ff; 1,22 vgl. Mt 7,24ff; 4,12 vgl. Mt 7,1.

Einen besonderen Stellenwert hat in dieser Schrift auch die Stellungnahme gegen eine falsch verstandene Theologie des Apostels Paulus: 2,14-26. Dieser Abschnitt ist ohne eine vorhergehende Verkündigung des Evangeliums durch Paulus im Sinne von Röm 4 nicht verständlich.

Deswegen komme ich zu dem Ergebnis: Der Brief des Jakobus ist eine Epistel, die uns als christliche ermahnende Lehrschrift begegnet.

4. Theologische Schwerpunkte

Der Brief des Jakobus hat im Laufe der Auslegungsgeschichte gegensätzliche Meinungen herausgefordert.

Martin Luther schreibt: „Darumb ist sanct Jacobs Epistel eyn rechte stroern Epistel gegen sie, denn sie doch keyn Euangelisch art an yhr hat."[5]

---

1 So DACarson/DJMoo/LMorris, Introduction, S. 414f; DGuthrie, Introduction, S. 759-761; FMußner, Der Jakobusbrief, S. 11f
2 So WGKümmel, Einl., S. 359; AWikenhauser/JSchmid, Einl., S. 573
3 Weisheitsliteratur, Tobias, Testamente der 12 Patriarchen
4 Kynisch-stoische Diatribe
5 MLuther, Vorrede zu den Schriften des NT, Septemberbibel, 1522

Er nennt folgende Gründe: Jakobus lehre gegen Paulus die Rechtfertigung aus den Werken und belege das mit der Auslegung von 1Mo 15. In der ganzen Schrift sei vom Glauben an den Tod und die Auferstehung Jesu Christi nicht die Rede. Er werfe die Dinge unordentlich durcheinander. Er habe denen wehren wollen, die sich auf Glauben ohne Werke verließen, sei aber der Sache nicht ganz gewachsen gewesen. Deswegen lautet Luthers Ergebnis, der Jakobus-Brief sei keine Apostelschrift, weil er „Christum nicht treibt".

Ganz anders äußert sich der katholische Neutestamentler FMußner: „Für Jak. gibt es keine tausend Wenn und Aber, sondern nur die klare und eindeutige Forderung nach Hilfe, nach Vergebung, nach Geduld, nach 'eschatologischer' Ausrichtung des ganzen Lebens. So entspricht es der Lehre Jesu, wie sie uns vor allem in der Bergpredigt überliefert ist. Auf Jak. hören heißt darum auf Jesus hören! Beiden geht es um die Verwirklichung des Wortes! So gehört gerade der Jak-Brief zu jenen Schriften im NT, die in ganz besonderer Weise Christum treiben und lehren."[6]

Er begründet seine Auffassung mit den deutlichen Parallelen zwischen dem Brief des Jakobus und dem Evangelium nach Matthäus. Nach seiner Auffassung stoßen wir dort auf die älteste Schicht der Verkündigung Jesu, vor allem in der Bergpredigt. Die Lehre Jesu sei weithin auch ethische Unterweisung. Wer sich wie Jakobus die ethischen Forderungen Jesu zu eigen mache, der treibe Christum.

Welcher dieser unterschiedlichen Stellungnahmen kann man folgen? Was trifft zu, was ist einseitig beobachtet? Martin Luther hat an den Jakobus-Brief den Maßstab der Rechtfertigung durch den Glauben angelegt. Das war verständlich wegen seiner Frontstellung gegen die Werkgerechtigkeit in der römisch-katholischen Kirche seiner Zeit. Dadurch mußte Paulus in den Mittelpunkt rücken; die synoptischen Evangelien wurden unwichtiger. Wer aber die Verkündigung Jesu beiseite läßt und dann Paulus interpretiert, legt den Grund zum Mißverständnis der Schriften des Apostels Paulus. Insofern hat ASchlatter richtiger gesehen, daß die Rechtfertigungslehre des Paulus auf ein geheiligtes Leben zielt.[7]

Trotzdem kann man Paulus und Jakobus nicht einfach als einander ergänzend verstehen. Das würde den Gegensatz verharmlosen, der vor allem durch die unterschiedliche Auslegung von 1Mo 15 in Röm 4 und Jak 2,14ff zum Ausdruck kommt. Paulus und Jakobus kämpfen gegen unterschiedliche Fronten. Paulus wehrt sich gegen die jüdische Heilserwartung durch das Halten des Gesetzes, die Jakobus nie gepredigt hat. Jakobus wehrt sich gegen ein mißverstandenes paulinisches Evangelium, das sich mit dem Glauben begnügt und auf das Handeln aus Liebe verzichtet, was Paulus nie vertreten hat.

Nach dem Bericht der Apostelgeschichte und dem Brief an die Galater haben Paulus und Jakobus über ihre unterschiedlichen Ansätze und Zielsetzungen verhandelt und Einvernehmen erzielt. Sie sind einander trotz unterschiedlicher theologischer Schwerpunkte mit Respekt begegnet.

Die Gemeinde Jesu Christi braucht beide Stimmen, die zum Kanon des NT gehören, damit sie in ihrem Glaubensverständnis nicht durch Einseitigkeit auf Abwege gerät. Insofern ist die Schrift des Jakobus eine unverzichtbare Stellungnahme im NT.

---

6   FMußner, Der Jakobusbrief, S. 52f
7   ASchlatter, zur Auslegung von Röm 1,17 in: Gottes Gerechtigkeit, S. 37-39

5. Einheitlichkeit

Es handelt sich um eine in sich zusammenhängende Schrift, die in allen ihren Teilen den gleichen Verfasser erkennen läßt.

6. Verfasser

In der bisherigen Darstellung wurde bereits vorausgesetzt, daß Jakobus, der Bruder Jesu, der Verfasser des Briefes ist. Doch das bedarf noch der Begründung.
Im Briefkopf stellt sich Jakobus als Sklave Gottes und des Herrn Jesus Christus vor. Wer ist gemeint?
Im NT werden fünf Männer mit diesem Namen erwähnt:

Jakobus, Sohn des Zebedäus und Bruder des Johannes: Mk 1,19
Jakobus, Sohn des Alphäus: Mk 3,18
Jakobus, Bruder Jesu, Sohn des Joseph und der Maria: Mk 6,3
Jakobus, der kleine: Mk 15,40
Jakobus, Vater des Apostels Judas: Lk 6,16.

Von diesen kommt als Verfasser der vorliegenden Schrift nur Jakobus, der Bruder Jesu, in Frage. Denn der Apostel Jakobus, Sohn des Zebedäus starb bereits 44 als Märtyrer. Bis dahin hatten sich die Gemeinden noch nicht so weit entwickelt, daß die vorliegende Schrift nötig gewesen wäre. Die anderen Männer sind zu unbedeutend, um dem Anspruch der vorliegenden Schrift gerecht zu werden. Sie setzt eine bekannte Autorität voraus. Deswegen ist es bei den Neutestamentlern nicht umstritten, daß die vorliegende Schrift als Brief des Herrnbruders Jakobus verstanden werden will. Umstritten ist allerdings, ob die Schrift echt oder pseudepigraph ist.
Welche Gründe werden gegen die Echtheit angeführt?
Die vorliegende Schrift sei in der gebildeten Sprache des Hellenismus verfaßt. Der Herrnbruder Jakobus aber sei Palästinenser gewesen. Deswegen sei es unwahrscheinlich, daß er sich in einer solchen Sprache habe äußern können.
Außerdem habe sich der Herrnbruder Jakobus durch seine Gesetzestreue ausgezeichnet. Er habe sich an die kultisch-rituellen Vorschriften des Gesetzes gehalten und das auch von anderen Judenchristen verlangt (vgl. Apg 21,18-26). Davon sei aber in dieser Schrift nichts zu spüren; sie rede statt dessen vom „Gesetz der Freiheit" (1,25), was im Munde des Jakobus unvorstellbar sei.
Wenn der Verfasser schon der Bruder Jesu sei, warum habe er darauf dann mit keinem Wort Bezug genommen?
Die Polemik gegen die mißverstandene Theologie des Paulus setze einen zeitlichen Abstand von dessen Wirken voraus. Der Herrnbruder Jakobus sei aber bereits 62 den Märtyrertod gestorben.
Schließlich sei diese Epistel nur langsam und gegen manchen Widerstand als Werk des Herrnbruders und darum als apostolisch anerkannt worden.
Wie stichhaltig sind die Argumente?
Über die Sprachfähigkeit des Herrnbruders können wir überhaupt keine Aussagen machen.[8]

---

8   FMußner, Der Jakobusbrief, S. 8

Wo wird im NT erkennbar, daß Jakobus auf kultisch-rituelle Vorschriften Wert legte? Der scheinbare Beleg aus Apg 21 zeigt lediglich die Rücksichtnahme auf entsprechende jüdische Reaktionen, die das Wirken des Paulus begleiteten.

Daß die Epistel über das besondere Verhältnis ihres Verfassers zu Jesus schweigt, kann kein Argument gegen den Herrnbruder als Verfasser sein, weil ein Schluß aus dem Schweigen (argumentum e silentio) immer fragwürdig ist.

Ernst zu nehmen sind die Beobachtungen zu 2,14ff. Die dort vorgetragene Polemik bedarf einer gründlichen Untersuchung. Es spricht vieles dafür, daß sie die Auslegung von 1Mo 15 durch Paulus in Röm 4 bereits voraussetzt.

Auch die Kanongeschichte und der lang anhaltende Widerstand gegen den Brief des Jakobus ist ernstzunehmen. Aber könnte es nicht sein, daß die Stellungnahme gegen das Mißverständnis der Theologie des Paulus als Antipaulinismus aufgefaßt wurde und darum die Schrift verdächtig machte.

Unter Berücksichtigung aller Argumente gehe ich von Jakobus, dem Herrnbruder, als Verfasser aus. Ein strenger Beweis dafür ist freilich aufgrund des vorliegenden Materials nicht möglich.

7. Empfänger

Wenn die Angabe im Briefkopf wörtlich gemeint ist, sind Judenchristen in der Diaspora angeschrieben. Sie sollen dann vor einer mißverstandenen paulinischen Evangeliumsverkündigung von dem für sie maßgebenden Herrnbruder Jakobus gewarnt werden.

Manche halten es für unwahrscheinlich, daß Judenchristen, die sich auf Jakobus als Autorität beriefen, durch die Verkündigung des Paulus verunsichert werden konnten. Sie standen ihm ohnehin kritisch gegenüber. Dann wäre die andere Lösung zu bedenken, daß diese Lehrschrift an alle Christen im römischen Reich gerichtet ist. Die Angabe im Briefkopf müßte in diesem Fall im übertragenen Sinn verstanden werden: Die ,,zwölf Stämme in der Zerstreuung" meint die ganze Gemeinde Jesu Christi an allen Orten.

8. Abfassungsort und -zeit

Wir haben keine Anhaltspunkte für eine konkrete Ortsangabe.

Von den Auslegern des Jakobus-Briefes werden drei voneinander abweichende Abfassungszeiten angegeben: Ende der 40er Jahre vor dem sogenannten Apostelkonzil, um 60 und Ende des 1. Jahrhunderts.

JATRobinson[9] tritt für die Frühdatierung ein: Ende der 40er Jahre. Nach seiner Meinung ist der Jakobus-Brief die älteste Schrift des NT. Der Herrnbruder Jakobus habe von der Evangeliumsverkündigung des Paulus nur gehört, mit ihm aber noch nicht gesprochen. Aufgrund von Gerüchten schreibe er eine warnende Schrift an die Judenchristen im römischen Reich. Er bekräftige darin die Botschaft Jesu. Auf dem sogenannten Apostelkonzil hätten Paulus und Jakobus dann ihre Positionen geklärt und die notwendigen Vereinbarungen getroffen. Das habe aber nicht verhindert, daß der Brief des Jakobus gegen Paulus verwendet worden sei.

---

9   JATRobinson, Wann entstand das NT?, S. 144-148

Deshalb habe Paulus sich gezwungen gesehen, im Brief an die Galater und an die Römer gegen diesen Mißbrauch Stellung zu nehmen. Dabei habe er auch auf die Auslegung von 1Mo 15 Bezug genommen und diese in seinem Sinne akzentuiert (Röm 4). Das Hauptargument Robinsons ist: Die Heidenmission sei anfangs überhaupt nicht als Problem empfunden worden, bis „einige von Jakobus" (Gal 2,12) auftraten, die Beschneidung forderten und damit die Verhandlungen des sogenannten Apostelkonzils auslösten.[10]

So einleuchtend diese Geschichtsdarstellung scheint, so wenig stimmt sie doch mit den uns vorliegenden Texten überein. Denn nach Gal 2 treten „einige von Jakobus" nach dem sogenannten Apostelkonzil auf. Die ganzen Konflikte in den galatischen Gemeinden finden erst danach statt. Deswegen dürfte die Frühdatierung kaum zu halten sein.

Anders ist es mit der von FMußner[11] vertretenen Position. Er hält an der Verfasserschaft durch den Herrnbruder Jakobus fest und datiert die Epistel auf ca. 60. Paulus sei relativ schnell mißverstanden worden, wie die Korinther-Briefe zeigten. Jakobus habe deswegen die Paulusbriefe nicht gebraucht, um auf das Mißverständnis zu reagieren. Die Datierung vor das Jahr 70 sei aber deswegen nötig, weil es danach keinen nennenswerten Einfluß des Judenchristentums mehr gegeben habe. Wer also unter den Empfängern die Judenchristen in der Diaspora verstehe, müsse die Epistel auf ca. 60 datieren.

WGKümmel[12] hatte die Empfängerangabe als bildhaften Hinweis auf die Heidenchristen verstanden. Außerdem bezweifelt er die Verfasserschaft des Herrnbruders Jakobus aufgrund der vorher genannten Gründe. Deswegen versteht er die Epistel als eine pseudepigraphe Schrift vom Ende des 1. Jahrhunderts.

Von den drei vorgelegten Datierungsversuchen erscheint der von FMußner vorgelegte als der am besten begründete und darum wahrscheinliche.

9. Kommentare

M. Dibelius, Der Brief des Jakobus, KEK Bd. XV (M. Erg. v. H. Greeven), Nachtrag v. F. Hahn [6]1984; F. Mußner, Der Jakobusbrief, HThK Bd. XIII/1, [5]1987; J. Schneider, Der Brief des Jakobus, NTD Bd. 10, [9]1961; W. Schrage, Die Briefe des Jakobus, Petrus, Judas, NTD Bd. 10, [13]1985; H. Windisch, Der Brief des Jakobus, HNT Bd. 15, bearb. v. H. Preisker, 1951.

---

10 Für die frühe Datierung vgl. DACarson/DJMoo/LMorris, Introduction, S. 414 (uneingeschränkt); DGuthrie, Introduction, S. 761-764 (mit Einschränkungen)
11 FMußner, Der Jakobusbrief, S. 19-21
12 WGKümmel, Einleitung, S. 365

Der 1. Brief des Petrus

1. Inhalt

Im NT sind uns zwei Briefe des Apostels Petrus überliefert. Der erste Brief zeichnet sich durch einen klar gegliederten Aufbau und eine durchgeführte Thematik aus. Es geht um die Gemeinde Jesu Christi als das neue Volk Gottes und ihre Bewährung in einer ihr fremden und manchmal feindseligen Umwelt. Er behandelt das Leben als Volk Gottes in der Fremde.

2. Gliederung, Merkverse, Kernaussagen

Kapitel	Gliederung	Merkverse
1,1.2	Briefkopf	
1,3-2,10	**Das neue Gottesvolk**	
1,3-12	Seine Grundlage: Lebendige Hoffnung	**1,3**
1,13-25	Seine Umgangsformen: Liebe aus reinem Herzen	**1,18f**
2,1-10	Seine Aufgaben: Lebendige Bausteine	**2,9**
2,11-4,11	**Das neue Gottesvolk in der Welt**	
2,11-17	Respekt gegenüber dem Staat	**2,17**
2,18-25	Christliche Sklaven und ihre Herren	
3,1-7	Frauen und Männer	
3,8-13	Feindesliebe	
3,14-17	Rechenschaft vom Glauben	**3,15**
3,18-22	Umfassende Herrschaft Christi	
4,1-11	Eindeutiger Lebenswandel	**4,10**
4,12-5,9	**Das Gottesvolk in der Bedrängnis**	
4,12-19	Verfolgung aushalten können	
5,1-9	Die Aufgabe der Ältesten	**5,5b.7**
5,10-14	Briefschluß: Segenswunsch und Grüße	

Kernaussagen

Ihr aber seid das auserwählte Geschlecht, die königliche Priesterschaft, das heilige Volk, das Volk des Eigentums, daß ihr verkündigen sollt die Wohltaten dessen, der euch berufen hat von der Finsternis zu seinem wunderbaren Licht.	1Petr 2,9
Seid allezeit bereit zur Verantwortung vor jedermann, der von euch Rechenschaft fordert über die Hoffnung, die in euch ist.	1Petr 3,15
Dient einander, ein jeder mit der Gabe, die er empfangen hat, als die guten Haushalter der mancherlei Gnade Gottes.	1Petr 4,10
Alle eure Sorge werft auf ihn; denn er sorgt für euch.	1Petr 5,7

3. Literarische Eigenart

Die vorliegende Schrift ist wie die schon besprochenen Paulus-Briefe ein apostolisches Sendschreiben in guter griechischer Sprache. Manches in Wortschatz und Stil erinnert an die Paulus-Briefe.

4. Historischer Zusammenhang

Nach 5,13 ist der Brief aus Rom abgesandt worden; denn Babylon ist Deckname für Rom. Im April 65 hatte Nero seine Hauptstadt anstecken lassen. Dann machte er die Christen, deren Einfluß am Hof ihm unheimlich wurde, für den Brand verantwortlich. JATRobinson sieht in 4,12 eine Anspielung auf dieses Ereignis, ebenso in 5,8 einen Hinweis auf Nero. Er meint, Petrus habe mit Auswirkungen der Verfolgung bis nach Kleinasien gerechnet und deswegen diese Mahnrede an die dortigen Gemeinden konzipiert. Durch Silvanus sei dann diese Rede überbracht worden (5,12). Die im Brief zu spürende verhaltene Spannung verweise nicht auf eine offene Verfolgung, sondern auf die Situation unter dem rachsüchtigen Nero. Die Christenverfolgung sei dann tatsächlich in den Jahren 67/68 über die Christen in Rom gekommen.[1]

5. Theologische Schwerpunkte

Wie die Inhaltsübersicht zeigt, geht es um das Leben der Christen in einer für sie fremden Umwelt. Der Apostel möchte erreichen, daß die Gemeinden sich als Gottes Volk bewähren. Das muß sich in den Beziehungen der Christen zueinander zeigen, aber auch im Verhalten in der Öffentlichkeit. Sie gehören nicht mehr sich selbst, sondern dem Herrn, der für sie sein Leben in den Tod gegeben hat. Das verpflichtet sie zum liebevollen Umgang miteinander und zum Dienst mit den anvertrauten Gaben.

Aber auch in der sie umgebenden Umwelt soll erkennbar werden, wem sie gehören. Dem Staat, den der Apostel in Abweichung von Paulus eine menschliche Schöpfung nennt, sollen sie mit Respekt begegnen. Das gilt auch für die christlichen Sklaven, die etwas merkwürdige Herren haben. Wer die Christen über den Glauben an Jesus Christus befragt, soll eine verständliche Antwort bekommen.

Das gilt auch dann noch, wenn ihnen ihre Umwelt feindselig begegnet. Denn wie ihr Herr seine Feinde liebte, so sind sie auch zur Feindesliebe verpflichtet. Der Apostel hilft den Gemeinden, Verfolgung nicht als etwas Besonderes, sondern als das Normale anzusehen. Um Christi willen kann das nicht anders sein. Darum sollen sich die Gemeinden auf Verfolgungszeiten einstellen. Für manche hat die Leidenszeit bereits begonnen. Sie werden von dem Apostel getröstet und zum Durchhalten ermutigt.

In einer Christenheit, die sich in dieser Welt häuslich eingerichtet hat und dem Widerstand am liebsten aus dem Weg geht, fällt der herbe Ton dieses Briefes auf. Er macht Schluß mit der Vorstellung, wenn die Christen nur richtig glaubten, würden sie am Ende schon die Welt mit dem Evangelium durchdringen. Das ist der Gemeinde Jesu Christi nicht verheißen. Sie

---

1 JATRobinson, Wann entstand das NT?, S. 161-171

wird eine Minderheit sein und bleiben. Das gehört zu ihrer Identität. Die Frage ist, ob sie das wahrhaben und die Konsequenzen tragen will. So gesehen ist der 1. Brief des Petrus eine Herausforderung an die Gemeinde Jesu Christi heute. Er kann ihr helfen, ihre Identität als Volk Gottes in der Fremde zu bewahren.

6. Einheitlichkeit

Der Brief ist eine zusammenhängende Schrift ohne erkennbare Brüche.

7. Verfasser

Die Selbstauskunft des Briefes ist klar: Petrus, ein Apostel Jesu Christi. Dennoch gehen die Meinungen über den Verfasser sehr auseinander.

WGKümmel schreibt: „1 Pt ist darum ohne Zweifel eine pseudonyme Schrift, doch ist die Pseudonymität nur im brieflichen Rahmen durchgeführt, und auch da nur äußerst vorsichtig."[2] Er hält diesen Brief für das Werk eines unbekannten Christen am Ende des 1. Jahrhunderts (90-95), der durch den Briefkopf den Apostel Petrus ehren und seine Autorität für sich in Anspruch nehmen wollte.

Warum lehnt Kümmel den Apostel Petrus als Verfasser ab?

Die Apostel Petrus und Johannes als ehemalige Fischer vom See Genezareth würden im NT als ungelehrte Leute beschrieben (Apg 4,13). Dieser Brief aber sei in der Sprache eines gebildeten Menschen aus der hellenistischen Umwelt verfaßt. Es sei nicht vorstellbar, daß Petrus über diese sprachliche Fähigkeit verfügt habe. Außerdem lehne sich der Brief in manchen Äußerungen an Paulus an, was angesichts des Spannungsfeldes zwischen den beiden Aposteln nicht zu erwarten sei (vgl. Gal 2,12ff). Schließlich lasse der Brief nicht erkennen, daß der Verfasser Jesus drei Jahre durch Palästina begleitet habe. Auch sei eine Verfolgungssituation, wie der Brief sie ankündige, erst am Ende des 1. Jahrhunderts unter Domitian eingetreten.

So einleuchtend diese Gründe erscheinen, so gründlich wird ihnen doch widersprochen.

JATRobinson schreibt: „Was ich am Ende sagen kann, ist lediglich, daß ich nichts Entscheidendes vorfinde, was die vielen sonstigen Erwägungen außer Kraft setzen und nahelegen könnte, daß der Brief, wer auch immer ihn geschrieben hat, während der Lebenszeit des Petrus verfaßt worden ist und daß er im wahrsten Sinn 'hinter' ihm steht. Ich sehe daher aus dem Befund der Verfasserschaft keinen Grund, die frühere Behauptung eines Absendedatums irgendwann gegen Ende April 65 rückgängig zu machen."[3] Wie kommt Robinson zu diesem Ergebnis?

Er greift auf den oben beschriebenen Zusammenhang mit der Verfolgung unter Nero zurück. Der Apostel, selbst betroffen von den Ereignissen in Rom, habe die Christen in Kleinasien noch rechtzeitig warnen wollen.

Wie kann man zwischen den beiden gegensätzlichen Positionen zur Verfasserschaft entscheiden? Ich gehe vom Selbstanspruch des Briefes aus, der den Apostel Petrus als Verfasser

---

2   WGKümmel, Einleitung, S. 374; vgl. NBrox, Der erste Petrusbrief, S. 43-47
3   JATRobinson, Wann entstand das NT?, S. 179

nennt. Da ich den Aussagen des NT grundsätzlich mit Vertrauen begegne, müßten gewichtige Argumente vorgetragen werden, um diesen Selbstanspruch des Briefes in Frage zu stellen. Die sind aber nicht zu erkennen, im Gegenteil! Von den Autoren des NT ist Pseudonymität als Täuschung der Leser empfunden und heftig kritisiert worden (vgl. 2Thess 2,1.2). Das Argument der Sprachfähigkeit des Petrus erweist sich als nicht haltbar: „Welche bildungsmäßigen Beschränkungen Petrus unmittelbar nach Pfingsten gehabt haben mag (Apg 4,13), es ist unbegreiflich, daß er ohne den Gebrauch des Griechischen eine Art Leitungsdienst in Antiochien oder selbst in Jerusalem, von Rom ganz zu schweigen, hätte ausüben können" (JATRobinson).[4] Von einer generellen Anlehnung an Paulus kann nicht die Rede sein. Berührungen gibt es in bestimmten Teilbereichen, die aber nicht für Paulus typische Themen sind. Gerade im Verhältnis der Christen zum Staat hat Petrus andere Akzente als Paulus gesetzt (vgl. 2,13-17 mit Röm 13,1-7). Im übrigen: Warum sollte er den Römerbrief nicht gekannt und bejaht haben? Zu der Tatsache, daß Petrus auf seine dreijährige Lebensgemeinschaft mit Jesus nicht zu sprechen kommt, bemerkt JATRobinson zu Recht: „Dies ist eine sehr subjektive Erwartung und ironischerweise wird der 2. Petrusbrief, gerade weil er solche ausdrückliche Hinweise enthält, diskreditiert."[5]

Weil die Gegenargumente keine Beweiskraft haben, komme ich zu dem Ergebnis, daß dieser Brief von dem Apostel Petrus verfaßt wurde.[6] Möglicherweise hat er seinem Mitarbeiter Silvanus größere Freiheit bei der wörtlichen Ausgestaltung gelassen (5,12), was zu den Anklängen an die Schriften des Paulus geführt hat.[7]

8. Empfänger

Der Brief ist den „auserwählten Fremdlingen" gewidmet. Gemeint sind gewiß Christen, die in dieser Welt nicht mehr ihre Heimat haben (vgl. 3,20). Die Ortsangaben weisen alle auf Kleinasien. Die Empfänger sind also christliche Gemeinden in Kleinasien.
Aus den Andeutungen des Briefes geht hervor, daß es sich nicht um Judenchristen handeln kann: 1,14.18; 2,9f; 4,3f. Es handelt sich also um heidenchristliche Gemeinden in Kleinasien, die der Apostel als Glieder des wahren Gottesvolkes versteht.

9. Abfassungsort und -zeit

Der Brief wurde wahrscheinlich um das Jahr 65 in Rom geschrieben, wofür die oben erwähnten Hinweise sprechen.

---

4   JATRobinson, Wann entstand das NT?, S. 177
5   JATRobinson, Wann entstand das NT?, S. 175
6   So auch DACarson/DJMoo/LMorris, Introduction, S. 421-424; DGuthrie, Introduction, S. 773-790
7   KHSchelkle, Die Petrusbriefe. Der Judasbrief, S. 11-15

10. Kommentare

N. Brox, Der erste Petrusbrief, EKK Bd. XXI, [3]1989; H. Frankemölle, 1. und 2. Petrusbrief/Judasbrief. Die Neue Echter-Bibel, [2]1990; L. Goppelt, Der erste Petrusbrief, KEK Bd. XII/1, Hg. v. F. Hahn, [8]1978; U. Holmer/W. de Boor, Die Briefe des Petrus und der Brief des Judas, WStB, [5]1986; K.H. Schelkle, Die Petrusbriefe. Der Judasbrief, HThK Bd. XIII/2, [6]1988; J. Schneider, Der erste Brief des Petrus, NTD Bd. 10, [9]1961; W. Schrage, Die Briefe des Jakobus, Petrus, Judas, NTD Bd. 10, [13]1985.

Der 2. Brief des Petrus

1. Inhalt

Dieser Brief ist die umstrittenste Schrift des NT. Das liegt nicht an ihrem Inhalt. Denn die behandelten Themen – Erwählung und Berufung, Verklärung Jesu, prophetisches Wort, Abwehr wahrscheinlich gnostischer Irrlehrer, Wiederkunft Jesu und das Ende der Welt – passen sehr wohl zum übrigen NT. Umstritten ist, ob dieser Brief wirklich von Petrus stammen kann. Die Frage nach dem Verfasser wird deswegen in der folgenden Darstellung auch den meisten Raum einnehmen.

2. Gliederung, Merkverse, Kernaussagen

Kapitel	Gliederung	Merkverse
1,1.2	Briefkopf	
1,3-15	Macht eure Berufung und Erwählung fest!	
1,16-21	**Verklärung und prophetisches Wort**	**1,19.21**
2,1-22	Abwehr gnostischer Irrlehrer wie im Judasbrief	
3,1-13	**Wiederkunft Jesu und das Ende der Welt**	**3,13**
3,14-18	Briefschluß: Schlußermahnungen und Grüße	

Kernaussagen

Um so fester haben wir das prophetische Wort, und ihr tut gut daran, daß ihr darauf achtet als auf ein Licht, das da scheint an einem dunklen Ort, bis der Tag anbreche und der Morgenstern aufgehe in euren Herzen.
2Petr 1,19

Es ist noch nie eine Weissagung aus menschlichem Willen hervorgebracht worden, sondern getrieben von dem heiligen Geist haben Menschen im Namen Gottes geredet.
2Petr 1,21

3. Literarische Eigenart

Der Brief ist ein apostolisches Sendschreiben an alle Christen. Es zeichnet sich allerdings durch eine Sprache aus, die durch die Welt des Hellenismus geprägt ist. Näheres dazu ist im Zusammenhang mit der Verfasserfrage ausgeführt. Keine andere Schrift des NT ist so stark vom Hellenismus beeinflußt.

4. Historischer Zusammenhang

Wie bereits erwähnt, wird von den meisten Auslegern bestritten, daß der Apostel Petrus der Verfasser die Schrift ist. Neben den Beobachtungen am Brief selber, von denen noch zu han-

deln ist, wird dafür vor allem das Zeugnis der Alten Kirche geltend gemacht. Im 2. Jh. wird
dieser Brief von niemandem erwähnt, weder von den Apologeten, noch von Irenaeus, Tertullian, Cyprian, Clemens Alexandrinus, noch vom Kanon Muratori. Der erste sichere Zeuge
dieses Briefes ist Origenes.[1] Er ist also erst spät als kanonisch anerkannt worden, weil man
ihn dann doch für apostolisch hielt.

5. Theologische Schwerpunkte

Der Verfasser wendet sich kurz vor seinem Tod (1,13-15) an die ihm anvertrauten Menschen, um sie zu einem Leben zu ermahnen, das ihrer Berufung und Erwählung zum Glauben
an Jesus Christus entspricht. Ein solches Leben ist bestimmt von Tugend, Erkenntnis, Mäßig-
keit, Frömmigkeit, brüderlicher Liebe und Liebe zu allen Menschen. Es ergibt sich nicht von
selbst, sondern muß durch ständige Erinnerung wach gehalten werden.

Außer diesem Thema der Heiligung wird die Gewißheit der Offenbarung Gottes in Jesus
Christus behandelt. Der Verfasser macht sie an zwei Fakten fest: an seiner Augenzeugenschaft bei der Verklärung Jesu, bei der er die Stimme Gottes selber gehört hat, und an dem
durch den Geist Gottes gegebenen prophetischen Wort in der Heiligen Schrift. Sie ist Gottes
Wort, wiedergegeben in menschlichen Worten (2Petr 1,21)

Ein ganzes Kapitel ist der Auseinandersetzung mit (wahrscheinlich gnostisch beeinflußten)
Irrlehrern gewidmet (Kap. 2), die sich durch Mißachtung der himmlischen Mächte und ein
ungezügeltes Leben auszeichnen. Das Kapitel ist ein Beleg dafür, daß religiöse und ethische
Verirrung oft dicht beieinander liegen.

Der Brief schließt mit einer eindringlichen Erinnerung an die Wiederkunft Jesu, die durch
die eingetretene Verzögerung nicht in Frage gestellt ist. Sie wird plötzlich geschehen, das
Ende der Welt in einem Hitzetod herbeiführen und Gottes neuen Himmel und neue Erde eröffnen. Einen Ablauf endzeitlicher Ereignisse schildert der Brief nicht. Alle Endzeitereignisse
scheinen in einem punktuellen Ereignis gebündelt zu sein.

6. Einheitlichkeit

Nach Inhalt, Sprache und Stil handelt es sich um eine einheitliche Schrift. Schwierigkeiten
bereitet allerdings das Kapitel 2, das große Ähnlichkeiten mit dem Judas-Brief aufweist. Es
bedarf noch einer genaueren Untersuchung, ob von literarischer Abhängigkeit gesprochen
werden kann und wer gegebenenfalls von wem abhängig ist.

7. Verfasser

Ich gehe in diesem Abschnitt vom Selbstanspruch des Briefes aus, trage die Gründe dagegen
vor und prüfe sie auf ihre Tragfähigkeit.

---

1   WGKümmel, Einl., S. 382

7.1 Der Selbstanspruch des Briefes

WGKümmel schreibt: „Der Brief erhebt klar und deutlich den Anspruch, von dem Apostel Petrus geschrieben zu sein."[2] Das zeigt sich an folgenden Stellen:

Als Absender wird im Briefkopf „Simon Petrus, ein Knecht und Apostel Jesu Christi" genannt. Nach 1,16-18 ist er mit Jesus auf dem Berg der Verklärung gewesen und hat die Stimme vom Himmel gehört. Nach 3,15 steht er auf einer Stufe mit seinem „lieben Bruder Paulus", zu dessen Briefen er sich die Bemerkung erlaubt, daß darin „einige Dinge schwer zu verstehen sind" (3,16). Er hat wohl auch schon den Lesern einen ersten Brief geschrieben (3,1): den 1. Petrus-Brief? Als er den zweiten Brief schreibt, hat er nicht mehr lange zu leben. Er übermittelt den Lesern sein geistliches Testament (1,13-15).

Der unbefangene Leser muß zu dem Ergebnis kommen, daß der Apostel Petrus diesen Brief vor seinem Martyrium geschrieben hat.

7.2 Gründe gegen die apostolische Verfasserschaft

Noch einmal sei WGKümmel zitiert: „Aber diesen Brief kann Petrus nicht geschrieben haben."[3] Er führt folgende Gründe an:

Es sei nicht zu übersehen, daß es zwischen 2Petr 2 und dem Judasbrief viele Berührungspunkte gebe. An manchen Stellen scheine es so, als wäre 2Petr 2 von Judas abhängig. Während in 2Petr 2,11 nur andeutungsweise geschildert werde, sei der gemeinte Zusammenhang nach Judas 9 verständlich. Ähnliches gelte für das Verhältnis von 2Petr 2,17 zu Jud 12f. Andererseits gebe es auch Unterschiede zwischen dem 2. Petrus- und dem Judasbrief. Während Judas ohne Hemmungen auch aus der apokryphen Literatur zitiere, verhalte sich der 2. Petrus-Brief zurückhaltender. Trotzdem seien die Parallelen nicht zu übersehen. Nach Jud 17 scheine diese Schrift aus nachapostolischer Zeit zu stammen. Wenn das stimme und 2Petr 2 von ihr abhängig sei, könne der 2. Petrus-Brief nicht von Petrus stammen. Es ist offensichtlich: Das Verhältnis zwischen 2Petr 2 und dem Judas-Brief bedarf der Klärung.

Was außerdem besondere Schwierigkeiten bereite, sei die hellenistische Anschauungswelt und Sprache. Der 2. Petrus-Brief sei die Schrift des NT, die sich am weitesten auf die Welt des Hellenismus eingelassen habe. Dafür einige Beispiele:

Luther übersetzt 1,3: „... der uns berufen hat durch seine Herrlichkeit und Kraft". Kraft ist wohl gut biblisch, steht aber nicht da. Statt dessen ist von Gottes Herrlichkeit und *Tugend* die Rede. Das ist im Hellenismus nicht ungewöhnlich, wohl aber im Judentum. Dementsprechend hat auch die Tugend für das Leben im Glauben entscheidende Bedeutung (1,5). Ein anderer Schlüsselbegriff des Hellenismus ist die Erkenntnis. Sie kommt an vielen Stellen in diesem Brief vor (1,2f.6.8; 2,20; 3,18). Ganz ungewöhnlich ist die Vorstellung, daß die Christen durch die Verheißungen Gottes „Anteil an der göttlichen Natur" bekommen (1,4). Diese Vorstellungswelt und Sprache müsse einem Menschen aus Palästina fremd gewesen sein. Sie sei auch im 1. Brief des Petrus nicht zu finden.

Es sei auch schwer zu erklären, wie zu Lebzeiten des Apostels so über das Ausbleiben der Wiederkunft Jesu gespottet worden sein sollte, wie es 3,3f beschrieb, zumal dabei ausdrück-

---

2   WGKümmel, Einl., S. 379
3   WGKümmel, Einl., S. 379

lich erwähnt wird, daß die Väter bereits gestorben sind. Welche Väter sollen das sein, wenn nicht die Apostel?

Es scheine auch so zu sein, daß schon eine Sammlung von Paulusbriefen vorliege, auf die der Verfasser Bezug nehmen könne und die er kommentiere (3,16). Zu diesem sich formierenden NT würde auch das Bekenntnis zur Heiligen Schrift nach 1,21 passen.

Der Verweis auf die Verklärungsgeschichte verstärke den Verdacht auf Pseudonymität, weil so auch in den pseudonymen Schriften außerhalb des NT der Nachweis der Echtheit geführt werde.

7.3 Gründe für den Selbstanspruch des Briefes

Es gibt nur wenige Neutestamentler, die diesen Brief für apostolisch halten. Zu ihnen zählt JATRobinson. Er rechnet damit, daß dieser Brief von Petrus an judenchristliche Gemeinden in Kleinasien in den Jahren 61/62 geschickt wurde.[4] Die Nähe zum Judas-Brief erklärt er durch die Hypothese, daß Judas Sekretär des Petrus gewesen sei.

Er führt für seine Position folgende Gründe an:

Die Unterschiede zwischen dem 1. und 2. Petrus-Brief machen die Mitarbeit eines Sekretärs zwingend. Auf der anderen Seite könne es sich beim 2. Petrus-Brief nicht um eine pseudonyme Schrift handeln, weil der Unterschied zu außerkanonischen pseudonymen Schriften zu schwerwiegend sei.

Zwar gebe es eine nicht zu übersehende Beziehung zum Judas-Brief, aber von einer literarischen Abhängigkeit könne keine Rede sein. Die bekämpfte Irrlehre sei auch in den Pastoralbriefen und in den Briefen an die Epheser und Kolosser zu finden. Jedenfalls weise sie dazu eine größere Nähe auf als zu den Irrlehren, die im 2. Jh. die Kirche erschüttert haben.

Der verwendete Wortschatz sei im hellenistischen Judentum nachweisbar. Er könne von dort Eingang in die christlichen Gemeinden gefunden haben. Schließlich enthalte der Brief keinen Hinweis auf den Tod des Jakobus und auf die Zerstörung Jerusalems. Auch kündige er keine Verfolgungssituation für die Gemeinden an, was am Ende des 1. Jh.s unausweichlich gewesen wäre.

Aus all diesen Beobachtungen zieht Robinson den schon erwähnten Schluß, daß Judas diesen Brief als Beauftragter des Petrus geschrieben habe.

Die angeblichen Hinweise auf Pseudonymität seien nicht beweiskräftig: So weise der Abschnitt über die Verklärungsgeschichte kaum Parallelen zu Markus auf, bis auf die Erwähnung des „heiligen Berges". In der pseudepigraphen Petrusapokalypse sei das ganz anders. Der Hinweis auf den früheren Brief (3,1f) beziehe sich nicht auf den 1. Petrus-Brief, sondern auf den Judas-Brief. Die Bemerkung über die bereits gestorbenen Väter (3,3f) schildere die aktuelle Situation: Eine Generation ist seit der Auferstehung Jesu verstorben. Der Hinweis auf die Paulus-Briefe setze noch keine Briefsammlung voraus (3,15ff), sondern sei vielmehr die Stellungnahme eines Zeitgenossen.

---

4   JATRobinson, Wann entstand das NT?, S. 209

7.4 Ergebnis

In der Verfasserfrage zu diesem Brief wird man durch das Abwägen der Gründe für und gegen den Selbstanspruch des Briefes kaum zu einem gesicherten Ergebnis kommen.[5] Allerdings ist das negative Ergebnis auch nicht so eindeutig, wie es in den meisten Einleitungen den Anschein hat.

In dieser Einleitung habe ich mich dafür entschieden, dem Selbstanspruch der neutestamentlichen Schriften mit Vertrauensvorschuß zu begegnen. Das ist auch beim 2. Brief des Petrus durchzuhalten. Ich verstehe ihn darum als das geistliche Testament des Apostels Petrus, das er durch einen ihm vertrauten Christen niederschreiben ließ. Der Sekretär könnte aufgrund der Nähe der beiden Briefe zueinander Judas gewesen sein.

8. Empfänger

Der Briefkopf schließt einen begrenzten Leserkreis aus. Das Schreiben ist an alle Christen gerichtet.

9. Abfassungsort und -zeit

Während in der Regel dieser Brief als eine Schrift des 2. Jahrhunderts verstanden wird, habe ich mich dafür ausgesprochen, in ihm das geistliche Testament des Apostels Petrus zu sehen. Er muß dann um 65 in Rom geschrieben worden sein.

10. Kommentare

H. Frankemölle, 1. und 2. Petrusbrief/Judasbrief. Die Neue Echter-Bibel, [2]1990; W. Grundmann, Der Brief des Judas und der zweite Brief des Petrus, THK Bd. XV, [3]1986; U. Holmer/W. de Boor, Die Briefe des Petrus und der Brief des Judas, WStB, [5]1986; H. Schelkle, Die Petrusbriefe. Der Judasbrief, HThK Bd. XIII/2, [6]1988; J. Schneider, Der zweite Brief des Petrus, NTD Bd. 10, [9]1961; W. Schrage, Die Briefe des Jakobus, Petrus, Judas, NTD Bd. 10, [13]1985.

---

5 So auch DACarson/DJMoo/LMorris, Introduction, S. 433-438, die aber der apostolischen Verfasserschaft den Vorzug geben, während DGuthrie, Introduction, S. 820-849, sich für Pseudonymität ausspricht.

Der 1. Brief des Johannes

1. Inhalt

Dieser Brief zeichnet sich durch einen auffälligen Aufbau, durch seinen besonderen Inhalt, durch seine Argumentation gegen eine Irrlehrer-Front und durch seine Nähe in Sprache, Stil und Theologie zum Evangelium nach Johannes aus. Das soll im Folgenden näher dargestellt werden.

Der bereits erwähnte auffällige Aufbau zeigt sich darin, daß alle wesentlichen Themen dreimal behandelt werden: Gemeinschaft mit Gott, Absage an die Sünde, Liebe zu Gott und das Halten der Gebote, Liebe zum Bruder, Absage an die Welt, der Antichrist und das Christusbekenntnis. Das geschieht im Anschluß an den Prolog in drei Gedankenkreisen.

2. Gliederung, Merkverse, Kernaussagen

Kapitel	Gliederung	Merkverse
1,1-4	**Prolog**	
	Augenzeugen als Übermittler der Offenbarung	
	Gottes in Jesus Christus	
1,5-2,27	**Der erste Gedankenkreis**	
1,5-7	Gemeinschaft mit Gott	
1,8-2,2	Absage an die Sünde	**1,8f;2,1f**
2,3-6	Liebe zu Gott und das Halten seiner Gebote	
2,7-11	Liebe zum Bruder	
2,12-17	Absage an die Welt	**2,17**
2,18-27	Der Antichrist und das Christusbekenntnis	**2,22**
2,28-4,6	**Der zweite Gedankenkreis**	
2,28-3,2	Gemeinschaft mit Gott	**3,1f**
3,3-10	Absage an die Sünde	**3,8**
3,11-18	Liebe zum Bruder	
3,19-24	Gottesgemeinschaft und das Halten seiner Gebote	**3,19f**
4,1-3	Der Antichrist und das Christusbekenntnis	**4,2f**
4,4-6	Absage an die Welt	
4,7-5,12	**Der dritte Gedankenkreis**	
4,7-10	Gottes Liebe zu uns durch Jesus Christus	**4,10**
4,11-21	Gottes Liebe und die Liebe zum Bruder	**4,16-19.21**
5,1-5	Liebe zu Gott und das Halten seiner Gebote	**5,4**
5,6-12	Das Zeugnis Gottes über den Sohn	
5,13-15	Gottesgemeinschaft und Gebet	
5,16-18	Absage an die Sünde	
5,19-21	Absage an die Welt	

Die Übersicht läßt deutlich werden, daß die gleichen Themen in den drei Gedankenkreisen nicht in strenger Wiederholung aufgenommen werden. Vielmehr scheint die Wiederholung benutzt zu werden, um bestimmte Einsichten zu vertiefen. Das schließt die Variation der Themen ein.

Kernaussagen

Wenn wir sagen, wir haben keine Sünde, so betrügen wir uns selbst, und die Wahreit ist nicht in uns. Wenn wir aber unsre Sünden bekennen, so ist er treu und gerecht, daß er uns die Sünden vergibt und reinigt uns von aller Ungerechtigkeit.
1Joh 1,8f
Wenn jemand sündigt, so haben wir einen Fürsprecher bei dem Vater, Jesus Christus, der gerecht ist. Und er ist die Versöhnung für unsre Sünden, nicht allein aber für die unseren, sondern auch für die der ganzen Welt.
1Joh 2,1b.2
Seht, welch eine Liebe hat uns der Vater erwiesen, daß wir Gottes Kinder heißen sollen – und wir sind es auch!
1Joh 3,1a
Dazu ist erschienen der Sohn Gottes, daß er die Werke des Teufels zerstöre.
1Joh 3,8
Daran sollt ihr den Geist Gottes erkennen: Ein jeder Geist, der bekennt, daß Jesus Christus in das Fleisch gekommen ist, der ist von Gott; und ein jeder Geist, der Jesus nicht bekennt, der ist nicht von Gott. Und das ist der Geist des Antichrists ...
1Joh 4,2.3a

3. Literarische Eigenart

Wer den 1. Brief des Johannes liest, stößt auf folgende Beobachtungen:
Das Schreiben hat keinen Briefkopf. Weder Absender, noch Empfänger werden angegeben. Auch der übliche Gruß fehlt. Statt dessen beginnt der Verfasser mit einem theologisch inhaltsschweren Prolog, der in Sprache und Form an den Prolog des Evangeliums nach Johannes erinnert.
Auch am Schluß fehlen die üblichen Mitteilungen, Grüße und der Segenswunsch, wie sie in den anderen Briefen des NT zu finden sind.
Zwar nimmt der Verfasser im Laufe seines Schreibens zur Situation der Leser Stellung. Aber eine konkrete Gemeindesituation wie etwa in Korinth oder Kolossä ist nicht erkennbar. Es werden vielmehr allgemeine Gefährdungen der christlichen Gemeinden beschrieben. Das führt zu dem Schluß, daß dieses Schreiben kein Brief im sonst üblichen Sinne ist. Was ist es dann?
In der Einführung in die neutestamentlichen Briefe wurde die Epistel als eine literarische Kunstform beschrieben, in der bestimmte Abhandlungen dargeboten wurden. Im Anschluß daran könnte man erwägen, ob der 1. Brief des Johannes nicht ein Traktat ist, ein Manifest für alle Christen, eine theologische Abhandlung in Briefform.
Dagegen spricht, daß der Verfasser seine Leser persönlich anredet als Kinder (1,1.12.14)

und Geliebte (2,7; 3,2.21), die er seelsorglich ermahnt (2,18ff). Das spricht eher dafür, daß es sich um Predigten an die Empfänger handelt, die aber nicht mündlich gehalten werden konnten und deswegen in schriftlicher Form zugestellt wurden. Dazu wurde aus der Rede ausdrücklich ein Schreiben gemacht (1,4; 2,1.13f.26; 5,13).

Wir können deswegen den 1. Brief des Johannes als eine Mahnrede verstehen, die schriftlich übermittelt wurde.

4. Historischer Zusammenhang

Das Schreiben warnt an verschiedenen Stellen ausdrücklich vor Menschen, die die Gemeinden verführen (2,26; 3,7; 4,1.4.6). Sie werden Antichristen genannt, die sich von der Gemeinde getrennt haben, aber in Wirklichkeit nie richtig dazugehörten (2,18f).

Durch den ganzen „Brief" zieht sich wie ein roter Faden die Auseinandersetzung mit diesen Verführern. Sie behaupten sündlos zu sein (1,8.10), aber ihr Leben zeigt das Gegenteil. Denn sie prahlen zwar mit ihrer Gotteserkenntnis, leben aber nach eigenem Gutdünken (2,4). Sie rühmen sich ihrer Gemeinschaft mit Gott, kümmern sich aber nicht um Gottes Weisungen für ihr Leben (1,6). Sie reden von der Liebe zu Gott und hassen gleichzeitig ihre Mitchristen (4,20). Sie reden viel vom Geist (4,1), aber es bestehen berechtigte Zweifel, ob es sich dabei um den Heiligen Geist handelt, denn ihr Christusbekenntnis ist fragwürdig (4,1-3). Sie lehnen das wahre Menschsein des Gottessohnes ab. Deswegen sieht der Verfasser in ihnen antichristliche Lehre am Werk (2,22f; 4,15; 5,5.10ff).

Sie sind durch eine falsche Lehre von Christus zu einer falschen Frömmigkeit gekommen. Die einzelnen Merkmale weisen in die Richtung der frühen gnostischen Bewegung, die sich hier schon der Lehre von Christus bemächtigt hat.

5. Theologische Schwerpunkte

Gegen die gnostische Verführung nimmt dieses Schreiben wie auch das Evangelium nach Johannes Stellung.

Am Bekenntnis zu dem Mensch gewordenen Gottessohn erkennt man den wahren Christen, wie man auch an der Leugnung der Menschwerdung des Gottessohnes den Antichristen erkennen kann (4,15; 5,1.5). Nur weil der Gottessohn Mensch geworden ist, konnte er durch sein Sterben unser Erlöser und damit der Befreier von aller Schuld werden (1,7; 2,1f; 3,16). Wer die Liebe Gottes durch Jesus Christus erfahren und zum Glauben an den Gottessohn gefunden hat, wird aus Liebe zu Gott die Gebote Gottes befolgen und seine Mitchristen lieben (2,9-11; 3,7.10.17; 4,20).

So ist dieses Schreiben bis heute ein aktueller Mahnruf, der die Gemeinde Jesu Christi zu einem eindeutigen Bekenntnis zu dem Mensch gewordenen Gottessohn Jesus Christus herausfordert. Das gilt besonders in einer Zeit, in der der Dialog zwischen den Religionen gerade dieses Bekenntnis mit dem Vorwurf der Intoleranz belegt.

Der Brief hilft der Gemeinde Jesu Christi, keinen Idealvorstellungen vom Christsein nachzuträumen. Er leitet dazu an, Versagen als das zu bekennen, was es vor Gott ist: Sünde, die der Vergebung bedarf. Diese realistische Sicht des Glaubens befreit von allem frommen Krampf und jeder Heuchelei.

Wie viele andere Briefe des NT betont auch dieses Schreiben den unlösbaren Zusammenhang von Glauben und Liebe. Der Glaube an Jesus Christus gewinnt da überzeugende Gestalt, wo sich ein Leben ergibt, das von der Liebe bestimmt ist.

6. Einheitlichkeit

Es gibt in diesem Schreiben keine Brüche. Es ist eine zusammenhängende Abhandlung der beschriebenen Themen.

7. Verfasser

Das Schreiben nennt seinen Verfasser nicht. Es enthält auch keine Anspielungen auf den Verfasser. Auch aus der Alten Kirche liegen uns nach Irenaeus und dem Kanon Muratori keine selbständigen Nachrichten über den Verfasser vor.[1] Viele Forscher nehmen an, daß das Evangelium und der 1. Brief des Johannes denselben Verfasser haben. Dafür sprechen folgende Gründe:

Es wurde bereits erwähnt, daß der Brief ähnlich wie das Evangelium mit einem Prolog eingeleitet wird. Wortschatz, Stil und Gedankenbewegung stimmen überein. Auch die Botschaft entspricht der des Evangeliums, was vor allen Dingen für die antignostische Front gilt. Deswegen müßte vom Verfasser dasselbe gelten, was zum Evangelium ausgeführt wurde: Es handelt sich um den Zebedaiden Johannes, wofür besonders die Betonung der Augenzeugenschaft spricht, dessen Werk von einem seiner Schüler herausgegeben wurde.[2]

Gegen diese Auffassung wurde seit dem 19. Jh. geltend gemacht, daß es doch gravierende theologische Unterschiede gäbe, die auf einen anderen Verfasser hinwiesen: Während das Evangelium eine präsentische Eschatologie (d.h. die endzeitliche Rettung wird in der Gegenwart erfahren) vertrete[3], sei der Brief von einer futurischen Eschatologie (d.h. die endzeitliche Rettung wird in der Zukunft erwartet) bestimmt (2,28; 3,2; 4,17). Es wurde aber bereits früher darauf hingewiesen, daß auch im Evangelium futurische Eschatologie zu finden ist (vgl. Joh 5,29; 12,48; 14,3).[4]

Außerdem sei im Evangelium nicht vom Sühnetod Christi die Rede, wohl aber in diesem Brief (1,7.9; 2,2; 4,10). Auch hier wurde bereits die Vorstellung zum Evangelium korrigiert (vgl. Joh 1,29; 3,14ff; 6,51b; 12,24).[5]

Aufgrund dieser Beobachtungen und nach ausführlicher Diskussion der Gegenthesen kommt Kümmel zu dem Ergebnis: „Wenn daher kein ausreichender Grund besteht, für 1. Joh einen anderen Verf. als für das Joh anzunehmen, so können wir uns für den Verf. des 1. Joh nur an das halten, was wir über den Verf. des Joh wissen."[6] Für apostolische Verfasserschaft trotz der gegenwärtigen Diskussion um die „johanneische Schule", aus der angeblich das

---

1   WGKümmel, Einl., S. 392, Anm. 40
2   Vgl. S. 67ff
3   Vgl. S. 64f
4   Vgl. S. 64f
5   Vgl. S. 63f
6   WGKümmel, Einl., S. 392

Evangelium und die Briefe hervorgegangen seien[7], sprechen sich DACarson/DJMoo/LMorris und DGuthrie aus.[8]

8. Empfänger

Sie sind in Gemeinden zu suchen, die sich mit gnostischer Irrlehre auseinandersetzen mußten. Es hat inzwischen Trennungen gegeben (2,19), die der Verfasser aber nicht bedauert, sondern für folgerichtig hält. Trotzdem scheinen diese Gemeinden nach wie vor gefährdet zu sein, da sie eindringlich vor der falschen Lehre und ihren Folgen gewarnt werden. Ob diese Gemeinden im juden- oder heidenchristlichen Bereich zu suchen sind, muß offen bleiben. Jedenfalls sind sie mit griechischer Sprache wohl vertraut.

9. Abfassungsort und -zeit

Angaben über den Abfassungsort lassen sich aufgrund der uns vorliegenden Informationen nicht machen.

Da nach WGKümmel das Evangelium gegen Ende des 1. Jahrhunderts geschrieben wurde, kommt für den 1. Brief die Abfassung in den Jahren 90-110 in Frage.[9] Jedenfalls gilt als ausgemacht, daß der Brief später als das Evangelium geschrieben wurde.

Wer wie Robinson das Evangelium früh datiert, kommt auch für den 1. Brief auf eine frühere Abfassung: nach Robinson die 60er Jahre n.Chr.[10]

Wer, wie in dieser Einleitung geschehen, die Abfassungszeit des Evangeliums als offen ansieht[11], muß sie auch beim Brief als offen betrachten: Nach bisheriger Sicht spricht vieles für eine Abfassung am Ende des 1. Jahrhunderts n.Chr., aber die Abfassung in den 60er Jahren ist auch nicht ausgeschlossen.

10. Kommentare zu den drei Briefen des Johannes

H.R. Balz, Die Johannesbriefe, NTD Bd. 10, [13]1985; W. de Boor, Die Briefe des Johannes, WStB, 1978; R. Bultmann, Die drei Johannesbriefe, KEK Bd. XIV, [8]1969; H.-J. Klauck, Der erste Johannesbrief, EKK Bd. XXIII/1, 1991; R. Schnackenburg, Die Johannesbriefe, HThK Bd. XIII/3, [7]1984; G. Strecker, Die Johannesbriefe, KEK Bd. XIV, 1988.

---

7   GStrecker, Die Johannesbriefe, S. 19-28
8   DACarson/DJMoo/LMorris, Introduction, S. 446-450; DGuthrie, Introduction, S. 864-869
9   WGKümmel, Einl., S. 393
10 JATRobinson, Wann entstand das NT?, S. 296-300
11 Vgl. S. 70f

Der 2. Brief des Johannes

Dieser Brief gehört nach Sprache, Stil und Inhalt zusammen mit dem noch zu besprechenden 3. Brief des Johannes zu den anderen johanneischen Schriften (Johannesevangelium und 1. Brief des Johannes). Sein Inhalt, seine literarische Form, seine Botschaft und sein Verfasser sollen kurz dargestellt werden.

1. Inhalt

Es geht in diesem Brief um zwei Themen: Der Verfasser wirbt um ein Leben in der Liebe, das sich im Halten der Gebote zeigt. Gleichzeitig warnt er eindringlich vor denen, die mit einer falschen Lehre von Christus Menschen verführen.

2. Gliederung

Der kurze Brief hat eine übersichtliche Gliederung:

1-3	Briefkopf
4-6	Mahnung zu einem Leben in Wahrheit und Liebe
7-11	Warnung vor antichristlichen Verführern
12-13	Briefschluß: Wünsche und Grüße

3. Literarische Form

Der Inhalt weist das Schreiben als einen wirklichen Brief aus. Im Briefkopf stellt sich der Verfasser als „der Alte" vor, der seinen Brief an die „auserwählte Herrin und ihre Kinder" richtet. Damit könnte eine bedeutende Frau der Alten Kirche mit ihren Kindern gemeint sein. Trotzdem wäre diese Anrede überraschend. Wahrscheinlich ist statt dessen eine Gemeinde mit ihren Gemeindegliedern angeschrieben, wie auch am Schluß die „Schwester" wahrscheinlich bildliche Rede für die Gemeinde ist, in der „der Alte" lebt und wirkt. Ein politischer Sprachgebrauch wird auf die Gemeinde Jesu Christi übertragen.[1]

Nach dem Eingangsgruß trägt „der Alte" seine Anliegen der Gemeinde vor. Dabei hätte er noch vieles andere mitzuteilen, möchte das aber bald bei einem geplanten Besucht mündlich tun (12).

Nach WGKümmel gilt von diesem und von dem 3. Brief des Johannes: „Kein anderer nt. Brief, nicht einmal Phlm, hat so sehr die Form des hellenistischen Privatbriefes wie 2 und 3Joh; beide sind wirkliche Briefe."[2]

---

1   WFoerster, ThWNT III, 1938, S. 1095
2   WGKümmel, Einl., S. 394

4. Theologische Schwerpunkte

Die Botschaft dieses Briefes erinnert stark an den 1. Brief des Johannes. Die Christen in der angeschriebenen Gemeinde werden ermahnt, einander zu lieben und dabei die Gebote Gottes zu befolgen. Dies ist das Gebot, das der Gemeinde Jesu Christi von Anfang an gegeben ist.

Gleichzeitig wird die Gemeinde vor den verführerischen Irrlehrern gewarnt, die leugnen, daß Jesus Christus ein wirklicher Mensch war. Sie werden als der Antichrist bezeichnet. Zum Selbstschutz sollen die Christen solche Irrlehrer nicht in ihre Häuser aufnehmen, ja sie nicht einmal grüßen.

Offensichtlich handelt es sich um dieselben, vermutlich gnostischen, Irrlehrer, gegen die der 1. Brief des Johannes Stellung bezogen hat. Die Abgrenzung gegenüber ihnen ist konsequent fortgeführt.

5. Verfasser

Wer ist „der Alte", der sich als Verfasser dieses Briefes zu erkennen gibt? Es ist erwogen worden, in ihm den Presbyter Johannes zu sehen, den Papias[3] neben dem Zebedaiden Johannes erwähnt. Aber das ist nicht sicher.[4]

Wahrscheinlicher ist, daß nur der Apostel, der Zebedaide Johannes, es sich erlauben konnte, sich in dieser Form einer Gemeinde vorzustellen. Er war gegen Ende des 1. Jahrhunderts die Autoritätsperson in der Alten Kirche schlechthin. Dafür spricht, daß er schon im Evangelium seine Verfasserschaft nur andeutet. Im 1. Brief wird sie gar nicht erwähnt. Hier benutzt er eine Bezeichnung, die offensichtlich die Empfänger sofort verstehen, vermeidet aber auch wieder die Nennung seines Namens.

Die Parallelen zum 1. Brief des Johannes und zum Johannesevangelium sprechen dafür, in dem "Alten" den gleichen Verfasser zu sehen. Wer darum das Evangelium und den 1. Brief als von dem Zebedaiden Johannes verfaßt versteht, wird auch in dem "Alten" den Apostel sehen.[5]

---

3   Bei Euseb, Kirchengeschichte III,39,4
4   WGKümmel, Einl., S. 398
5   Vgl. S. 186 und S. 66ff

Der 3. Brief des Johannes

Was zur literarischen Form und zum Verfasser des 2. Briefes des Johannes dargestellt wurde, gilt auch für diesen Brief. Es wird darum hier nicht wiederholt.
Neu ist der Empfänger und sind die Anliegen des Briefes. Sie sollen kurz besprochen werden.

1. Inhalt

1	Briefkopf
2-4	Freude über das Leben des Gajus in der Wahrheit
5-8	Lob der Gastfreundschaft des Gajus
9-10	Kritik an Diotrephes, der Gastfreundschaft verhindert
11-12	Ermahnung zum Tun des Guten und Lob des Demetrius
13-15	Briefschluß: Mitteilungen, Friedensgruß und Grüße

Kernaussage

Ich habe keine größere Freude als die, zu hören, daß meine Kinder in der Wahrheit leben.
3Joh 4

2. Empfänger und Anliegen

Der Empfänger Gajus, über den uns sonst keine Nachrichten vorliegen, ist offensichtlich ein einflußreicher Mann in einer Gemeinde. Er zeichnet sich durch seine Gastfreundschaft gegenüber reisenden Evangelisten aus. Dafür dankt ihm „der Alte" und ermuntert ihn, in dieser Weise weiter zu wirken. Denn solches Leben geschieht aus der Wahrheit und fördert die Wahrheit.

Gleichzeitig äußert „der Alte" seinen Kummer darüber, daß er von Diotrephes schlecht gemacht wird, der selber keine Gastfreundschaft übt und auch andere daran hindert und sie sogar aus der Gemeinde stößt. Ihn will er bei seinem geplanten Besuch zur Rede stellen.

Der Brief erweist sich durch diese Anliegen als ein persönliches und situationsbedingtes Schreiben. Dennoch enthält auch er eine lernenswerte Kernaussage.

Der Brief des Judas

Diese letzte Schrift in der Reihe der neutestamentlichen Briefe wird wenig beachtet. Abgesehen von der Verfasserfrage beim 2. Brief des Petrus[1] spielt sie in der Auslegung des NT kaum eine Rolle. Das mag auch mit ihrem Inhalt zusammenhängen, der stärker als irgendeine Schrift des NT von der Überlieferung des Frühjudentums beeinflußt ist. So wird unbekümmert auf jüdisch-apokalyptische Schriften wie die Himmelfahrt des Mose (vgl. V. 9) und die Henoch-Apokalypse (V. 14), sowie auf die jüdische Legende (V. 9.11) Bezug genommen. Das ist für viele Bibelleser heute eine fremde Welt; sie suchen vergeblich nach Belegen im AT.

Im folgenden soll eine inhaltliche Übersicht gegeben, die literarische Form geklärt und die Frage nach dem Verfasser besprochen werden.

1. Inhalt, Gliederung, Merkvers

1f	Briefkopf
3f	Hütet euch vor den Irrlehrern, die sich eingeschlichen haben!
5-7	Die Urgeschichte zeigt Gottes Gericht über solche Menschen
8-10	Sie verachten jede Herrschaft und lästern die Engelmächte
11-13	Sie gleichen in ihrem haltlosen Leben Kain, Bileam u. Korach
14-16	Bereits Henoch hat ihnen das Gericht Gottes angekündigt
17-19	Die Apostel haben schon vor diesen Irrlehrern gewarnt
20-23	Haltet am überlieferten Glauben fest; betet im Heiligen Geist; erbarmt euch über alle Gefährdeten!
24f	Lobpreis Gottes

Die Doxologie am Schluß des Schreibens ist lernenswert: **V. 24f.**

2. Literarische Form und Empfänger

Obwohl die Schrift einen üblichen Briefkopf hat, fällt es doch schwer, sie als einen Brief zu verstehen, der an einen bestimmten Leserkreis einer Gemeinde gerichtet ist. Eher mutet sie wie ein Sendschreiben an das hellenistische Judenchristentum an, das der Verfasser durch gnostisch beeinflußte Irrlehrer gefährdet sah. Deren wichtigstes Merkmal ist ethische Freizügigkeit, wie sie schon die Gemeinde in Korinth gefährdete. Parallelen ergeben sich auch zu den Pastoralbriefen und zu einigen Sendschreiben der Offenbarung. Die Nähe zum 2. Brief des Petrus wurde dort bereits besprochen.

Neu ist im Brief des Judas, daß diese Irrlehrer sich in ihrer großsprecherischen Art vor keiner Herrschaft scheuen, also auch nicht vor den Engelmächten und nicht vor Gott selber. Mit ihren Reden rufen sie in den Gemeinden Spaltungen hervor.

Es spricht deshalb alles dafür, in dieser Schrift des Judas ein Sendschreiben an hellenistisch-judenchristliche Gemeinden zu sehen, die vor der die Gemeinden zerstörenden gnosti-

---

1   Vgl. S. 179ff

schen Lehre gewarnt und vor einem gnostisch-freizügigen Lebensstil bewahrt werden sollen. Der Verfasser kann bei seinen Lesern nicht nur Kenntnis des AT, sondern auch der außerbiblischen jüdischen Überlieferung voraussetzen, die er für seine Argumentation benutzt.

3. Verfasser

Aus dem Briefkopf geht hervor, daß die Schrift von Judas, einem Knecht Jesu Christi und Bruder des Jakobus verfaßt wurde. Die Schlußfolgerung liegt nahe, daß es sich um einen der Brüder Jesu handelt (vgl. Mt 13,55; Mk 6,3), da es außer dem früh als Märtyrer gestorbenen Zebedaiden nur einen Jakobus mit besonderer Autorität gab, den Bruder Jesu: Jak 1,1; Gal 1,19; 2,9; 1Kor 15,7.

Doch ergeben sich dazu auch Fragen. Warum bezeichnet sich Judas als „ein Knecht Jesu Christi" und nicht als „Bruder des Herrn"? Warum beruft er sich in seinem ermahnenden Aufruf nicht auf die Autotität Jesu, sondern statt dessen auf die Lehre der Apostel (V. 17), die er zudem als „Apostel unseres Herrn Jesus Christus" bezeichnet? Ist das alles nur Ausdruck der Bescheidenheit?

Trotzdem bleibt als starkes Argument für den Herrnbruder Judas der Briefkopf mit der Berufung auf Jakobus bestehen.[2] Freilich wissen wir von diesem Herrnbruder auch nicht viel mehr als die begründete Vermutung, daß er als Sekretär oder Beauftragter des Petrus den 2. Brief dieses Apostels verfaßt hat.[3]

In der Alten Kirche war diese Schrift als kanonisch anerkannt. In diesem Sinne äußern sich Tertullian und Clemens Alexandrinus. Sie ist auch in den Kanon Muratori aufgenommen. Später wird sie zu den umstrittenen Schriften gerechnet.[4] Die Unsicherheit entstand wegen der Benutzung von apokryphen Schriften durch Judas.[5]

4. Abfassungszeit

Für eine Abfassung seines Briefes in den frühen 60er Jahren spricht, daß er weder den Tod seines Bruders Jakobus (66 n.Chr.) noch die Zerstörung Jerusalems (70 n.Chr.) erwähnt, was zumindest nahegelegen hätte.[6]

5. Kommentare

H. Frankemölle, 1. und 2. Petrusbrief/Judasbrief. Die Neue Echter-Bibel,[2]1990; W. Grundmann, Der Brief des Judas und der zweite Brief des Petrus, ThHK Bd. XV,[3]1986; U. Holmer/W. de Boor, Die Briefe des Petrus und der Brief des Judas, WStB,[5]1986; H. Schelkle, Die Petrusbriefe. Der Judasbrief, HThK Bd. XIII/2,[6]1988; J. Schneider, Der Brief des Judas, NTD Bd. 10,[9]1961; W. Schrage, Die Briefe des Jakobus, Petrus, Judas, NTD Bd. 10,[13]1985.

2   Gegen WGKümmel, Einleitung, S. 377; mit DACarson/DJMoo/LMorris, Introduction, S. 459f; DGuthrie, Introduction, S. 906-908
3   Vgl. S. 179ff
4   Euseb, Kirchengeschichte II, 23,25; III,25,3
5   WGKümmel, Einl., S. 378
6   JATRobinson, Wann entstand das NT?, S. 180-183

Die Offenbarung des Johannes

1. Inhalt

Die Offenbarung des Johannes ist ein reizvolles, aber zugleich auch rätselhaftes Buch. Ihre Zahlen, Bilder und Symbole sind schwer zu deuten; ihre Gerichtsbotschaften erschrecken; ihre Visionen von einer neuen gerechten Welt faszinieren.

Sie beginnt mit der Selbstvorstellung des Verfassers und der Schilderung seines visionären Erlebens. Daran schließen sich 7 Briefe an kleinasiatische Gemeinden an, die sogenannten Sendschreiben. Vor den großen Gerichtsvisionen, die als Siegel-, Posaunen- und Schalengerichte begegnen, bekommt der Seher einen Blick in die Herrlichkeit Gottes und Jesu Christi geschenkt. Vor der Darstellung der Siegelgerichte schildert der Seher seine Vision vom Sturz Satans auf die Erde, vom Auftreten des Antichristen und vom Sieg Christi über ihn. Die Offenbarung schließt mit den Visionen von der Wiederkunft Jesu, vom Endgericht und von der neuen Welt Gottes.

2. Gliederung, Merkverse, Kernaussagen

Kapitel	Gliederung	Merkverse
1,1-20	Einführung	
1,1-3	Überschrift	
1,4-8	Absender, Empfänger, Gruß	**1,8**
1,9-20	Vision auf Patmos	**1,17f**
2,1-3,22	**Die 7 Sendschreiben**	
2,1-7	Das Schreiben an Ephesus	
2,8-11	Das Schreiben an Smyrna	
2,12-17	Das Schreiben an Pergamon	
2,18-29	Das Schreiben an Thyatira	
3,1-6	Das Schreiben an Sardes	
3,7-13	Das Schreiben an Philadelphia	
3,14-22	Das Schreiben an Laodizea	**3,20**
4,1-5,14	Die Vision vom Thron Gottes	
4,1-11	Anbetung vor dem Thron Gottes	
5,1-14	Das Buch mit den 7 Siegeln	
6,1-8,1	**Die 7 Siegel-Gerichte**	
6,1.2	1. Siegel: Das weiße Pferd	
6,3.4	2. Siegel: Das rote Pferd	
6,5.6	3. Siegel: Das schwarze Pferd	
6,7.8	4. Siegel: Das fahle Pferd	
6,9-11	5. Siegel: Der Schrei der Märtyrer	
6,12-17	6. Siegel: Kosmische Katastrophen	
7,1-8	Vision von den 144000 Versiegelten	
7,9-17	Vision von der großen Schar	
8,1-6	7. Siegel: 7 Engel bekommen 7 Posaunen	

8,7-11,19	**7 Posaunen-Gerichte**	
8,7	1. Pos.: Ein Drittel der Erde u. Bäume verbrennt	
8,8f	2. Pos.: Ein Drittel des Meeres wird zu Blut	
8,10f	3. Pos.: Ein Drittel des Süßwassers wird ungenießbar	
8,12f	4. Pos.: Ein Drittel von Sonne, Mond u. Sternen verfinstert	
9,1-12	5. Pos.: Vision von der Heuschreckenplage	
9,13-21	6. Pos.: Ein Drittel der Menschheit kommt um	
10,1-11	Vision vom Engel mit dem Buch	
11,1-14	Vision von den beiden Zeugen	
11,15-19	7. Pos.: Lobpreis Gottes im Himmel	**11,15b**
12,1-18	Vision von der Frau und dem Drachen	
13,1-18	Vision vom antichristlichen Weltreich	
14,1-20	Christus und die Seinen und sein Gericht	
15,1-4	LOBPREIS DER ÜBERWINDER	
15,5-16,21	**7 Schalen-Gerichte**	
15,5-16,1	Vision von den Engeln mit den Schalen	
16,2	1. Schale: Schlimme Geschwüre	
16,3	2. Schale: Vergiftung des Meeres	
16,4-7	3. Schale: Vergiftung der Quellen u. Flüsse	
16,8f	4. Schale: Versengende Sonne	
16,10f	5. Schale: Finsternis und Schmerzen	
16,12-16	6. Schale: Aufmarsch der Völker in Harmagedon	
16,17-21	7. Schale: Super-Erdbeben	
17,1-19,5	Vision von der Hure Babylon und ihrem Untergang	
19,6-16	Vision von der Wiederkunft Jesu Christi	**19,9**
19,17-21	Vision von der Vernichtung des Antichristen	
20,1-6	Vision vom tausendjährigen Reich	
20,7-15	Vision vom letzten Kampf und vom Weltgericht	
21,1-22,17	Vision von der neuen Welt Gottes	**21,3f; 22,13**
22,18-21	Schlußworte	

Kernaussagen

Fürchte dich nicht! Ich bin der Erste und der Letzte und der Lebendige. Ich war tot, und siehe, ich bin lebendig von Ewigkeit zu Ewigkeit und habe die Schlüssel des Todes und der Hölle. Offb 1,7f

Siehe, ich stehe vor der Tür und klopfe an. Wenn jemand meine Stimme hören wird und die Tür auftun, zu dem werde ich hineingehen und das Abendmahl mit ihm halten und er mit mir. Offb 3,20

Siehe da, die Hütte Gottes bei den Menschen! Und er wird bei ihnen wohnen, und sie werden sein Volk sein, und er selbst Gott mit ihnen, wird ihr Gott sein; und Gott wird abwischen alle Tränen von ihren Augen, und der Tod wird nicht mehr sein, noch Leid noch Geschrei noch Schmerz wird mehr sein; denn das Erste ist vergangen. Offb 21,3f

3. Literarische Eigenart

Der Aufbau der Offenbarung ist nicht so eindeutig, wie es die Gliederung nahelegen könnte. Vor allem gibt es, wenn man bei der 7. Posaune auf eine zeitliche Reihenfolge achtet, manche Ungereimtheiten: Wie verhalten sich Kap. 11, 12 u. 13 zueinander? Man hat versucht, die Ungereimtheiten durch den Nachweis von Quellen zu beseitigen. Aber dafür ist kein überzeugender Beweis gelungen. Man hat angenommen, der Verfasser habe selber zwei eigene Schriften ineinander gearbeitet. Aber auch dafür gibt es keine eindeutigen Beweise. Deshalb empfiehlt es sich, die Offenbarung als ein einheitliches Werk anzusehen und, was uns als ungereimt erscheint, auf den Hintergrund der Apokalyptik zurückzuführen.

Sie hat auch die literarische Form bestimmt, die vom Rahmen her als Brief erscheint, aber in der Gesamtdarstellung eine ausgeführte Apokalypse ist. In ihr spielt die Zahl 7 eine besondere Rolle: 7 Geister, 7 Leuchter, 7 Sterne, 7 Gemeinden, 7 Köpfe des Tieres, 7 Siegel, 7 Posaunen, 7 Schalen. Die graphische Darstellung könnte den Eindruck erwecken, als sei die ganze Offenbarung nach diesem Siebenerschema gegliedert. Aber das trifft nicht zu. Es gibt immer wieder eigenständige Blöcke, die sich in dieses Schema nicht eingliedern lassen.

Neben einer stark an die hebräische Form des AT erinnernden Sprache fallen in der Offenbarung die vielen Hymnen und Lobgesänge auf: 1,5f; 4,8.11; 5,9f.12f; 7,10.12; 11,15.17f; 12,10-12; 15,3f. Es ist fraglich, ob der Verfasser hier Ausschnitte aus der Liturgie urchristlicher Gottesdienste wiederholt. Jedenfalls haben wir dafür keine direkten Anhaltspunkte. Wahrscheinlicher ist, daß die Hymnen und Lobgesänge mit seinem visionären Erleben zusammenhängen.

Eine besondere Frage ist noch, wie die Siegel, Posaunen und Schalen in ihrem Verhältnis zueinander zu bestimmen sind. Man hat gemeint, sie beschrieben den gleichen Vorgang jeweils unter einem anderen Aspekt (Rekapitulationstheorie). Dabei wird aber übersehen, daß eine gewisse Steigerung erfolgt. Deshalb dürfte GBornkamm die Sache eher treffen: Sie stehen im Verhältnis von Ouvertüre, Vorbereitung und endgültigem Geschehen zueinander.[1]

4. Historischer Zusammenhang

Im griechischen Text heißt die Offenbarung *Apokalypsis*. Das griechische Wort *apokalyptein* meint „enthüllen". Die Bücher der Apokalyptik wollen die Geheimnisse über den Verlauf der Geschichte und das Weltende enthüllen. Die Offenbarung ist in einem Umfeld entstanden, in dem es viele ähnliche Bücher gab. Sie alle sind ohne den Hintergrund der Prophetie des AT nicht denkbar. Die Propheten des AT empfangen das, was sie zu sagen haben, durch Eingebungen Gottes, die in vielen Fällen die politische, wirtschaftliche und religiöse Gegenwart betreffen.[2] Auf der anderen Seite empfangen sie aber auch Worte, die weit in die Zukunft reichen. Sie kündigen Gottes Gericht und Heil am Ende der Welt an.[3] Dieser zweite Teil der prophetischen Botschaft wird dann in der Apokalyptik wieder aufgegriffen.

1 GBornkamm, Die Komposition der apokalyptischen Visionen in der Offenbarung Johannis, ZNW 36, 1937, S. 132ff (= G.B., Studien zu Antike und Urchristentum, BevTh 28, 1959, S. 204ff)
2 Vgl. Jes 40; Jer 38
3 Vgl. Jes 24-27; Hes 37.39.48; Sach 9-14

Sie entwickelte sich, als Antiochus Epiphanes IV über Palästina regierte (175-164 v.Chr.). Es war eine Zeit großer Bedrängnis für das jüdische Volk. Denn Antiochus Epiphanes versuchte, griechische Kultur und Religiosität mit Gewalt im jüdischen Volk einzuführen. In dieser Zeit erinnerte sich das bedrängte Volk an die Heilszusagen Gottes durch die Propheten. Wollte Gott sich nicht am Ende der Tage zu seinem bedrängten Volk stellen und ihm Sieg über alle seine Feinde verschaffen? Warum erfüllte sich diese Verheißung nicht?

Die Bücher der Apokalyptik wollen dem bedrängten jüdischen Volk Antworten geben. Sie entstanden fast ausschließlich in Palästina. Dort wurden sie auch verbreitet. Die jüdischen Schriftgelehrten standen ihnen aber kritisch gegenüber. Heute sind uns von diesen jüdischen apokalyptischen Schriften unter anderen das äthiopische Henochbuch, das 4. Esrabuch, die griechische und syrische Baruch-Apokalypse, die Mose-Apokalypse, das slavische Henochbuch und die Testamente der 12 Patriarchen zugänglich.[4]

Um den Schriften Autorität zu verleihen, erschienen sie unter dem Namen eines berühmten Frommen des AT. Sie enthalten viele Visionen, Bilder, Träume, Zahlensymbole. Die gesamte Weltgeschichte ist aufgeteilt in zwei Perioden: Die jetzige Weltzeit und die kommende Weltzeit. Diese Hauptperioden sind ihrerseits wieder untergliedert. Auch die jetzige Weltzeit verläuft in Perioden, die im einzelnen beschrieben werden. Zeichen für das Ende der gegenwärtigen Weltzeit sind die Verfolgung der Frommen, Naturkatastrophen und Kriege. Sie gehen dem Kommen des Messias vorauf. Darum werden sie auch die ,,Wehen des Messias" genannt. Am Ende aller Bedrängnis steht der Sieg Gottes über die Mächte des Bösen, die Auferstehung der Toten und der Beginn einer neuen Weltzeit.

5. Die Offenbarung als prophetisches und apokalyptisches Buch

Der Name des letzten Buches der Bibel verweist auf den Zusammenhang mit der Apokalyptik. Es gehört zur apokalyptischen Literatur. Der Leser merkt es an den Symbolen, die in der Offenbarung vorkommen. Die Farben haben eine besondere Bedeutung. Weiß ist die Farbe der Göttlichkeit, der Freude, des Sieges, des Himmels. Schwarz ist die Farbe des Todes. Rot ist die Farbe des Luxus.

Die Offenbarung ist voller Bilder: Siegeskranz und Palme symbolisieren den Sieg. Das Diadem ist Zeichen der Herrschaft und Souveränität. Das Horn ist Zeichen der Macht.

In der Apokalyptik haben auch die Zahlen symbolische Bedeutung. 4 ist die Zahl der geschaffenen Welt, 7 die Zahl der Fülle, 12 die Zahl des von Gott erwählten Volkes, 10000 die Zahl der unbegrenzten Menge, 144000 ein Symbol für Gottes unübersehbar großes Volk.

Wie die Apokalyptik will die Offenbarung die Zeit- und Weltgeschichte bis zum Ende deuten (vgl. Offb 1,1.19). Diese Geschichte wird für die Gemeinde Gottes große Bedrängnis mit sich bringen und für die Menschheit eine Fülle von kriegerischen und ökologischen Katastrophen. Aber am Ende steht der Sieg Gottes, die Aufrichtung seiner Herrschaft auf dieser Erde und die Schaffung eines neuen Himmels und einer neuen Erde.

Auf der anderen Seite ist der Zusammenhang mit der Prophetie nicht zu übersehen. Die Offenbarung hat die Form eines Briefes, den Johannes an die sieben Gemeinden in der Provinz Asien schreibt (vgl. 1,4; 22,21). Der Verfasser ist den Gemeinden bekannt. Wahrscheinlich ist

4   EKautzsch, Die Apokryphen und Pseudepigraphen des Alten Testamentes, 1900. 1921. 1962

es der Apostel Johannes, der nach altkirchlicher Überlieferung in Ephesus gelebt hat. Nun schreibt er von der Insel Patmos den Gemeinden, was ihm der lebendige Herr gesagt und in Bildern gezeigt hat. Er will den angeschriebenen Gemeinden helfen, ihre eigene Situation zu verstehen (vgl. Kap. 2 u. 3). Er will die Gemeinden darin unterstützen, in den Verfolgungen standhaft zu bleiben und mit dem Sieg Jesu Christi zu rechnen (vgl. 2,3.10; 3,8; 17,1ff; 20,4.6 u.a.). Insofern ist die Offenbarung, wie große Teile der alttestamentlichen prophetischen Bücher, ein Trost- und Mahnbuch.

Wie soll man sich seine Entstehung vorstellen? Johannes lebt aus dem reichen Schatz der Schriftpropheten. Er benutzt die apokalyptischen Bilder und Symbole. Hat er beides miteinander verbunden und daraus einen neuen apokalyptischen Entwurf gemacht? Er selber erhebt einen anderen Anspruch (vgl. 1,9-20): Auf der Insel Patmos hat er eine visionäre Begegnung mit dem auferstandenen Herrn Jesus Christus gehabt. Was Christus ihm dabei gezeigt hat, greift auf das AT und die Apokalyptik zurück. In dieser ihm vertrauten Vorstellungswelt wird die Gegenwart und die Zukunft der Gemeinde Gottes gedeutet. Er bekommt den Auftrag, den Inhalt seiner Visionen niederzuschreiben.

In diesen Visionen spiegelt sich das Drama der Christenverfolgung zur Zeit des Johannes. Mit dem ,,Tier aus dem Meer'' (13,1ff) wird auf den römischen Staat unter Domitian angespielt, mit dem ,,falschen Propheten'' auf die Kaiserpriesterschaft. Die ,,Dirne'' (17,1ff) symbolisiert das heidnische Rom. Verfolgungen der Gemeinde in Kleinasien werden direkt angesprochen: 2,3.10.13; 3,8. Der Verfasser sieht einen Entscheidungskampf auf die Gemeinden zukommen (3,10), der viele Märtyrer fordert (6,9; 7,9ff; 15,2). Aber sie sind die Sieger. Der Verfasser hört schon ihren Lobpreis (12,10ff). Er sieht sie als Mitregenten Christi (20,4.6). Das ganze Buch ist eine Ermutigung zum Martyrium. Die Kirchengeschichte belegt, wie notwendig das in den ersten drei Jahrhunderten war, in denen Wellen von Christenverfolgungen über die Gemeinde hereinbrachen. Sie haben die Gemeinde Jesu Christi nicht zerstören können.

Für Johannes ist die Verfolgung der Christengemeinde aber nicht die eigentliche Auseinandersetzung. Hinter diesem Kampf steht die Auseinandersetzung zwischen Gott und Satan. Das ,,Tier aus dem Meer'' ist apokalyptisches Symbol für das römische Weltreich. Aber eben dieses römische Weltreich erhält seine Macht von Satan (13,2) und dient dem Satan (13,4ff). Welch eine Verschiebung gegenüber der Wertung des römischen Staates durch Paulus (Röm 13,1ff)! Was hat dazu geführt? Dieser römische Staat ist nicht nur ein politisches Gebilde. Er fordert die Anbetung des Kaisers. Damit tritt er in Konkurrenz zur Anbetung Gottes. Die Kaiserpriesterschaft (,,falscher Prophet'') fördert den Kaiserkult fanatisch. Satan wirft sich zum Gegengott auf. Er steht auch hinter der Christenverfolgung (12,4.7.17). Aber der Satan ist besiegt; er hat nur noch kurze Zeit zu wirken. Christus ist der Herrscher der neuen Weltzeit (1,13; 5,5; 3,21; 14,14). Der Satan ist aus dem Himmel auf die Erde gestürzt worden (12,9). Das führt zu schrecklichen kriegerischen und ökologischen Katastrophen, die die Menschen aber keineswegs zur Umkehr zu Gott führen (9,20f u.a.). Erst die Wiederkunft Jesu Christi ändert die Menschheitsgeschichte: Die Macht der widergöttlichen weltlichen Reiche wird vernichtet (19,11ff). Christus herrscht mit den Märtyrern 1000 Jahre auf dieser Erde, während denen der Satan gebunden ist. Danach lehnt er sich ein letztes Mal auf und wird dann vernichtet (20,7ff). Gott schafft einen neuen Himmel und eine neue Erde, die kein Leid und keinen Tod mehr kennt.

Neu ist an der Offenbarung des Johannes, daß die apokalyptischen Bilder konsequent auf

Christus bezogen sind, während in der jüdischen Apokalyptik der Trost aus der Bezugnahme auf die Väter entsteht. Im Zentrum steht für Johannes Gottes Handeln zum Heil der Menschen durch Jesus Christus. Von dort aus erhält auch die Geschichte eine neue Wertung, selbst wenn es sich um eine Verfolgungszeit für die Gemeinde handelt.

So ist die Offenbarung des Johannes ein Trostbuch für die Gemeinde, deren Martyrium bald beginnen wird. Diese Gemeinde wird getragen von der Hoffnung auf die baldige Vollendung aller Dinge durch Christus.

6. Einheitlichkeit

Die Offenbarung ist als einheitliches Buch konzipiert und durchgeführt.

7. Verfasser

Im Unterschied zu anderen Schriften des NT wird in der Offenbarung der Name ihres Verfassers genannt. Er heißt Johannes (1,1.4.9; 22,8) und stellt sich den angeschriebenen Christen als ihr Bruder in der Bedrängnis vor. Er war auf der Insel Patmos „um des Wortes Gottes und des Zeugnisses von Jesus willen" (1,9). Damit ist wahrscheinlich nicht eine Missionsreise gemeint, sondern ein Verbannungsaufenthalt, weil er das Evangelium verkündigt hat. Um welchen Johannes handelt es sich?

In der Alten Kirche wurde schon in der ersten Hälfte des 2. Jahrhunderts (vor 160) der Verfasser als der Apostel Johannes bezeichnet. Das zeigen Bemerkungen bei Justin, Papias und anderen. Ende des 2. Jahrhunderts galt die Apokalypse im Westen ausnahmslos, bis zur Mitte des 3. Jahrhunderts im Osten weitgehend als Schrift eines Apostels.[5] Das änderte sich durch die Auseinandersetzung mit den Montanisten, die die Offenbarung wegen der Lehre vom 1000jährigen Reich (Chiliasmus nach Offb 20,1-4) besonders schätzten. Schon Bischof Dionysius von Alexandrien verweist Mitte des 3. Jahrhunderts auf die großen sprachlichen und stilistischen Differenzen zwischen der Offenbarung und den Johannes-Schriften.[6] Seitdem ist bis zum 9./10. Jh. die apostolische Verfasserschaft der Offenbarung in Ägypten umstritten gewesen. Im übrigen Osten und im Westen ist sie nach dieser Verunsicherung gegen Ende des 4. Jahrhunderts anerkannt. Dem entspricht auch die Stellungnahme Augustins.

Gegen die Verfasserschaft des Apostels Johannes werden heute sprachliche und theologische Gründe geltend gemacht.[7] Es gibt in der Tat sprachliche Unterschiede zwischen der Offenbarung und den Johannes-Schriften: Während das Lamm Gottes im Johannes-Evangelium *amnos* heißt, gebraucht die Offenbarung den Begriff *arnion*. Allerdings taucht dieser Begriff in anderem Zusammenhang und im Plural auch in Joh 21,15 (*arnia*) auf. Während Jerusalem im Johannes-Evangelium *Hierosolyma* heißt, trägt die Stadt in der Offenbarung den Namen *Ierousalēm*. Während der Begriff *ethnos* in der Offenbarung die Heidenvölker meint, wird er im Johannes-Evangelium für das jüdische Volk verwendet. Diese Beispiele mögen als Beleg für die sprachliche Differenz genügen.

---

5   WGKümmel, Einl., S. 415
6   Euseb, Kirchengeschichte, VII,25,1ff
7   Vgl. WGKümmel, Einl., S. 417

Bei den theologischen Gründen wird vor allem darauf hingewiesen, daß die Offenbarung weitgehend der futurischen Eschatologie gewidmet ist: sie will die kommenden Ereignisse ankündigen und darauf vorbereiten. Demgegenüber vertritt das Evangelium nach Johannes weitgehend eine präsentische Eschatologie: Die Glaubenden haben das Gericht bereits hinter sich und damit das ewige Leben. Bei genauer Betrachtung zeigt sich allerdings, daß daraus kein theologischer Gegensatz abgeleitet werden kann, denn auch das Evangelium nach Johannes kennt futurische Eschatologie[8] und die Offenbarung verhandelt zeitgeschichtliche Probleme (vgl. Kap. 2 u. 3).

Schließlich wird noch das historische Argument angeführt, der Apostel sei bereits längere Zeit vor dem Ende des 1. Jahrhunderts gestorben. Dazu bemerkt WGKümmel mit Recht: „Und wenn auch einige Wahrscheinlichkeit besteht, daß Johannes als Märtyrer gestorben ist, so bleibt völlig unsicher, wann und wo das geschehen wäre."[9] Aus dem Dargestellten ergibt sich: Außer sprachlichen Unterschieden gibt es keine gewichtigen Gründe gegen die altkirchliche Tradition, die den Apostel Johannes als Verfasser nennt. Unter Berücksichtigung der Überlegungen zur Verfasserfrage beim Evangelium nach Johannes müssen auch die sprachlichen Unterschiede nicht als gewichtiges Argument gegen diese altkirchliche Überlieferung angesehen werden. Deswegen spricht viel dafür, daß der Apostel Johannes der Verfasser der Offenbarung ist.[10]

8. Empfänger

Nach Offb 1,4 ist diese Schrift an die „sieben Gemeinden in der Provinz Asien" gerichtet. Welche Gemeinden gemeint sind, ergibt sich aus Offb 2 und 3: Sie leben in Ephesus, Smyrna, Pergamon, Thyatira, Sardes, Philadelphia und Laodizea. Vielleicht stehen sie auch stellvertretend für die Gemeinden Kleinasiens, die durch dieses Buch gewarnt und in der Verfolgung gestärkt werden sollen.

9. Abfassungsort und -zeit

Wenn man davon ausgeht, daß die Zeitgeschichte zur Zeit der Abfassung der Offenbarung für ihr Verständnis entscheidend ist, hat die Frage nach der Abfassungszeit ein besonderes Gewicht.

Nach dem eigenen Zeugnis der Offenbarung ist sie geschaut und geschrieben in der Provinz Asia in einer Zeit schwerster Bedrängnis für die Christen. Wir wissen, daß die erste systematische Christenverfolgung unter Domitian stattfand (81-96). Was vorher geschah, waren mehr oder weniger zufällige Gehässigkeiten. Selbst die Verfolgung unter Nero betraf nur Rom und entsprang einer Laune des Kaisers.

Nach Irenaeus[11] ist die Offenbarung Ende der Regierungszeit Domitians geschaut worden. Dafür sprechen die Andeutungen in der Offenbarung: Verfolgungen durch die Behörden wer-

---

8 Vgl. S. 64f
9 WGKümmel, Einl., S. 210
10 So auch DACarson/DJMoo/LMorris, Introduction, S. 472; DGuthrie, Introduction, S. 934-949
11 Irenaeus, Adversus Haereses V, 30,3

den erwartet (2,10). Es hat Märtyrer gegeben und wird sie geben (2,13; 6,9f). Eine allgemeine Verfolgung steht bevor (3,10; vgl. auch 17,6; 18,24; 19,2; 16,6; 20,4). Mit dem Bild des Tieres wird auf die göttliche Verehrung des Kaisers angespielt: 13,4.12ff; 14,9.11; 16,2; 19,20. Die Offenbarung erhebt leidenschaftlichen Widerspruch gegen Rom und den Kaiserkult um des Glaubens an Jesus Christus willen. Das entspricht der Situation unter Domitian. In dieser Zeit erwartete man im Volk die Wiederkehr eines Herrschers wie Nero (Nero redivivus). Er sollte aus dem Totenreich wiederkommen und die Herrschaft übernehmen. Manche Ausleger halten Offb 17,7-11 für eine Anspielung auf diesen Volksglauben. Allerdings muß man dann die Zählung der 7 Kaiser mit Caligula beginnen lassen:

1) 37-41 Caligula
2) 41-54 Claudius
3) 54-68 Nero
4) 69-79 Vespasian
5) 79-81 Titus
6) 81-96 Domitian

Domitian ist dann der 6. Kaiser. Sein Schreckensregiment bringt schon Verfolgungen mit sich. Nach ihm wird die Schreckensgestalt des Antichristen kommen (Nero redivivus). Die Offenbarung bereitet auf diese Zeit vor. Sie wäre dann unter Domitian Mitte der 90er Jahre geschrieben worden.[12]

Diese Datierung enthält zwei Schönheitsfehler: Der Beginn mit Caligula ist willkürlich und die auf Domitian folgenden Kaiser waren keine Schreckensgestalten. Sie zeichneten sich vielmehr durch Milde aus: Nerva, Trajan, Hadrian, Antonius Pius, Marcus Aurelius. Auch unter ihnen gab es gelegentlich Christenprozesse, aber für eine systematische Christenverfolgung zeichneten sie nicht verantwortlich.

Deswegen mag es sinnvoll sein, eine frühere Datierung in Betracht zu ziehen, die bei der Kaiserzählung aus einleuchtenden Gründen mit Augustus beginnt:

1) 31 v.Chr.-14 n.Chr. Augustus (Caesar Octavianus)
2) 14-37 Tiberius
3) 37-41 Caligula
4) 41-54 Claudius
5) 54-68 Nero
6) 69-79 Vespasian **Abfassungszeit** (Offb 17,10)
7) 79-81 Titus (Offb 17,10)
8) 81-96 Domitian (Offb 17,11)

Man muß dann voraussetzen, daß Gott seiner Gemeinde durch Johannes zur Regierungszeit Vespasians eine Schau kommender Auseinandersetzungen geschenkt hat, die sich dann unter Domitian in schrecklicher Weise erfüllte. Die Gemeinde aber war vorbereitet und hat die Verfolgungen durchgestanden. Die Abfassungszeit läge dann in den Jahren 69-79. Dafür mag auch die deutliche Anspielung auf die Zerstörung Jerusalems in Offb 11,1.2 sprechen.[13]

---

12 So WGKümmel, Einl., S. 414
13 So auch DACarson/DJMoo/LMorris, Introduction, S. 476; JATRobinson, Wann entstand das NT?, S. 232-263

10. Auslegungswege zur Offenbarung

Es ist unüblich und gewagt, im begrenzten Umfang einer Einleitung Wege zur Auslegung der Offenbarung vorzustellen. Es wird nicht ausbleiben, dabei aus der Vielfalt auszuwählen, zu verkürzen, zu vereinfachen und zu schematisieren. Für die umfassende Information sei hingewiesen auf die grundlegende Arbeit von GMaier.[14] Aus der Vielfalt der Wege sollen einige typische und bis heute wirksame herausgegriffen werden.

Die zeitgeschichtliche Auslegung

Die Offenbarung hat die Form eines Briefes an bestimmte Gemeinden in Kleinasien am Ende des 1. Jahrhunderts. Darum ist es für viele Ausleger selbstverständlich, die Sendschreiben auf dem Hintergrund der Zeitgeschichte auszulegen. Warum sollte der zeitgeschichtliche Hintergrund nur bei den Kapitel 2 und 3 eine ausschlaggebende Rolle spielen? Ist er nicht bei den folgenden Kapiteln ebenso wichtig?

Das sind unumgängliche Fragen. Sie führen nur dann in die Irre, wenn daraus ein Totalanspruch wird. Die Zeitgeschichte allein reicht zum Verständnis der Offenbarung nicht aus.

Darum haben andere Ausleger die

weltgeschichtliche Auslegung

betont. Die Offenbarung wird verstanden als ein Abriß der Weltgeschichte seit dem Kommen Christi bis zu seiner Wiederkunft. Ein Vertreter dieser Auffassung war JABengel (1687–1752). Er hat wie viele andere Ausleger versucht, Daten der Kirchen- und Weltgeschichte mit der Offenbarung in Verbindung zu bringen. Die Zahlenangaben verwendete er zur Berechnung des Endes dieser Weltzeit. Auf diese Weise kam JABengel zu dem Ergebnis, daß das tausendjährige Reich am 18. Juni 1837 beginnen sollte. Bis in unsere Zeit hat dieser Auslegungsweg viele Anhänger gefunden, die sich durch Fehlberechnungen ihrer Vorgänger nicht schrecken ließen.

Warum kommt es zu solchen Fehlberechnungen? Einmal ist der Vorbehalt Jesu nicht ernstgenommen: Zeit und Stunde seiner Wiederkunft kennt niemand, auch die Engel im Himmel nicht, auch der Sohn nicht (vgl. Mk13,32). Andererseits wurden die Symbolzahlen der Offenbarung zu Geschichtsdaten gemacht.

Wegen der hier geschilderten Fehldeutungen sehen andere den Ausweg in der

endgeschichtlichen Auslegung.

Sie sind der Auffassung, die Offenbarung kündige die Ereignisse an, die der Wiederkunft Jesu unmittelbar voraufgehen. Es war zunächst ein katholischer Theologe (Fr. Ribera), der 1591 diese Auffassung vertrat.

Aber auch auf evangelischem Boden hat diese Auffassung ein Echo gefunden. Es sind vor allem Ausleger aus dem darbistischen und allversöhnerischen Lager, die die Auffassung vertreten, die Offenbarung schildere die Entwicklung nach der Entrückung der Gemeinde Jesu von dieser Erde.

---

14 GMaier, Die Johannesoffenbarung und die Kirche, 1981

So berechtigt der Hinweis auf die letzte Zeit ist, so irreführend ist doch die Behauptung, das allein sei die Botschaft der Offenbarung.
Andere sehen den Ausweg in einer

übergeschichtlichen Deutung.

Sie verstehen die Offenbarung als eine zeitlose religiöse Belehrung über Treue, Buße, Hoffnung, Gebet, Leidensmut.
Als Anhänger der religionsgeschichtlichen Schule hat WBousset diese Auffassung vertreten.
Die Folgen eines solchen Auslegungsweges sind erheblich. Er führt zu einem Verlust von Geschichte zugunsten eines allgemein religiösen Verständnisses. Damit ist aber die biblische Grundposition aufgegeben, daß Gott sich in der Geschichte offenbart als der Herr der Geschichte.
Bleibt am Ende dieser vielen Auslegungswege nur Ratlosigkeit?
Wer die Auslegung von APohl[15] liest, gewinnt nicht diesen Eindruck. Der Verfasser hat in der Offenbarung selber einen Schlüssel zu ihrem Verständnis gefunden. Es ist die

christozentrische Auslegung,

die durch Offb 1,4-8 nahegelegt wird. Danach ist das, was Johannes den Gemeinden in der Provinz Asia schreibt, das Evangelium von dem gekreuzigten und auferstandenen Christus, von dem Weltenherrscher, der Anfang und Ende ist. Im Licht dieses Evangeliums sieht Johannes die Gegenwart und die Zukunft der Gemeinden. Sein Buch will die Leser dazu anleiten, sich weder von der Zeit-, noch Welt-, noch Endgeschichte gefangennehmen zu lassen, sondern sich dem Herrn aller Geschichte zuzuwenden. Die apokalyptischen Bilder sind konsequent auf Christus bezogen. Im Zentrum steht für den Seher Johannes Gottes Handeln zum Heil der Menschen durch Christus. Von dort aus erhält auch die Geschichte eine neue Wertung, selbst wenn es sich um eine Verfolgungszeit für die Gemeinde handelt. Diese Gemeinde wird getragen von der Hoffnung auf die baldige Wiederkunft Jesu und die Vollendung aller Dinge durch ihn. Er verspricht seiner Gemeinde: ,,Ja, ich komme bald". Und die Gemeinde antwortet: ,,Amen, ja, komm, Herr Jesus!" (Offb 22,20).

11. Kommentare

F. Grünzweig, Johannesoffenbarung, 2 Bde., 1981/1982; K. Hartenstein, Der wiederkommende Herr, [4]1969; H. Lilje, Das letzte Buch der Bibel, [7]1961; E. Lohse, Die Offenbarung des Johannes, NTD Bd. 11, [14]1988; A. Pohl, Die Offenbarung des Johannes, WStB 2 Bde., [7]1984/85; A. Wikenhauser, Die Offenbarung des Johannes, RNT Bd. 9, [3]1959.

---

15 APohl, Die Offenbarung des Johannes, 2 Bde., [7]1984/85

Der Kanon des Neuen Testamentes

Zum Neuen Testament gehören die 27 Schriften, die in diesem Buch besprochen wurden. Es ist seit dem 4. Jh. in den christlichen Kirchen und Gemeinden aller Prägungen üblich, die Auflistung dieser Schriften den Kanon des Neuen Testamentes zu nennen.

Das griechische Wort *kanōn* bedeutet Rohrstab, Stab, Stange. Daraus wurde abgeleitet der Maßstab oder die Richtschnur der Zimmerleute. Im übertragenen Sinn wurde das Wort verwendet, um eine Regel oder Vorschrift zu bezeichnen.

Als das Wort im 4. Jh. auf die Schriften des Neuen Testamentes angewandt wurde, ging es um den Maßstab für die Schriften, die als apostolisch allgemein anerkannt waren und darum im Gottesdienst der christlichen Gemeinden vorgelesen werden durften.

Heute wird es verwendet, um die Schriften, die als Heilige Schrift Grundlage für Glauben, Lehre und Leben der christlichen Kirchen und Gemeinden sind, von den anderen Schriften aus der Frühzeit abzugrenzen, die lediglich als Dokumente der frühen Kirchen- oder Ketzergeschichte dienen.

Im folgenden sollen die verschiedenen Stationen der Kanonbildung beschrieben und die Maßstäbe dargestellt werden, die die Alte Kirche bei ihren Entscheidungen angewandt hat. Schließlich fragen wir nach der Bedeutung, die dieser im 4. Jh. abgeschlossene Kanon für die christlichen Kirchen und Gemeinden heute hat.

1. Zur Entstehung des neutestamentlichen Kanons

Schon bei den apostolischen Vätern Clemens von Rom, Ignatius, Polykarp und Papias ist zu entdecken, daß sie sich nicht nur auf den Herrn Jesus Christus, sondern auch auf die Schrift bei ihrer Argumentation berufen. Mit Schrift meinen sie nicht nur das AT, sondern auch die Evangelien. Die Schriften des Apostels Paulus gelten ihnen ebenfalls als übergeordnete Autorität. Aber es fehlt zu dieser Zeit jeder Hinweis auf einen schriftlich festgelegten Kanon. Trotzdem hat es wahrscheinlich bereits um diese Zeit eine Sammlung der Paulusbriefe gegeben, denn im 1. Clemens-Brief (95 n.Chr.) wird aus dem Römer- und dem 1. Korinther-Brief zitiert. Möglicherweise sind die Paulus-Briefe noch früher zusammengestellt worden, wie die Bemerkung in 2Petr 3,16 nahelegen kann.

Etwas genauere Auskünfte bekommen wir um 130-140 n.Chr. durch Polykarp und Clemens von Alexandrien, die in ihren Schriften auf das Matthäus- und das Lukas-Evangelium Bezug nehmen. Das könnte ein Hinweis darauf sein, daß Mitte des 2. Jahrhunderts bereits eine Sammlung der vier Evangelien vorliegt, die in den christlichen Gemeinden der Frühzeit immer mehr anerkannt werden, während neben ihnen auch noch apokryphe Evangelien und mündliche Überlieferungen über Jesus vorliegen.

Die erste genaue Festlegung der für die christliche Kirche maßgebenden Schriften stammt von Marcion aus dem Jahr 145 n.Chr. Er verstand sich als Paulinist und erkannte deswegen nur zehn Paulus-Briefe (unter Ausschluß der Pastoralbriefe) und ein von alttestamentlichen und judaisierenden Einflüssen gereinigtes Lukas-Evangelium an.

Am Ende des 2. Jahrhunderts zeichnet sich in den Schriften des Irenaeus, Tertullian und Clemens von Alexandrien der neutestamentliche Kanon ab, der im Werden, aber noch nicht abgeschlossen ist. Zu ihm gehören die vier Evangelien, die Apostelgeschichte, dreizehn Paulus-Briefe, der 1. Petrus- und der 1. Johannes-Brief, sowie die Offenbarung des Johannes.

In dieser Zeit entsteht auch das Dokument, das wir den Kanon Muratori nach dem Bibliothekar LAMuratori nennen, der 1740 in der Bibliotheca Ambrosiana in Mailand das Fragment entdeckte. Ein Unbekannter hat ein amtlich gültiges Verzeichnis der in der katholischen Kirche aufgenommenen und öffentlich zu lesenden Schriften angefertigt. Leider fehlt der Anfang. Es beginnt mit den letzten Worten zu Markus, bezeichnet dann aber Lukas als das dritte und Johannes als das vierte Evangelium. Offensichtlich ist der Abschnitt über Matthäus als das erste Evangelium verlorengegangen. Wenn man dieses Verzeichnis mit dem heute gültigen Kanon des NT vergleicht, fällt auf: Es fehlen der 1. Petrus-, der Hebräer-, der Jakobus- und der 3. Johannes-Brief. Auffällig ist, daß der 1. Petrusbrief fehlt, der sonst allgemein anerkannt wurde. Zusätzlich enthält es die apokryphe Schrift „Sapientia Salomonis" und die Petrusapokalypse, zu der aber bemerkt wird: „... die einige von uns in der Gemeinde nicht lesen wollen".[1]

Wichtig an diesem Verzeichnis ist, daß wir die Maßstäbe für die Abgrenzung des Kanons erfahren. Ein Kriterium für die Zulassung einer Schrift ist ihre Abfassung durch einen Apostel, wobei Markus und Lukas als Apostelschüler verstanden und darum anerkannt werden. Der Hebräer-Brief wird nicht aufgenommen, weil umstritten ist, ob er von Paulus stammt. Es kommt also auf die Nähe zu der durch Jesus Christus geschehenen Offenbarung an, die durch Augenzeugenschaft gesichert wird. Darüber hinaus dient als Maßstab für die kirchliche Geltung einer Schrift, ob sie für die ganze katholische Kirche verbindlich und von ihr anerkannt ist; so ist es später von Origenes ausdrücklich formuliert worden. Es ist erstaunlich, wie sorgfältig die Kirche des zweiten Jahrhunderts bereits danach gefragt hat, ob in einer Schrift Jesus Christus als die Mitte begegnet.

So ist die Kanonbildung gegen Ende des 2. Jahrhunderts für die Evangelien abgeschlossen. Bei den Briefen der Apostel herrscht Klarheit im Blick auf die Paulus-Briefe. Die Diskussion zu den anderen Briefen der Apostel ist noch nicht abgeschlossen.

Der Prozeß der Kanonbildung findet erst im 4. Jh. seinen Abschluß. Für die Kirche des Ostens erklärt der 39. Osterfestbrief des Athanasius von 367 n.Chr. die 27 Bücher, die wir heute kennen, als kanonisch. In diesem Brief wird auch zum ersten Mal der Begriff Kanon gebraucht, um damit den Maßstab für die in der Kirche zugelassenen Schriften zu beschreiben. Durch Vermittlung von Hieronymus wird auf den Synoden von Hippo Regius (393) und Karthago (397) diese Festlegung für die Kirche des Westens bestätigt, wobei der Hebräer-Brief nicht unter die Paulus-Briefe eingeordnet wurde.

Es hat also einige Jahrhunderte gedauert, bis der Kanon des NT, wie wir ihn kennen, feststand. Das mag erstaunen, entspricht aber dem Charakter der Bibel, die Gottes Wort wiedergegeben in menschlichen Worten ist (2Petr 1,21).

2. Maßstäbe für die Kanonbildung

Wer hat eigentlich die Alte Kirche dazu ermächtigt festzulegen, welche Schriften als Heilige Schrift gelten sollen? Die Darstellung der Kanonbildung hat gezeigt, daß es dabei nicht um ein eigenmächtiges Handeln bestimmter Konzilien oder gar um das Ergebnis von Macht-

1 Text in deutsch bei EHennecke/WSchneemelcher, Neutestamentliche Apokryphen, S. 19f

kämpfen in der Alten Kirche ging. Vielmehr hat sich in einem Prüfungsprozeß von mehreren hundert Jahren herausgestellt, was nach übereinstimmender Meinung in der gesamten christlichen Kirche als kanonisch gelten soll. Das ist ein erstaunliches Phänomen, wenn man bedenkt, welche harten Auseinandersetzungen um theologische Grundsatzfragen in der gleichen Zeit geführt wurden. Insofern treffen DACarson, DJMoo und LMorris die Sache, wenn sie schreiben: ,,It is not so much that the church selected the canon as that the canon selected itself."[2] Im Laufe der ersten Jahrhunderte haben sich die Schriften durchgesetzt, die die Grundlage des christlichen Glaubens bilden. Das ist vor allem auf das Wirken des Heiligen Geistes zurückzuführen, von dem Jesus angekündigt hatte, daß er die Jünger Jesu in alle Wahrheit leiten werde (Joh 16,13).

Welche Maßstäbe haben dabei eine wichtige Rolle gespielt? Die Meinungsbildung in der Alten Kirche läßt drei Maßstäbe erkennen:

2.1 Der Maßstab der Ursprünglichkeit

Was damit gemeint ist, beschreibt der Prolog des 1. Johannes-Briefes: ,,Was von Anfang an war, was wir gehört haben, was wir gesehen haben mit unsern Augen, was wir betrachtet haben und unsre Hände betastet haben, vom Wort des Lebens ... das verkündigen wir auch euch, damit auch ihr mit uns Gemeinschaft habt; und unsere Gemeinschaft ist mit dem Vater und mit seinem Sohn Jesus Christus" (1Joh 1,1.3). Die Offenbarung Gottes in Jesus ist uns nicht unmittelbar zugänglich. Wir sind auf den Bericht der Augenzeugen angewiesen. Sie schlagen die Brücke zwischen der geschehenen Offenbarung und den nachfolgenden Generationen. Der Bericht der Augenzeugen ist einzigartig und durch nichts anderes zu ersetzen, weil die Offenbarung Gottes in der Geschichte geschehen ist.

Darum hat die Alte Kirche den Maßstab der Ursprünglichkeit angewandt und damit die apostolische Verfasserschaft gemeint. Über den Kreis der Augenzeugen hinaus hat sie den Apostel Paulus und Apostelschüler anerkannt.

Dabei genügte ihr keineswegs die bloße Verfasserangabe. Viele Schriften, die als Verfasser einen Apostel angaben, wurden als unecht ausgeschieden. Die Rückfrage nach dem Inhalt hat den Blick dafür geschärft, was apostolisch und was apokryph ist. Wer die apokryphen Evangelien liest, kann sich davon selbst überzeugen.[3]

2.2 Die Übereinstimmung mit den Glaubensgrundlagen

Die ersten Jahrhunderte der christlichen Kirche sind bestimmt vom Ringen um die Wahrheit theologischer Aussagen. Die von Irrlehren unterschiedlichster Prägung (z.B. Gnosis, Marcion) gefährdeten Gemeinden brauchten eine ,,Glaubensregel" (griech.:*kanōn tēs pisteōs; lat.: regula fidei*), mit der sie zwischen ,,wahr" und ,,falsch" unterscheiden konnten. Die Bekenntnisbildungen in der Alten Kirche sind dafür ein Beleg.

So nimmt es nicht wunder, daß auch bei der Entstehung des neutestamentlichen Kanons die Frage nach der Übereinstimmung mit der ,,Glaubensregel", d.h. dem allgemein als orthodox

---

2   DACarson/DJMoo/LMorris, Introduction, S. 494; deutsch: ,,Nicht die Kirche hat den Kanon durchgesetzt, sondern der Kanon setzte sich selber durch."
3   Deutscher Text bei EHennecke/WSchneemelcher, Neutestamentliche Apokryphen ad loc.

anerkannten christlichen Glauben, eine wichtige Rolle spielte. Das Thomas-Evangelium und das Evangelium Veritatis hatten deswegen keine Chance, als kanonisch anerkannt zu werden, weil sie gnostisch beeinflußt sind.

2.3 Allgemeine Anerkennung

Schließlich haben sich nur die Schriften durchsetzen können, die in den ersten Jahrhunderten allgemeine Anerkennung gefunden haben. Bei der Kanonbildung ging es nicht um die Durchsetzung von Sondergruppen. Der Kanon des NT sollte Grundlage für die ganze christliche Kirche sein. Die Rücksichtnahme auf Bedenken und Einsprüche hat zu dem langen Meinungsbildungsprozeß geführt, der mit viel Einfühlungsvermögen und Geduld zuende gebracht wurde.

3. Die Bedeutung des neutestamentlichen Kanons heute

Unter Berücksichtigung der langen Kanongeschichte drängen sich viele Fragen auf: Warum braucht die Gemeinde Jesu Christi überhaupt einen Kanon gültiger Schriften? Gehört sie nicht durch die Gabe des Heiligen Geistes unmittelbar zu ihrem Herrn, der sie auch heute in alle Wahrheit leiten will?

Wenn der Prozeß der Kanonbildung so lange gedauert hat, warum soll er mit den Entscheidungen des 4. Jahrhunderts abgeschlossen sein? Wäre es nicht nötig, die 27 Schriften heute neu daraufhin zu prüfen, ob sie kanonisch sind?

Hilft der Kanon neutestamentlicher Schriften wirklich, Fehlentwicklungen der christlichen Kirchen und Gemeinden zu vermeiden? Hängt nicht alles an der Auslegung dieser Schriften?

In einer Bibelkunde und Einleitung können diese Fragen nur knapp behandelt werden.

Wenn die Gemeinde Jesu Christi keinen Kanon gültiger Schriften hätte, wären die Eingebungen der Visionäre und Propheten in ihrer Mitte nicht mehr überprüfbar. Jeder kann mit dem Anspruch auftreten, der Heilige Geist rede durch ihn. Die 27 kanonischen Schriften des NT haben sich in einer nun bald 2000 Jahre langen Geschichte als verläßlicher Maßstab erwiesen, um menschliche Einbildungen vom Reden Gottes zu unterscheiden. Der Geist Gottes, der heute redet, ist derselbe Geist, der die Verfasser dieser Schriften geleitet und über der Kanonbildung gewacht hat. Er bindet unseren Glauben und unser Leben an das, was Gott ein für allemal durch Jesus Christus offenbart hat.

Zu dem Versuch, den Kanon neu zu bestimmen, hat sich GMaier in Auseinandersetzung mit EKäsemann[4] geäußert.[5] Er lehnt den Versuch, die Kanongrenze neu zu bestimmen, mit folgenden Gründen ab: „Angesichts der beschriebenen Lage suchen Exegeten und Systematiker seit über 200 Jahren nach dem Kanon im Kanon, d. h. nach dem verpflichtenden Wort göttlicher Autorität. Dieses 200jährige Unternehmen ist gescheitert, da niemand in der Lage ist, einen Kanon im Kanon überzeugend und einsichtig anzugeben. Da jeder den Kanon im Kanon verschieden bestimmt und dies aufgrund nicht mehr hinterfragter Option (d.i. aus freier Wahl) geschieht, spricht unkontrollierbare Subjektivität das letzte Wort darüber, was gött-

---

4   EKäsemann, Hrsg., Das Neue Testament als Kanon, 1970
5   GMaier, Das Ende der historisch-kritischen Methode, S. 21-46

liche Autorität besitzen soll."[6] Aus diesen Gründen scheint auch mir eine Diskussion über die Kanongrenze nicht zulässig zu sein.

Freilich hängt viel an der Auslegung der kanonischen Schriften. Darum verdient die Frage nach der Hermeneutik große Aufmerksamkeit. Sie würde aber nahezu unmöglich gemacht, wenn noch nicht einmal feststünde, was ausgelegt werden soll. Der Kanon der neutestamentlichen Schriften hilft auch dazu, die hermeneutischen Methoden auf ihre Angemessenheit hin zu überprüfen.

So können wir Gott nur dafür danken, daß es in den oft so zerrissenen christlichen Kirchen und Gemeinden heute nach wie vor einen Kanon von 27 Schriften gibt, die die Grundlage des christlichen Glaubens darstellen. Den Zugang zu ihnen zu erleichtern, ist das Ziel dieser Bibelkunde und Einleitung, in der deshalb den Verfasserfragen so große Aufmerksamkeit gewidmet wurde, weil die Ursprünglichkeit, die Nähe zur geschehenen Offenbarung, ein entscheidender Maßstab für ihre Bestätigung als kanonisch war.

4. Literatur zur Kanongeschichte

D.A. Carson/D.J. Moo/L. Morris, Introduction, S. 487-500; W.G. Kümmel, Einleitung, S. 420-451; E. Lohse, Entstehung, S. 12-17; W. Popkes, Art. "Kanon" (NT), GrBL Bd. 2, S. 760-764; A. Wikenhauser/J. Schmid, Einleitung, S. 23-64.

---

6   GMaier, Das Ende der historisch-kritischen Methode, S. 44

LITERATURVERZEICHNIS

Da diese Bibelkunde und Einleitung in das NT als Lehrbuch knapp gefaßt ist, beschränken sich die Literaturhinweise auf das unbedingt Nötige. Weitere Hinweise sind aus den umfangreicheren Einleitungen zu entnehmen.

1. Einleitungen in das NT

Don A. **Carson**, Douglas J. **Moo** and Leon **Morris**, An Introduction to the New Testament, Grand Rapids, 1992

Frédéric **Godet**, Einleitung in das Neue Testament, Hannover, Bd. I 1894; Bd. II 1905

Donald **Guthrie**, New Testament Introduction, Downers Grove/USA, [3]1970

Werner Georg **Kümmel**, Einleitung in das Neue Testament, Heidelberg, [21]1983

Eduard **Lohse**, Die Entstehung des Neuen Testaments, Stuttgart, [5]1990

Willi **Marxsen**, Einleitung in das Neue Testament, Gütersloh, [4]1978

Alfred **Wikenhauser** - Josef **Schmid**, Einleitung in das Neue Testament, Freiburg, [6]1973

Theodor von **Zahn**, Grundriß der Einleitung in das Neue Testament, Leipzig, 1928

2. Kommentare

Die Hinweise auf die Kommentare werden zu jeder einzelnen Schrift des Neuen Testamentes gegeben und sind in der Regel unter Ziffer 10 zu finden.

3. Einzeluntersuchungen

Es werden nur die in dieser Bibelkunde und Einleitung erwähnten Einzeluntersuchungen angeführt.

Betz, O., Was wissen wir von Jesus, Stuttgart, [2]1967; jetzt: Wuppertal, erw. Neuauflage, 1991

ders., Artikel „Jesus Christus" in: Das Große Bibellexikon, Bd. 2, Wuppertal 1988, S. 683f

Bornkamm, G., „Die Komposition der apokalyptischen Visionen in der Offenbarung Johannis", ZNW 36, 1937, S. 132ff (= G.B., Studien zur Antike und Urchristentum, BevTh 28, 1959, S. 204ff)

ders., Paulus, Stuttgart, [2]1969, [6]1987

ders., „Die Vorgeschichte des sog. Zweiten Korintherbriefes", SAH 1961, 2 (= G.B., Geschichte und Glaube II, Ges. Aufsätze IV, BevTh 53, 1971, S. 162-194)

Bruggen, van J., Die geschichtliche Einordnung der Pastoralbriefe, Wuppertal, 1981

Colpe, C., Artikel „Gnosis" in: RGG[3], Bd.II, Sp. 1648-1652

Conzelmann, H., Die Mitte der Zeit. Studien zur Theologie des Lukas, Tübingen, [6]1977

ders., „Korinth und die Mädchen der Aphrodite. Zur Religionsgeschichte der Stadt Korinth",
    NAG 1967

Degenhardt, H.-J., Lukas Evangelist der Armen. Besitz und Besitzverzicht in den lukanischen
    Schriften, Stuttgart, 1965

Deißmann, A., Licht vom Osten, Tübingen, 1909

Dibelius, M., Die Geisterwelt im Glauben des Paulus, Göttingen, 1909

Dodd, C. H., The Interpretation of the Fourth Gospel, Cambridge, 1953

Foerster, W., Artikel „kyria" in ThWNT III, S. 1095

Friedrich, G., Artikel „euangelion" in: ThWNT II, S. 721f

Fuchs, E., Glauben und Erfahrung. Zum christologischen Problem im NT, Tübingen, 1965

Gerhardsson, B., Die Anfänge der Evangelientradition, Wuppertal, 1977

Goppelt, L., Die apostolische und nachapostolische Zeit, in: Die Kirche in ihrer Geschichte
    IA, Göttingen, 1962

Haacker, K., Neutestamentliche Wissenschaft, Wuppertal, ^{2}1985

Hemer, C., The Book of Acts in the Setting of Hellenistic History, Tübingen, 1989 (Rezensi-
    on von H. Bayer in: Jahrbuch für evangelikale Theologie, 1990, S. 158ff)

Herder, G. F., Von der Regel der Zusammenstimmung unserer Evangelien, 1797

Hörster, G., Lukas, W., Nijkamp, M., Gottes Herrschaft in der Gemeinde, Witten, 1982

Holtzmann, H.J., Kritik der Epheser- und Kolosserbriefe, Leipzig, 1872

Kautzsch, E., Die Apokryphen und Pseudepigraphen des Alten Testamentes, Tübingen, 1900.
    1921. 1962

Kilpatrick, G. D., The Origin of the Gospel according to St.Matthew, Oxford, 1946

Käsemann, E., (Hrsg.), Das Neue Testament als Kanon, Göttingen, 1970

Kuhn, K. G., „Die in Palästina gefundenen hebräischen Texte und das NT", ZThK 47, 1950,
    S. 192-211

Lessing, G. E., Neue Hypothese über die Evangelisten als blos menschliche Geschichts-
    schreiber betrachtet, 1784

Lütgert, W., Freiheitspredigt und Schwarmgeister in Korinth, Gütersloh, 1908

ders., „Die Vollkommenen in Philippi und die Enthusiasten in Thessalonich", BFChTh 13, 6,
    1909, S. 55ff

Maier, G., Die Johannesoffenbarung und die Kirche, Tübingen, 1981

ders., Das Ende der historisch-kritischen Methode, Wuppertal, 1974

Michaelis, W., „Die Gefangenschaft des Paulus in Ephesus und das Itinerar des Timotheus",
    NTF I, 3, 1925, S. 65ff

Percy, E., Die Probleme der Kolosser- und Epheserbriefe, Lund, 1946

Reicke, B., „Chronologie der Pastoralbriefe", ThLZ 2/76, Sp. 81-94

Reuß, E., Die Geschichte der Heiligen Schriften des NT, 6. vermehrte u. verbesserte Aufl.,
    Braunschweig, 1887

Riesner, R., „Wie sicher ist die Zwei-Quellen-Theorie?" Theologische Beiträge 2/77, S.
    49-71

Robinson, J.A.T., Redating the New Testament, London, 1976, [4]1981; deutsch: Wann entstand das Neue Testament?, Wuppertal, 1986

Roller, O., Das Formular der paulinischen Briefe, Stuttgart, 1933

Sanders, J.N., Studies in Ephesians, edited by F.L. Cross, 1956

Schlatter, A., Einleitung in die Bibel, Stuttgart 1923

Schleiermacher, F., Über die Zeugnisse des Papias von unseren ersten beiden Evangelien, Theologische Studien und Kritiken 5, S. 335-368, 1832; abgedruckt in: Schleiermacher, F., Werke zur Theologie II, Berlin, 1836

ders., Ueber den sogenannten ersten Brief des Paulus an den Timotheus. Ein Sendschreiben an JC Gass, 1807

Schmithals, W., Die Gnosis in Korinth, FRLANT 66, Göttingen, 1956, [3]1969

ders., ,,Zwei gnostische Glossen im Zweiten Korintherbrief", EvTh 18, 1958, S. 552-573

ders., ,,Die Thessalonicherbriefe als Briefkompositionen", in: Zeit und Geschichte, Festschrift für R. Bultmann, Tübingen, 1964, S. 295ff

Schneemelcher, W/Hennecke, E. (Hrsg.)., Neutestamentliche Apokryphen, 2 Bde., Tübingen, Neuauflage 1990, 1989

Schoeps, H.-J., Paulus. Die Theologie des Apostels im Lichte der jüdischen Religionsgeschichte, Tübingen, 1959

Schweitzer, A., Die Geschichte der Leben-Jesu-Forschung, Tübingen, 1913

Schweizer, E., EGO EIMI ... Die religionsgeschichtliche Herkunft und theologische Bedeutung der johanneischen Bildreden, zugleich ein Beitrag zur Quellenfrage des vierten Evangeliums, FRLANT 56, Göttingen, 1939

Stendahl, K., The School of St. Matthew and its use of the Old Testament, Uppsala, 1954

Wilkens, W., Die Entstehungsgeschichte des vierten Evangeliums, Zürich, 1958

Wrede, W., Das literarische Rätsel des Hebräerbriefes, FRLANT 8, Göttingen, 1906

Zimmermann, H., Neutestamentliche Methodenlehre, Stuttgart, [7]1982

VERZEICHNIS DER ABKÜRZUNGEN

Theologische Fachliteratur

BEvTh	Beiträge zur evangelischen Theologie
BFChTh	Beiträge zur Förderung christlicher Theologie
EKK	Evangelisch-katholischer Kommentar zum Neuen Testament, Zürich, Einsiedeln, Köln, Neukirchen
FRLANT	Forschungen zur Religion und Literatur des Alten und Neuen Testamentes
HNT	Handbuch zum Neuen Testament, Tübingen
HThK	Herders theologischer Kommentar zum Neuen Testament, Freiburg, Basel, Wien
KEK	Kritisch-exegetischer Kommentar über das Neue Testament, Göttingen
NAG	Nachrichten (1941-1944: von) der Akademie der Wissenschaften in Göttingen
NIGTC	New International Greek Testament Commentary
NTD	Das Neue Testament Deutsch, Göttingen
NTF	Neutestamentliche Forschung
ÖTKNT	Ökumenischer Taschenbuchkommentar zum Neuen Testament
RGG	Religion in Geschichte und Gegenwart, Tübingen
RNT	Regensburger Neues Testament, Regensburg
SAH	Sitzungsberichte der Akademie der Wissenschaften zu Heidelberg
ThLZ	Theologische Literaturzeitung
ThHK	Theologischer Handkommentar zum Neuen Testament, Berlin
ThWNT	Theologisches Wörterbuch zum Neuen Testament, Stuttgart
TNTC	Tyndale New Testament Commentaries
WStB	Wuppertaler Studienbibel, Wuppertal
ZBK	Zürcher Bibelkommentare. Neues Testament, Zürich
ZNW	Zeitschrift für neutestamentliche Wissenschaft
ZThK	Zeitschrift für Theologie und Kirche